究極の姓名鑑定法

秘傳《ひでん》

土屋光正
Kousei Tsuchiya

現代書林

序　文——正統姓名学を究める

易学《えきがく》の中には、「姓名占い」や「姓名判断」など、誰でも簡単に入門しやすいものがあります。その多くは単に名前の**画数だけで**人の運命の「良《よ》し悪《あ》し」を判断するもので、それは「**真の姓名学**」からは大きくかけ離れています。

「姓名」が、人の人生にどれほど大きな影響を与え、また人の運命を決定づけてしまうのか、それを知らずして安易に占い・判断などを行えば、鑑定する側・される側どちらにとっても決して良い結果には至りません。

例えば、「名前が悪い！」「運命が悪い！」などの言葉を簡単に発すれば、相手は不安を抱くことになります。その結果、悲観したり、迷ったりして、不要な心労を背負わせることになります。それは、「**罪づくり**」以外のなにものでもないのではないでしょうか。

このようなことでは、「真の姓名学」の「**奥義**《おうぎ》」を極めることはできません。

それでは、「真の姓名学」によってより良き人生を歩むには、またより良き運命を掴《つか》むには、どうしたらいいのでしょうか。

中国・春秋時代、斉の国の兵法家・孫武《そんぶ》の作とされる『孫子《そんし》の兵法《へいほう》』に「彼を知り己を知らば百戦殆《あやう》からず」という格言があります。その意味は、「敵と味方の情況・情勢をよく知り、その優劣・長短をわきまえた上で戦えば、何度戦っても敗れることはない」というものです。

これを日常生活に置き換えると、「相手の性格の長所・短所、また運命（運勢）までもが分かれば優位に立つことができる」ということになります。つまり「相手を知り、自分がどう対応するかが分かれば、苦労することがない」ということです。

「運命」の流れを、そのまま映し出しているのが「姓名」です。「真の姓名学」は、その「姓名」が人の「運命」にどれほどの影響を及ぼすものであるかを明らかにし、より良き人生を求め続けていくための指針になるものでなければなりません。

実際、本書の内容を熟知《じゅくち》し「姓名」を正しく理解することができれば、自他《じた》の「運命」を七〇パーセント以上の確率で鑑定することができます。

本書の内容は、私が長年にわたって数十万人にのぼる人々を直接、鑑定させていただいた経験から辿《たど》り着いた**「姓名学の奥義」**であり、まさに**「秘傳《ひでん》」**です。

その主な内容は次の通りで、さまざまな問題解決のための方法を説いています。また、活用方法も書いています。

一、「姓名学」の根本解明

・五大条件に法《のっと》り、「姓名学の奥義」が解読できるようになります。

二、対人関係の問題解決

・友人や知人、上司・部下の性格（長所・短所）、言動を読み取るのに役立ちます。

・警察関係の方々には、犯罪者の性格（長所・短所）、心理・言動を簡単に見抜くことに役立ちます。

三、恋愛・結婚問題の解決

・相手の性格（長所・短所）、相性・恋愛パターン、婚期、また結婚後の運命などを事前に知ることができ、より良い恋愛や結婚のために役立ちます。

四、学業・職業の悩み解決

・適した学業・職業（適材適所）が分かり、将来の方針（進路）を見出すのに役立ちます。

・教育関係の方々には、子供（生徒）たちの「心」の生かし方を見つけるために役立ちます。

・人事関係の方々には、新規採用にあたり新人を適材適所で活用することに役立ちます。

五、病気の方の悩み解決

・病因（病気の主因）が分かり、大病になるのを事前に防ぎ、健康で明るい人生を送るために役立ちます。

六、命名・改名による問題解決

・誕生した赤子に大自然界の法則に適《かな》う、良い名前（命名）を付けることができます。「命名」は生涯を共にする「宝」です。

七、運命の吉凶による問題解決

・運命に関する注意事項を事前に知ることで、自分自身の運命を切り開くことに役立ちます。

八、「実践」で真価を発揮

・本書を熟読し、実際に多くの姓名鑑定（実践）を試していただければ（例えば、新聞の三面記事に記載されたさまざまな事件や事故などに関わる加害者・被害者など、また戦国武将の生涯や歴史上の人物など）、この『秘傳』の真価がご理解いただけると思います。

・この『秘傳』に記した内容は、机上《きじょう》の空論や理屈ではありません。あくまでも、すべて実践（鑑定）から生まれたものです。したがって、さまざまな人に対して実践（鑑定）した結果がこの『秘傳』に盛り込まれており、これを正視《せいし》することで、本書の「尊さ」と「恐ろしさ」をしっかり理解・認識することができれば、自分自身の「運命」を生かすことに繋《つな》がります。

九、「心」を読む

・本書において「性格（長所・短所）」とは、「性格」が即《すなわ》ちその人間の「心」の大半であることを説いています。この『秘傳』を熟読し、「性格（長所・短所）＝心」であることが理解できれば、その「心」を読む（掴む）ことができるようになります。

　このように、この『秘傳』一冊で、皆さんに降りかかる難題（特に人間関係をめぐる問題）は解決され、人生を確実により良く向上させる手助けとなります。

『秘傳』に著《あらわ》した内容は、「姓名学」の究極を追求し、著者である私自身が己の運命に立ち向かい、実践に実践を重ねて体得した「奥義」ばかりです。

　また、先代の父から引き継ぎ、私の代で約五〇年にわたって培ってきた「姓名鑑定」。その叡智《えいち》で、過去から現在に至る数多くの実在するさまざまな人物を鑑定してきた結果をまとめ上げたのがこの『秘傳』であり、いわば親子二代にわたる研鑽《けんさん》の集大成でもあるのです。

　私は今、まさに「姓名学」の「奥義の門（入口）」の前に到達した思いです。しかし、「真の姓名学」とは、一歩門を潜《くぐ》ると、またその「奥義」に近づけば近づくほど、さらに奥が深いことに気づかされます。私はこの未知の世界に踏み込み、一歩でも「真の姓名学」に近づけるよう、一生をかけて修行《しゅぎょう》を重ねていこうと考えています。

　初版刊行以来数十年、再版することなく封印してきた本書ですが、「より良き人生」を求める人々のお役に立つことを心から願い、この度、あらためて出版することにしました。初版時以降、私自身がさらに会得した「姓名学の奥義」を加筆しています。

【追　記】

本書は、「姓名学の奥義」を項目別にまとめた専門書です。したがって、一読で理解するには極めて難解のところがあります。一般の読者は、一ページ開いただけで、本書を閉じてしまうことでしょう。

本書が難解とならざるを得ないのは、次のような制約や条件があるからです。

・漢字は必ず旧漢字
・漢字の読みも訓読みではなく音読み
・陰陽《いんよう》構成
・意義
・五行（木・火・土・金・水）
・画数
・天地の調和

こうしたさまざまな制約や条件が本書を難解なものにしているのですが、あくまでも本章で詳述する五大条件を一項目ずつ、それに付随する関連項目まで含めて把握しなければ、本書を使いこなすことはできません。

世間一般に出版されている姓名に関する諸々の本は、単に「何画だから吉」「何画だから凶」などと簡略に書かれているだけです。しかし、それでは「真の姓名学」を究めることはできません。

本書を刊行するにあたって、一般の方々、特に中・高校生や未婚の方々に広く読んでいただきたいと思い、興味を引く事柄を網羅《もうら》するようにしました。最初から最後まで順序立てて読み切るのではなく、一番興味のあるやさしい箇所、例えば自分の性格の長所・短所を現す五行（木・火・土・金・水）から読み始めていただければ結構です。そうすれば、本当の「姓名学」の楽しみが分かり、より一層の興味が湧いてくるはずです。

この『秘傳』を使いこなすことができるようになれば、将来への人生の道標として、一生の「宝」になるはずです。

ここで触れた「五行」については、次の①～⑦の項目について詳しく解説しています。

①自分自身の性格（長所・短所）を把握することにより、人生をより良くすることができます。

②相手の性格（長所・短所）を把握することにより、男女交際を含め人間関係を円滑なものにすることができます。

③恋愛の相性も簡単に見ることができ、円滑な交際ができるようになります。

④「愛情グラフ」を把握することで、自分を生かすことができます。
⑤結婚時期が、あるいは結婚相手の姓（苗字）に適合するかどうかが分かります。
⑥自分に適合する職業の選択に役立ちます。
⑦病気などの早期発見に役立ちます。

「正統姓名学」によると、姓名が良ければ、自分の長所を生かし、短所を抑え、「良い運命の流れ」に邁進《まいしん》することができますし、そうしなければいけません。

逆に自分の姓名が悪ければ、改名して、本来持っている長所を生かし、短所を抑え、運命をより良い方向に変えていく日々の努力、行動が求められることになります。

運命を完全に切り替えることができるのは、易学のなかでも「正統姓名学」をおいて他にはないのです。改名によって己の運命を変えることができるのですから、たとえ姓名が悪くとも悲観することはないということになります。

姓名学に興味を抱き、一生懸命学んでも、それが間違った参考書なら意味がありません。算数と同じで、ゼロはいくら大きな数をかけても答えはゼロです。巷《ちまた》ではよく「占い」を「当たるも八卦《はっけ》、当たらぬも八卦」と言いますが、その程度の「占い」では、いくら学んでも出てくる答えはゼロ、即ち一〇〇パーセントあてにはならないということなのです。

間違った姓名判断は、自分だけではなく家族や知人などを巻き込んで、その人生に知らず知らずのうちに災いの火種を撒《ま》き散《ち》らす、即ち「罪」をつくる結果となります。故に、「真の姓名学」を学び、その真意を捉《とら》えて姓名の「良し悪し」を判断することが絶対的必要条件になってくるのです。

その「真の姓名学」であるこの『秘傳』を再出版すること、即ち門外不出の「秘傳」を世に出すことにより、少しでも多くの若い人々に有意義な人生を送っていただきたいと願っております。

合掌

平成二十八年九月吉日

正統姓名学

土屋光正

秘傳——究極の姓名鑑定法◆目次

第一章

名前とは何か

第二章 姓名鑑定の基礎

第三章
衝突因縁

第四章 性格鑑定

土性の長所・短所
金性の長所・短所
水性の長所・短所

■二字名の性格鑑定

木・木性の長所・短所
木・火性の長所・短所
木・土性の長所・短所
木・金性の長所・短所
木・水性の長所・短所
火・木性の長所・短所
火・火性の長所・短所
火・土性の長所・短所
火・金性の長所・短所
火・水性の長所・短所
土・木性の長所・短所
土・火性の長所・短所
土・土性の長所・短所

第五章

相性鑑定

第六章 究極の運命鑑定

第七章

運命は変えられるか

第八章 実例・姓名判断

第一章

名前とは何か

「命名」とは命に名を付けること

現代の風潮として、赤子の名前を簡単に「命名」する傾向があるように思います。流行に乗って、芸能人・有名人、あるいは政治家・実業家など成功者を真似て、閃《ひら》めいたから、親の名前をもじってなど、いとも簡単に付けています。

また、「人と違った名前（当て字、外国の地名・人の名前）」や、「難しい漢字」を使った人が読むことのできない名前、名付けた本人でさえ書くことの難しい名前なども増えていることは皆さんご存知のとおりです。

自分の一番大切な子供の名前を、まるで犬や猫などペットと同じように、深く考えず安易に付けてしまったならば、その子供の運命もまた同様に価値のないものとなり、つまらない人生を一生涯歩み続ける結果となるのです。

「命《いのち》」とは、まさしくその字の如く「命《いのち》」に「名《な》」を付ける故《ゆえ》に、名前は簡単に粗末に付けてはなりません。

名前だけではありません。

「姓名」といって人の名前は、「姓」と「名」の組み合わせから成り立っています。「姓」とは血筋・血統を表し、その「姓」は先祖が住んでいた地名、職業、屋号、事象、動植物などを由来として付けられ、代々受け継がれて現在に至っています。これが「家名」の意味です。その「姓」に相応《ふさわ》しい「名前」を、慎重に考えてしっかりと付けるべきです。

名前に関する言葉には、「名実」「名声《めいせい》」「名門《めいもん》」「名誉《めいよ》」といった、ものがあります。

注意

親の名前をもじって付けても「姓」に合わなければ大凶になります。ましてや親の名前が大凶であるならば、子は親以上に苦しむ結果となります。

また政治家、実業家、有名人などの名前を付けても、その方々と同じ条件で出世はできません。なぜかというと、「姓」「両親」「家庭環境」が違うからです。

詳細は320ページ「同姓同名《どうせいどうめい》」の項目を参照してください。

「名は体《たい》を現す」とはどういうことか

「名は体を現す」という諺《ことわざ》がありますが、これは文字通り、人の名前や物の名称は、その実体を現すという意味です。

「名」は**「体」**を現し**「体」**は**「性格」**を形成し、**「性格」**は**「運命」**を支配し、名前を見るだけで、その人の「体質」や「性格」「運命」までもが分かるということです。

それを図に示すと、次のようになります。

名前＝体（体質）＝性格（心）＝運命

「名前」と「体（体質）」と「性格（心）」と「運命」との間には、すべて相互関係が成り立っています。「名前」と「体」は同体であり、切り離すことはできません。「名前」と「運命」も、やはり切り離すことはできないのです。

「正統姓名学」では、姓名の「名」を鑑定するだけで「体」（体質や病気の原因）や「性格」（長所・短所）までも明確に鑑定し、その「性格」の顕在《けんざい》・潜在《せんざい》している「心」の動きを顕著《けんちょ》に捉《とら》えることができます。

その該当率は他に類を見ないほどの確率であるが故に、**「姓名」**を鑑定するだけで**「運命」**までもが分かるということで、**名前＝運命**の条件の関係が成り立ちます。

「名は体を現す」は、**名前＝運命**（実体）の関係を現します。

「運命」の基礎とは何か？――それは**「姓名」**であるということがお分かりになると思います。

「姓名学の五大条件」を示す

ここで、姓名学の五大条件を、次に示しておきます。

①陰陽《いんよう》……「大宇宙・大自然界において万物《ばんぶつ》を創りだす二つの『気』は、『陰』と『陽』の支配下にある」と、古代中国の学説（陰陽説）にあります。この陰陽構成（調和）こそが、姓名学上で一番重要であり、これを鑑定するだけで、その人の運命の六五〜七五パーセントを的確に判断することができるのです（44ページ参照）。

②五行《ごぎょう》……「大自然界において万物が生じる基となるのが、**木・火・土・金・水**の五つであり、自然界はこの五つで成り立っている」という古代中国の学説があります。これを「五行説」といいます（80ページ参照）。

③画数《かくすう》……一画数違うだけで、その運命は「天」と「地」、即ち雲泥《うんでい》の差が生じます。この画数条件を巷《ちまた》では一番重要視していますが、「正統姓名学」では画数はあくまでも三番目の条件にすぎません（34ページ参照）。

④意義《いぎ》……「姓」のもつ意味と「名」のもつ意味が調和し、その文字の組み合わせによって「意

義（意味）」が生じてきます（119ページ参照）。

⑤天地《てんち》……「天」とは天格で「姓」を表し、「地」とは地格で「名」を表します。「天」と「地」の調和をとることが大切です（90ページ参照）。

「正統姓名学・秘伝」では、この①〜⑤の「五大条件」を基本として鑑定しています。この①〜⑤の「五大条件」は、後で各項目別に解説していきます。

「画数」はどう見るのか

画数の見方を説明します。

「正統姓名学」では、**画数はすべて「旧漢字」を使用して鑑定**します。巻末に掲載した**「正統姓名学辞典」**を使って、説明しましょう。例えば、「正統姓名学辞典」の490ページにある「万《まん》」（新漢字）の字を見てみてください。

画数は「3画」で、五行は「水」になっています。さらに、「万」の下に「13」という数字があります。これは表記していませんが、**旧漢字**「萬」の画数である**13画数**を示しています。即ち、画数は新漢字の3画数ではなく、**旧漢字の13画数**で鑑定するという意味です。

したがって、「万」の場合は、「13画数・水性」の「萬」（旧漢字・507ページ）を参照してくださいという意味です。

注意

・正統姓名学では、すべて「旧漢字」を使用して鑑定します。
・漢字には「音読《おんよ》み」と「訓読《くんよ》み」がありますが、「万」を「まん」と読むように、鑑定はすべて「音読み」に基づきます。

〈参照〉「水性」とは↓五行《ごぎょう》（木・火・土・金・水性）の中の「水性」の意味です。

「水性」から↓

・**性格**（長所・短所）↓197ページ参照
・**病気**の原因↓255ページ参照
・**職業**（適材・適所）↓261ページ参照
・**相性**（愛情面・愛情度グラフ・婚期）↓283ページ参照

原則❶「画数は旧漢字」を使用して鑑定

次に掲げる姓名の例題は、右側は新漢字で、左側は「旧漢字」で表していますが、鑑定するときは、あくまでも左側の「旧漢字」を使用し鑑定します。

例題❶－1

・新漢字画数

広 5　沢 7　国 8　学 8

郷 11　桜 10　隆 11　応 7

←

・旧漢字画数

廣 15　澤 16　國 11　學 16

鄕 13　櫻 21　隆 12　應 17

・新漢字画数

塩 13　辺 5　与 3　栄 9

並 8　斉 8　弥 8　来 7

←

・旧漢字画数

鹽 24　邊 19　與 14　榮 14

竝 10　齊 14　彌 17　來 8

・新漢字画数

亀 11　蔵 15　当 6　恵 10

滝 13　岳 8　寿 7　徳 14

←

・旧漢字画数
龜16　藏18　當13　惠12
瀧19　嶽17　壽14　德15

・新漢字画数
芦7　関14　経11　児7
浅9　乗9　亜7　実8

←

・旧漢字画数
蘆20　關19　經13　兒8
淺11　乘10　亞8　實14

・新漢字画数
豊13　渋11　数13　将10
浜10　条7　礼5　静14

←

・旧漢字画数
豐18　澁15　數15　將11
濱17　條11　禮18　靜16

前述【例題1－1】で示した「広沢国学」の例を、次に説明してみましょう。

5	広	○		15	廣	○
7	沢	○	←	16	澤	●
8	国	●		11	國	○
8	学	●		16	學	●

↓**中断陰陽構成**　　↓**完全陰陽構成**

新漢字で運命を鑑定すると「中断陰陽《ちゅうだんいんよう》」で大凶悪の運命になりますが、旧漢字で運命を鑑定すると「完全陰陽《かんぜんいんよう》」で大吉の運命です。

こうした例を見るまでもなく、新・旧漢字では運命上、全く正反対の答えになり、この両者を間違って見ては鑑定することはできません。

このように雲泥《うんでい》の差が生じることが明確でありますので、鑑定するときは必ず「旧漢字」を用いて鑑定してください。

〈参照〉「完全陰陽」「中断陰陽」構成は、後述45・70ページの箇所を参照してください。

ひらがなはカタカナに直して鑑定する

ひらがな字画数に関しては、字画数計算が簡単なようで難しく、間違って鑑定しやすいため「カタカナ」に直してから字画数計算をしなければなりません。

ひらがなの「の」の字の場合、カタカナにしても「ノ」で一画数でありますが、左記の例のように画数が全く違ってくる場合がありますので、ひらがな字画数の場合、必ず「カタカナ」に直してから字画数計算をしてください。

例題❶－2

・ひらがな字画数

3 あ
3 や
子

3 ゆ
4 き
子

←

・カタカナ字画数

2 ア
2 ヤ
子

2 ユ
3 キ
子

注意

・「巻末資料」532ページの「ひらがな・カタカナ画数早見表」を参照してください。
・「子」は画数計算には入れません。次項参照。

「子」は画数計算には入れない

女性の名前の下に付く**「子」**は、画数計算には入れません。

「子」は女性を表す形容詞です。例えば「孝子《たかこ》」と書くと女性を表し、「子」を取り除くと「孝《たかし》」となって男性を表します。

他流派では「子」まで画数計算に入れ判断していますが、現実に運命と一致しない場合が多く出てきます。

実際、「子」を画数計算に入れると、良い運命の人が鑑定上は大凶《だいきょう》となり、悪い運命の人が大吉《だいきち》となって、現実の運命と全く違ってきます。

これでは、人の運命などとても鑑定することはできません。

例題❶－3

元子　4
友子　4
仁子　4
巴子　4
允子　4

天子　4
文子　4
月子　4
公子　4
升子　4

ふみ子　1 3
あや子　2 2
あい子　2 2
その他

この【例題1－3】の十三名の「子」を画数計算に入れると、いずれも7画の吉数となり、幸福を掴《つか》んで順調に進む運命です。しかし、実際の運命と照らし合わせると、全く反対です。この13名の名前に、幸福な人は少ないのです。

なぜかというと、この十三名の運命は家庭的にも不和・不幸で、肉親の縁が薄いと出ています。さらに、結婚運も弱く、生死別があり、苦労が絶えない運命下にあります。

これは、「4画数」という「大凶数支配」によるものです。

注意

ただし、「姓」の条件によって、右記の【例題1－3】は後述する陰陽構成が「完全陰陽」になる場合があり、完全陰陽構成は「難《なん》」を避けることができます。

例題❶－4

7 孝子	7 克子	7 宏子	7 君子	7 利子	
7 里子	7 良子	7 佑子	7 秀子	7 初子	
7 伸子	7 成子	7 町子	7 邦子	7 妙子	その他

この十五名の「子」を画数計算に入れると、いずれも10画の大凶数となり、家庭的・肉親などに縁薄く、病難に遭《あ》いやすく、苦労しても報われない運命と出ます。

しかし、実際の運命は全く反対です。幸福で、物心《ぶっしん》両面に恵まれ、順調に進む運命です。それは「7画数」という「吉数支配」によるものです。

このように、**「子」**を画数計算に「入れる」「入れない」では、全く運命が違ってきます。

良い名前を悪く鑑定し、悪い名前を良く鑑定しているのでは、本当の姓名鑑定はできません。

注意

ただし、前述の【例題1－4】は、陰陽構成が「中断陰陽《ちゅうだんいんよう》」「片寄陰陽《かたよりいんよう》」「蒔直陰陽《まきなおしいんよう》」になる場合があり、特に「中断陰陽」の場合は「大凶悪」の条件になります。したがって、一概に「吉数」とはいえない場合もあります。

必要

「子は画数計算には入れぬ」と自信をもって記述しましたが、その意味は、読者の皆様が実際、例題に掲げた名前を持つ身の回りの方々を「正統姓名学」で鑑定されれば、よくご理解いただけると思います。

重要

◎「子」は画数計算には入れてはなりません。

◎**「子」は「陰陽構成」及び「五行」には用います。**

こうした「総画数」に関する矛盾については、あらためて後述します（365ページ参照）。

「陰陽構成《いんようこうせい》」を徹底解明する

そもそも「陰陽」とは何でしょうか。

大宇宙・大自然界におけるすべての物質は、**「陰」**と**「陽」**の支配下にあります。陰陽の調和や作用によって、人類及び社会、その他すべてのものが影響を受けているのです。

もちろん、人の運命もその支配から逃れることはできません。

この陰陽構成（調和）こそ、姓名学上、**一番重要**であり、これを鑑定するだけで、その人の運命の六五～七五パーセント的確に判断することができます。

注意

他の流派は、この「陰陽」を全く重要視していません。ただ画数のみで判断し、運命を鑑定しています。これでは**「真の姓名鑑定」**はできません。

「正統姓名学」では、**「陰陽構成」を一番重要視して鑑定**します。

「陰」と「陽」とは数で表すと、奇数が**「陽」**で、偶数が**「陰」**です。

例えば、太陽は「陽」で、月は「陰」。昼は「陽」で、夜は「陰」。春・夏は「陽」で、秋・冬は「陰」。男性は「陽」で、女性は「陰」――となります。電気でも、「プラス」が「陽」で「マイナス」が「陰」です。即ち、**繁栄・前進するものを「陽」**、**衰退・後退するものを「陰」**といいます。

その他、大宇宙・大自然界、すべてが「陰陽構成」で成り立っています。

〈参考〉古代中国から伝来した「陰」と「陽」の「陰陽説」の考えに基づき、天地の間にあって万物《ばんぶつ》を発生させる働きがあるという「陰」と「陽」の、二つの相反《あいはん》する性質の、天地・日月・寒暖・男女・表裏・生死などのこと。

「完全陰陽」とは何か

「完全陰陽」とは、**「天格（姓）・中格・地格（名）」**がすべて「陰陽調和」したものをいいます。

次の例題は二字姓、二字名の構成を取り上げました。

〈参照〉「天格（姓）」「中格」「地格（名）」に関しては、90ページを参照してください。

○ 夕 3	○ 田 5	● 中 4	● 奈 8
● 沢 16	● 庭 10	○ 千 3	○ 川 3
○ 由 5	○ 孝 7	● 直 8	● 豊 18
● 枝 8	● 文 4	○ 広 15	○ 彦 9

○ 貞 9	○ 堀 11	● 巴 4	● 向 6
● 元 4	● 水 4	○ 上 3	○ 関 19
○ 里 7	○ 岳 17	● 恵 12	● 文 4
● 江 6	● 晃 10	○ 子（3）	○ 男 7

以上、八人の例は「完全陰陽」です。

注意

【例題1－5】のなかに、奈川（豊）彦・向（関）文男・中千直（広）・巴上（恵）子・堀水（岳）晃・夕（沢）由江の姓名があります。（ ）の中の字は新漢字を使用していますが、鑑定する場合はもちろん旧漢字《きゅうかんじ》の画数を使用します。

「新漢字」を使用した場合

8	奈	●
3	川	○
13	豊	○
9	彦	○

（蒔直陰陽）

11	堀	○
4	水	●
8	岳	●
10	晃	●

（蒔直陰陽）

↓

「旧漢字」を使用した場合

8	奈	●
3	川	○
18	豐	●
9	彦	○

（完全陰陽）

11	堀	○
4	水	●
17	嶽	○
10	晃	●

（完全陰陽）

「新漢字」を使用した場合

3	夕	○
7	沢	○
5	由	○
8	枝	●

↓蒔直陰陽

←

6	向	●
14	関	●
4	文	●
7	男	○

↓蒔直陰陽

「旧漢字」を使用した場合

3	夕	○
16	澤	●
5	由	○
8	枝	●

↓完全陰陽

←

6	向	●
19	關	○
4	文	●
7	男	○

↓完全陰陽

四人の例をとって説明しますと、新漢字で鑑定すると四人とも「蒔直陰陽《まきなおし》」（後述）の中凶です。

重要

この例を比較しても、陰陽構成及び運命上、雲泥《うんでい》の差が生じることが明確に分かります。陰陽構成その他を鑑定するときは、必ず**旧漢字**を用いてください。

重要注意

取り上げている例題の姓名画数はすべて、**旧漢字**を用いて計算しています。例えば、広（5画）→廣（15画）、沢（7画）→澤（16画）で鑑定しています。

「姓」のなかには**「天格（姓）」**が陰陽調和していないものがあります。次が、その例です。

例題❶－6

・奇数姓

○山 3
○本 5

○矢 5
○崎 11

○小 3
○川 3

○飯 13
○野 11

○佐 7
○藤 19

○秋 9
○山 3

○北 5
○村 7

○川 3
○口 3

○赤 7
○堀 11

○永 5
○田 5

・偶数姓

● 中 4
● 島 10

● 竹 6
● 内 4

● 吉 6
● 原 10

● 長 8
● 沢 16

● 松 8
● 木 4

● 安 6
● 井 4

● 河 8
● 西 6

● 今 4
● 井 4

● 青 8
● 沼 8

● 中 4
● 込 6

【例題1－6】の「天格（姓）」は「陰陽調和」していませんが、「天格（姓）」の下に付く「地格（名）」を調和させることにより、「完全陰陽」に整えることができます。

例題❶－7

・奇数姓

○ 山 3
○ 本 5
● 有 6
○ 司 5

○ 矢 5
○ 崎 11
● 芳 8
○ 昭 9

○ 小 3
○ 川 3
● 忠 8
○ 男 7

・偶数姓

○ 飯 13
○ 野 11
● 卓 8
○ 也 3

● 中 4
● 島 10
○ 孝 7
● 幸 8

● 長 8
● 沢 16
○ 利 7
● 治 8

○ 佐 7
○ 藤 19
● 峰 10
○ 久 3

● 竹 6
● 内 4
○ 敏 11
● 介 4

● 松 8
● 木 4
○ 英 9
● 雄 12

○ 秋 9
○ 山 3
● 典 8
○ 子 3

● 吉 6
● 原 10
○ 正 5
● 博 12

● 安 6
● 井 4
○ 邦 7
● 江 6

この十二人の姓名は「完全陰陽」です。

次に示す【例題1－8】は、名前が3字画で多少「完全陰陽」が欠けていますが、「天格」「中格」に欠点がない場合です。

例題❶-8

●	岡	8
○	田	5
●	日	4
○	出	5
○	男	7

○	野	11
●	中	4
○	ふ	1
○	じ	5
●	江	6

○	山	3
●	岡	8
○	き	3
●	く	2
●	か	2

●	宮	10
○	崎	11
●	晋	10
●	次	6
○	朗	11

この四人の姓名は**「完全陰陽」**です。

次に示す【例題1-9】は、名前が3字名で、「天格（姓）」は陰陽調和していませんが、「天格」の下に付く「地格（名）」を調和させることにより「完全陰陽」に整えることができます。

例題❶-9

○	市	5
○	川	3
●	伊	6
○	三	3
●	郎	10

○	小	3
○	野	11
●	二	2
○	三	3
●	雄	12

この八人の姓名は**「完全陰陽」**です。

次に示す**【例題1－10】**は、名前が3字名で**【例題1－9】**とは少し変則の陰陽です。

この陰陽は「天格（姓）」は陰陽調和していませんが、「天格」の下に付く「地格」を調和させることにより**「完全陰陽」**に整えることができます。

○	坂	7
○	本	5
●	亜	8
○	希	7
●	江	6

●	河	8
●	原	10
○	つ	3
●	な	2
○	子	(3)

●	今	4
●	井	4
○	由	5
●	季	8
○	男	7

○	川	3
○	口	3
●	あ	2
○	き	3
●	こ	2

●	雨	8
●	宮	10
○	正	5
●	次	6
○	朗	11

●	内	4
●	家	10
○	四	5
●	之	4
○	助	7

● 青 8	● 五 4	○ 大 3	○ 古 5
● 木 4	● 味 8	○ 川 3	○ 屋 9
○ 由 5	○ 佐 7	● 百 6	● 満 14
○ 利 7	○ 希 7	● 合 6	● 州 6
● 佳 8	● 江 6	○ 子（3）	○ 男 7

● 木 4	● 岩 8	○ 市 5	○ 川 3
● 原 10	● 間 12	○ 川 3	○ 口 3
○ み 3	○ 志 7	● く 2	● 多 6
○ き 3	○ 津 9	● る 2	● 喜 12
● 恵 12	● 枝 8	○ み 3	○ 男 7

この八人の姓名は「完全陰陽」です。

次に示す【例題1-11】は、名前が三字名で「天格」は陰陽調和していません。この例は完璧には「完全陰陽」とはいえませんが、「完全陰陽」で鑑定します。

例題❶-11

○ 志 7	○ 秋 9	● 松 8
○ 村 7	○ 山 3	● 井 4
● 日 4	● 富 12	○ 孝 7
○ 出 5	○ 士 3	● 太 4
○ 男 7	○ 子（3）	● 郎 10

○ 上 3	○ 山 3	● 中 4
○ 野 11	○ 村 7	● 込 6
● 喜 12	● ま 2	○ 信 9
○ 司 5	○ き 3	● 次 6
○ 男 7	○ 子（3）	● 郎 10

● 米 6
● 沢 16
○ み 3
● ど 4
● り 2

● 菊 12
● 島 10
○ さ 3
● と 2
● 江 6

この八人の姓名は**「完全陰陽」**です。

注意

この**【例題1－11】**は、不完全陰陽の「圧迫《あっぱく》陰陽」と間違えやすいのですが、「圧迫陰陽」ではありませんので注意が必要です。

前述した**【例題1－6】【例題1－7】【例題1－8】【例題1－9】【例題1－10】【例題1－11】**は**「完全陰陽」**です。

「完全陰陽」とは、**すべてのことが自然に、また順調に進み**、健康・長寿・成功運が強く、苦労なく人生を送ることができる条件です。

〈参照〉「天格（姓）**」「地格**（名）**」**に関する詳細は、90ページ**「天格・中格・地格・総格」**を参照。

「完全陰陽の意義」は次の通り、主として**「精神・肉体・物質の世界」**を、調和をもって支配していることです。

①家庭円満・子孫繁栄《しそんはんえい》。
②親は子を慈《いつく》しみ、子は親孝行で兄弟姉妹は仲よく、お互いに慈愛心《じあいしん》が強い。
③健康で長寿。
④諸問題が生じても自然に、また苦労なく解決する。
⑤成功運が強く、龍が天に昇るが如くすべてのことが順調に進む。
⑥人間関係や物質面などに恵まれる。
⑦出世運・金銭運が強く、すべてのことが自然に、また順調に進む。
⑧信仰心が強い。
⑨この陰陽構成は、百人中三〜五人程度。

「不完全陰陽」とは何か

「不完全陰陽」は、細かく分けると次の五種類があります。

①蒔直陰陽《まきなおし》
②圧迫陰陽《あっぱく》
③弱圧迫陰陽《じゃくあっぱく》
④片寄陰陽《かたより》
⑤中断陰陽《ちゅうだん》

それぞれの「不完全陰陽」について、詳しく見ていくことにしましょう。

❶蒔直陰陽《まきなおし》

この陰陽構成は繰り返しが多くあり、すべてのことが七〜八分通り良くなってくると、運勢が落ち、振り出しに戻ってしまいます。

この陰陽の方は一度病気に罹《かか》ると、何年かおきに同じような病気を繰《く》り返《かえ》します。

また、金銭も貯まらず、貯まったかと思うと出費してしまう、というように一生涯同じようなことを繰り返す運命になります。

特に、住居、職業、病気、結婚などで、同じことを繰り返します。

例題❶—12

「蒔直陰陽」には、「○●●●」「●○○○」「○○○●」「●●●○」の四通りのパターンがあります。

●	中	4	○	皆	9	●	月	4	○	弓	3
●	留	10	○	田	5	○	山	3	●	原	10
●	友	4	○	一	1	○	久	3	●	和	8
○	義	13	●	郎	10	○	義	13	●	裕	12

●	東	8	○	矢	5	●	林	8	○	冬	5
●	西	6	○	川	3	○	野	11	●	沢	16
●	浩	10	○	み	3	○	さ	3	●	ゆ	2
○	美	9	●	か	2	○	き	3	●	り	2

この八人の陰陽構成が「**蒔直陰陽**《まきなおし》」です。

「蒔直陰陽の意義」は次の通り、主として**「精神・肉体・物質の不安定な世界」**を支配していることです。

①この陰陽構成は繰り返しが多く、人生堂々巡りの傾向が強い。
②すべてのことが七〜八分通り良くなると運勢が落ち振り出しに戻る。
③職業は転職が多く、また住居は転居が多く、転々と移り変わる傾向が強い。
④結婚しても離婚の傾向が強い。
⑤病気が快気した後、再び、ぶり返す傾向が強い。
⑥一度、倒産や事故、病気、離婚などの失敗を起こした場合、必ず何年かおきに同じようなことを繰り返す。
⑦金銭は貯蓄した頃、思いがけない出費が多くなり、蓄えることができない。
⑧肉親との縁薄く、家庭の恵みに欠け、相続等で苦労がある。
⑨精神・肉体・金銭的に不安定。
⑩信仰心に欠ける（不信心《ふしんじん》）。
⑪この陰陽構成は、百人中二十〜三十人程度。

〈参考1〉⑩の項目に「不信心」と記していますが、この文を読んだ方々は「自分は信仰心が強いのに」、あるいは「先祖や両親を大切にしているのに」と反発する方もいると思います。しかし、陰陽構成から見ても「中格」が「○○」または「●●」ということは、先祖代々伝わってきた「姓（先祖）」の下の文字が**＋**（プラス）、名前の上の頭が**＋**（プラス）、または、**ー**（マイナス）と**ー**（マイナス）となって反発し合ってしまいます。なぜ不信心なのかというと、それは電気・磁石でたとえるなら上から下に流れないためです。
「中格」が「○○」または「●●」の条件の大部分の方々は、無理矢理（不本意）に先祖・親を大切にしなければならない条件下にあります。

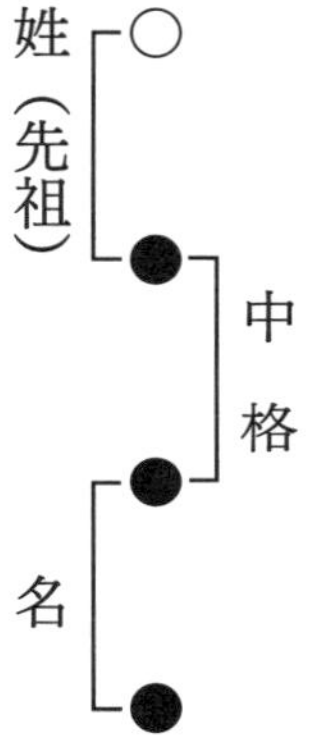

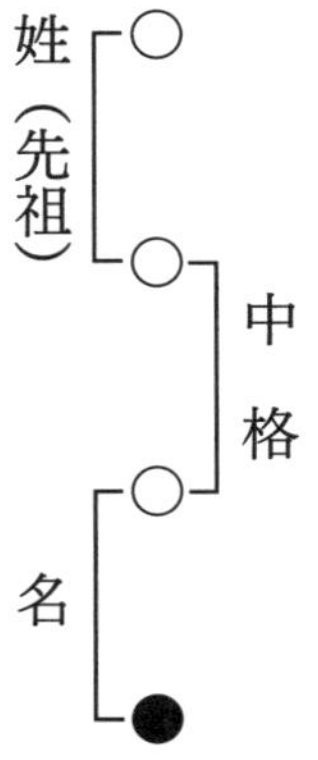

中格が反発し合っていて、「先祖」を継承できません。

〈参考2〉「中格」に関する詳細は、90ページ『天格・中格・地格・総格』を、また「不信心」に関する詳細は314ページ「家を継ぐ条件」を参照してください。

❷圧迫陰陽

この陰陽構成は、上と下から押し潰され、すべてのことが思い通りにはなりません。

一時的（三年〜九年）は、急激的に運勢が上がり成功する方もいますが、それは一時的です。すぐに落ちて四苦八苦し、災難や困難、遭難、剣難を被り、不具や自殺、短命、刑罰などに遭遇します。また事業を興しても伸び悩み、大失敗し、家庭的にも恵まれず、最後には命までも奪われる最凶悪陰陽構成です。

この陰陽の方は出世や繁栄などはままなりません。仮にこの陰陽条件で出世・繁栄した場合、生命・家庭的に極端な圧迫が加わる恐れがあり、末路は最凶悪です。

注　意

この圧迫陰陽の人は特に、一日も早く「改名」の必要があります。

例題❶-13

「圧迫陰陽」には、「○●●○」「●○○●」の二通りのパターンがあります。

● 朝	12	● 森	12	○ 市	5	○ 砂	9
○ 星	9	○ 谷	7	● 沢	16	● 岡	8
○ み	3	○ 麻	11	● ゆ	2	● 哲	10
● か	2	● 二	2	○ み	3	○ 一	1

● 有	6	● 夏	10	○ 上	3	○ 鈴	13
○ 津	9	○ 田	5	● 岩	8	● 方	4
○ き	3	○ 幹	13	● 富	12	● 武	8
● く	2	● 年	6	○ 子	(3)	○ 平	5

この八人の陰陽構成が**「圧迫陰陽」**です。

「圧迫陰陽の意義」は次の通り、主として**「精神・肉体・物質の極端な波瀾万丈《はらんばんじょう》の世界」**を支配することです。

①この陰陽構成は、上と下から押し潰されすべてのことが思い通りにならない。
②精神、肉体、金銭、家庭のいずれかで四苦八苦する。
③災難、遭難、険難、刑難《けいなん》などの突発的な難に遭遇する。
④病難（精神など）、自殺、短命、生死別がある。
⑤事業を始めても伸び悩み、大失敗する。ただし、急激的に運勢が上がり大成功することがあるが、家庭内の諸問題が多く、家庭の恵みが薄く、財産を築いても長続きせず一時的である。
⑥家庭も不和・不幸で、肉親の縁・愛情に欠ける。
⑦相続人で苦労あり、末路は最凶悪で孤独滅亡する。
⑧家族のなかに一人いるだけでも、周囲の人々に災いが降りかかる。
⑨信仰心に欠ける（不信心）。「蒔直《まきなおし》陰陽」の〈参考〉を参照。
⑩この陰陽構成は、百人中十〜二十人程度。

❸弱圧迫陰陽《じゃくあっぱく》

この陰陽構成は「天格（先祖）」と「中格（中年期）」に欠点がないので、「圧迫陰陽」のようには四苦八苦しません。すべてのことが七分通り順調に進んでいきますが、あと一歩というところで思うようにことが進まず、伸び悩みが多く、蒔直《まきなおし》陰陽と同じく、途中から努力しても努力しても実らず、いずれかの形で身動きがとれなくなります。

ただし、不完全陰陽の五種類のなかでは一番問題点が少なく、表面的に分かるような現象は出てきませんが、精神面の問題があります。

例題❶－14

「弱圧迫陰陽」には、「○●○○」「●○●●」の二通りのパターンがあります。

○	鈴	13
●	井	4
○	恒	9
○	男	7

○	川	3
●	草	10
○	正	5
○	子	(3)

○	丸	3
●	松	8
○	健	11
○	三	3

○	浅	11
●	峰	10
○	き	3
○	よ	3

● 宮 10
○ 谷 7
● 博 12
● 行 6

● 窪 14
○ 北 5
● 百 6
● 合 6

● 井 4
○ 村 7
● 悦 10
● 雄 12

● 松 8
○ 平 5
● ユ 2
● カ 2

この八人の陰陽構成が「弱圧迫陰陽」です

「弱圧迫陰陽の意義」は次の通り、主として「精神・肉体・物質の不安定な世界」が見えぬ力で支配されることです。

①この陰陽構成は「天格」と「中格」の陰陽構成に欠点がないので、圧迫陰陽のようには四苦八苦はしない。

②不完全陰陽構成（蒔直《まきなおし》・圧迫《あっぱく》・片寄《かたより》・中断《ちゅうだん》陰陽）のなかでは、凶悪な条件を回避（画数・意義・天地の条件が吉ならば）しやすい。

③すべてのことが七~八分通り順調に進んで行くが、蒔直《まきなおし》陰陽と同じく、途中から努力しても

次第に行き詰まり衰退していく。
④圧迫陰陽のように表面的に分かるような圧迫はないが、真綿で首を絞められるように、肉体・精神面で息苦しく感じられる。
⑤重大時に、いずれかの形で身動きがとれなくなる。
⑥信仰心がある。
⑦この陰陽構成は、百人中五〜十五人程度。

❹片寄《かたより》陰陽

この陰陽構成は、運命的にも極端から極端の運命に支配され、波瀾万丈《はらんばんじょう》の運命を孕《はら》み、安定しません。

病気も上昇運のときは何一つ病まず、下降運になると長い期間病み続けます。

この陰陽の方は独断専行《どくだんせんこう》が多く、人間関係の円滑を欠きやすく、また運命や生命も極端ですので短命の傾向が現れ、災難や剣難《けんなん》、刑難《けいなん》に遭遇しやすい条件があります。

注意

この片寄陰陽の人は特に、一日も早く「改名」の必要があります。

例題❶-15

「片寄陰陽」には、「○○○○」「●●●●」の二通りのパターンがあります。

●	荒	10	○	桜	21	○	工	3
●	橋	16	○	田	5	○	村	7
●	治	8	○	み	3	○	涼	11
●	夫	4	○	き	3	○	作	7

●	桑	10	○	砂	9	○	山	3
●	木	4	○	山	3	○	深	11
●	年	6	○	ミ	3	○	良	7
●	浩	10	○	ヨ	3	○	平	5

● 定 8
● 井 4
● 泰 10
● 江 6

● 名 6
● 沢 16
● ゆ 2
● り 2

この八人の陰陽構成が「片寄陰陽」です

「片寄陰陽の意義」は次の通り、主として**「精神・肉体・物質の極端な波瀾万丈《はらんばんじょう》の世界」**を支配することです。

①この陰陽構成は極端から極端に支配され、良くなると画数条件に関係なく、破竹《はちく》の勢いで一代で巨富《きょふ》を築き上げるが、波瀾万丈の運命を孕み安定せず、逆に運勢が下降になると極端に、また急激に落ち、大失敗し再起不能になる。

②病気も上昇運のときは何一つ病まず、下降運になると長い期間病み続ける。

③生命もやはり同じ。上昇運の時は大事故を起こしても怪我一つしないが、下降運になると、小さな事故でも生命を失いやすく、短命の傾向が強く現れる。

④災難や剣難《けんなん》、刑難《けいなん》、遭難などの突発的な難に遭遇する。

⑤家庭も肉親の縁薄く、家庭的恵みに欠ける。

⑥相続人で苦労がある。

⑦信仰心が欠ける（不信心）。「蒔直陰陽」の〈参考〉を参照。
⑧この陰陽構成は、百人中十五〜二十五人程度。

❺中断《ちゅうだん》陰陽

この陰陽構成は、すべてのことが中断し、分裂を繰り返します。圧迫陰陽と同じように一時的（三年〜九年）には急激に成功する人もいますが、この条件で出世・繁栄した場合、生命・家庭的に恵まれず、やはり最後が悪く中断します。

この陰陽の方は、肉親の縁や家庭の恵みが薄く、精神及び身体（手・足）の切断や倒産、離婚、生死別、突発的な事故が多くあり、命までも奪われる最凶悪陰陽です。

家族や友人のなかに一人いるだけでも、周囲の人々に災難や困難、剣難《けんなん》などが降りかかってきます。常に失敗や命を失う傾向があります。

注　意

この圧迫陰陽の人は特に、一日も早く「改名」の必要があります。

例題❶−16

「中断陰陽」には、「〇〇●●」「●●〇〇」の二通りのパターンがあります。

●	沼	8	●	井	4	○	山	3	○	夕	3
●	井	4	●	中	4	○	藤	19	○	谷	7
○	キ	3	○	澄	15	●	ト	2	●	朋	8
○	ヨ	3	○	久	3	●	メ	2	●	之	4

●	海	10	●	舟	6	○	新	13	○	冬	5
●	戸	4	●	島	10	○	咲	9	○	丸	3
○	清	11	○	睦	13	●	ま	2	●	寿	14
○	美	9	○	司	5	●	り	2	●	夫	4

この八人の陰陽構成が**「中断陰陽」**です。

「中断陰陽の意義」は次の通り、主として**「精神・肉体・物質の極端な波瀾万丈《はらんばんじょう》の世界」**を支配することです。

①この陰陽構成は、すべての物事が六～七分通り進んでいくと途中で中断する。また、中断と分裂を繰り返す。

②精神・肉体・家庭・金銭面のいずれかで四苦八苦する。

・精神的の場合、分裂症など精神病による精神的苦痛。

・肉体的の場合、指や身体（手・足）の切断、片肺の機能停止、片目の失明など。

・家庭的の場合、不和・不幸で、肉親の縁・家庭の恵みが薄い。

・金銭的の場合、事業を興しても伸び悩み、途中で中断し大失敗する。希《まれ》に急激的に成功し一代で財産を築き、出世・繁栄した場合、本人の生命に拘《かか》わるか家庭的に波風が立ちやすく、また肉親の縁薄く、すべてが一時的で、末路は最凶悪である。

③災難や遭難、危難、剣難、刑難などの突発的な難に遭遇する。

④病難（精神など）、自殺、短命、生死別がある。

⑤自分の志していることや考えていることが、思い通りにならない。希望がすべて中断する。

⑥常に失敗や生命を失う運命作用が強い。

⑦家庭や友人のなかに一人いるだけでも、周囲の人々に災いが降りかかってくる。
⑧相続人で苦労ある。
⑨信仰心はもっているが、無関心である。
⑩この陰陽構成は、百人中十〜二十人程度。

「陰陽構成」の注意事項

「陰陽構成」を見るには、さまざまな注意点があります。そのうち特に重要な注意点を、次に説明しておきます。

注意❶

画数条件が良くても、陰陽構成が「不完全陰陽」であるならば、物事は順調に進行することはなく、また幸運に恵まれることもありません。

反対に画数条件があまり良くなくても陰陽構成が「完全陰陽」であるならば、自然の恵みを受けて長寿や幸福を掴《つか》むことができます。

「完全陰陽」の人は百人中三人〜五人程度しかいません。百人中九十五〜九十七人の人は「不完全陰陽」の運命支配を受けています。

注意❷

「圧迫陰陽《あっぱくいんよう》」「片寄陰陽《かたよりいんよう》」「中断陰陽《ちゅうだんいんよう》」を持つ人には、常に災難や遭難、剣難、病難など死と直面している運命が潜《ひそ》んでいます。したがって、一刻も早く**「改名」**の必要があります。

注意❸

女性の**「子」**は女性を表す形容詞故に画数計算には「入れません」が、陰陽構成を鑑定するときには入れますので注意してください。

注意❹

例題の姓名の画数は、すべて**旧漢字**で画数計算してあります。例えば、広（5画）→廣（15画）、沢（7画）→澤（16画）です。詳細は、「巻末資料」533ページ「旧漢字画数早見表」参照。

〈参考〉「天格」「中格」「地格」「総格」については、90ページを参照。

以上、「不完全陰陽」について説明してきましたが、「正統姓名学」は特にこの陰陽構成を**重要視**しています。

前述しましたように、自然界におけるすべての事象は「陰」と「陽」の調和から成り立っているということを忘れてはなりません。

陰陽構成の簡単な見分け方

■完全陰陽構成

一字「姓」→二字「名」

二字「姓」→二字「名」

二字「姓」→三字「名」

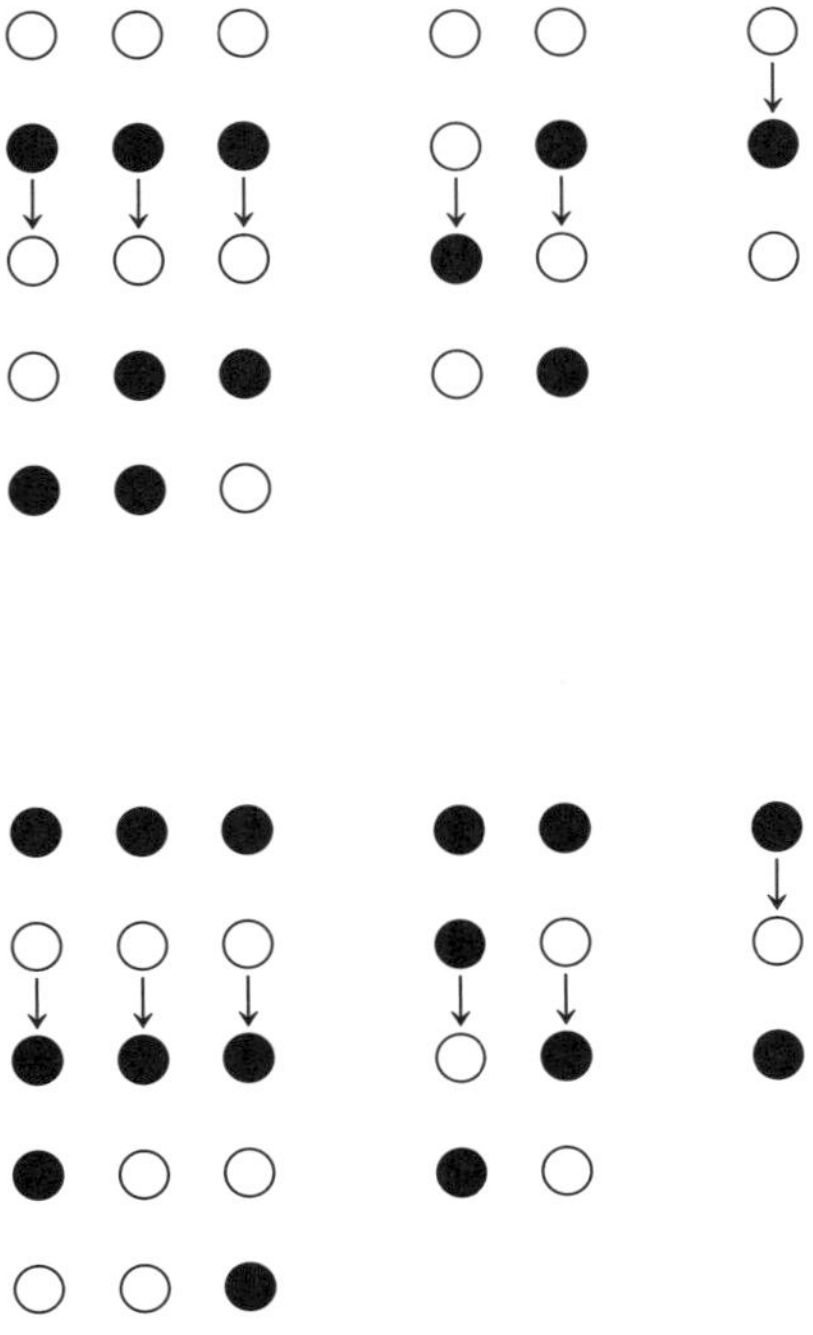

■不完全陰陽構成

一字「姓」↓一字「名」

一字「姓」↓二字「名」

二字「姓」↓一字「名」

二字「姓」↓二字「名」

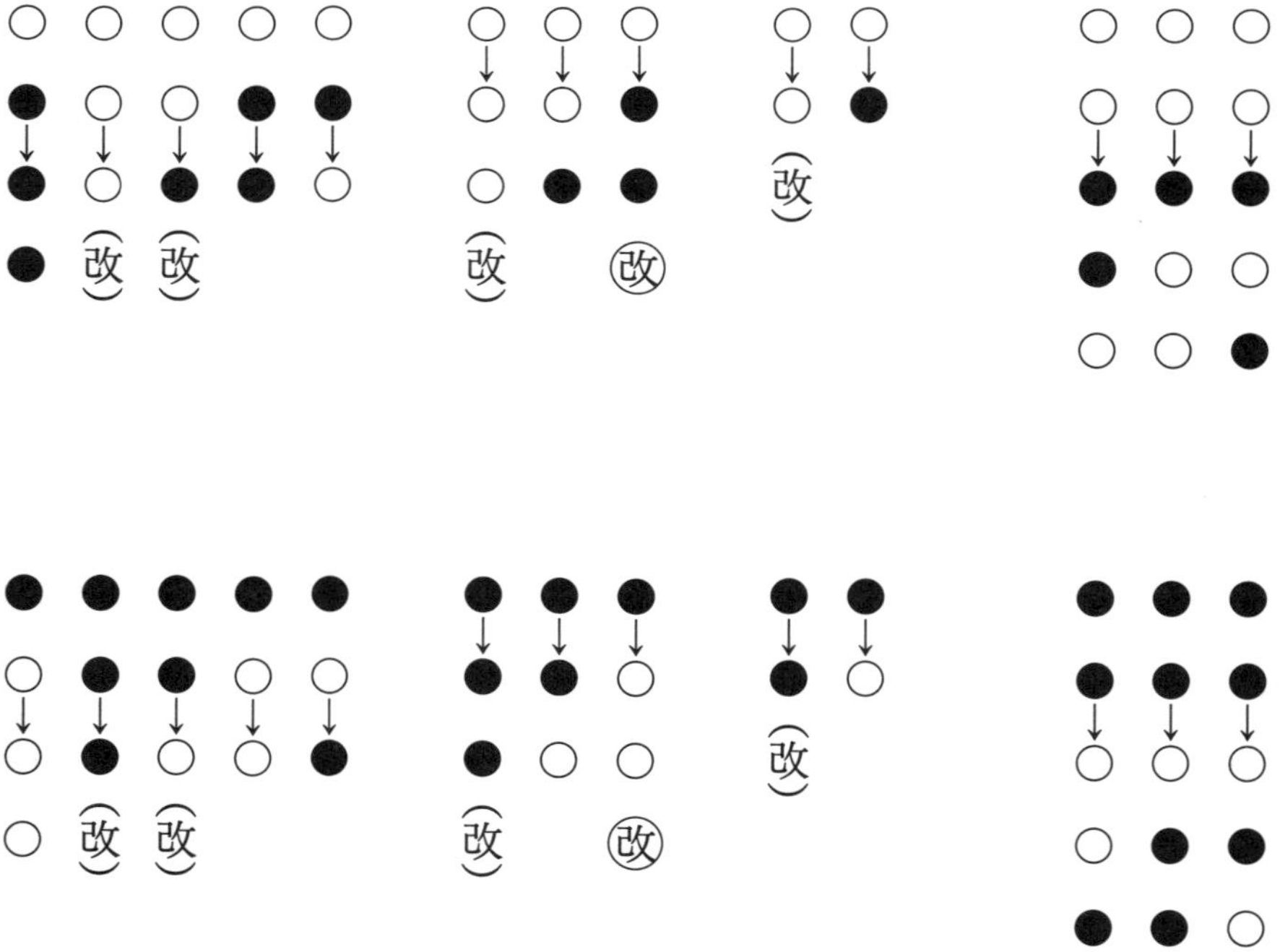

二字「姓」→三字「名」

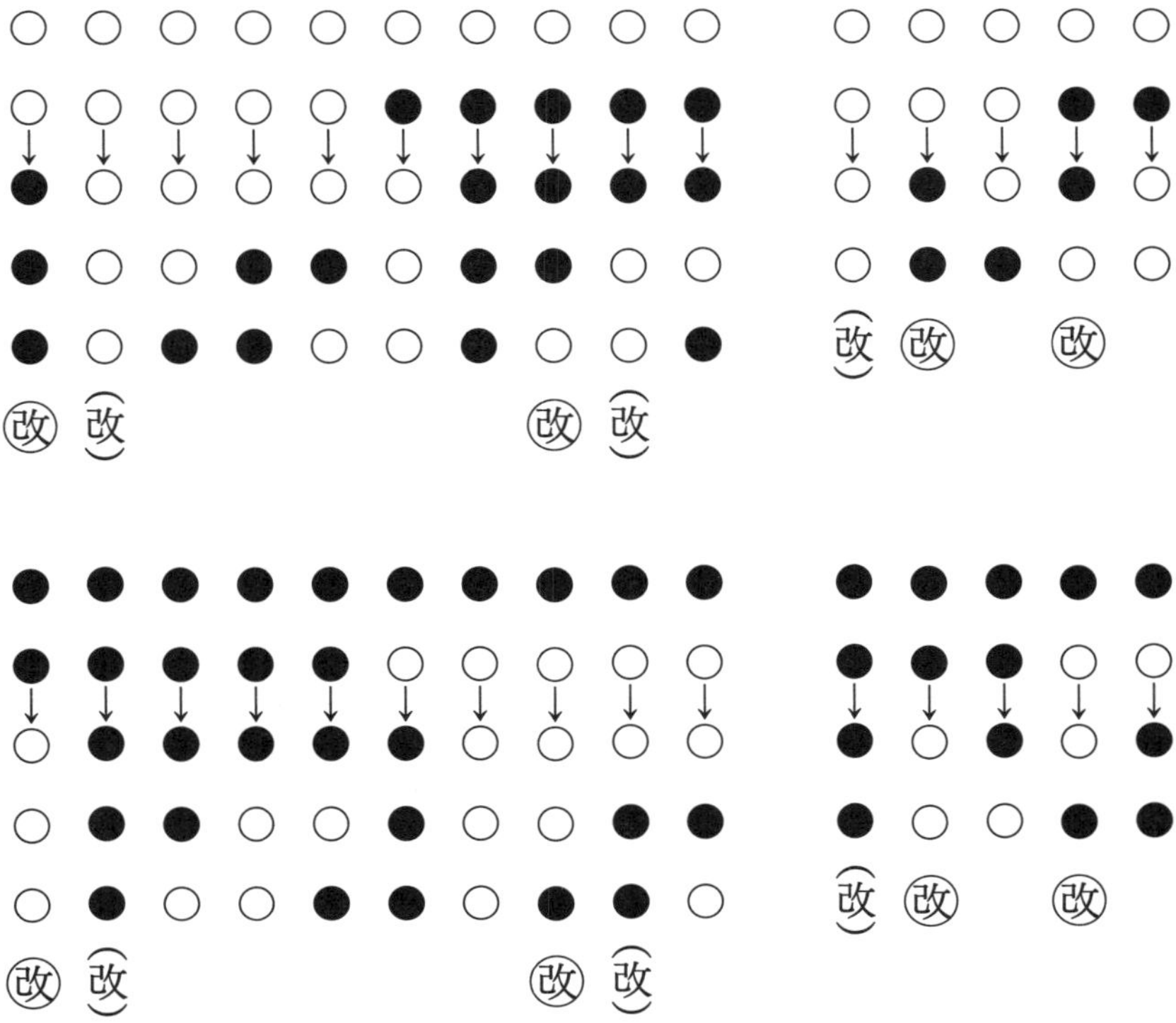

〈参考〉一字「姓」↓一字「名」は陰陽が調和していても、見るからに簡単すぎて、日本人の姓名としては珍しく、普通ではありません。そのため、一般の人が受ける運命支配とは異なり、特別な運命支配（精神）を受けます。

なお、「不完全陰陽構成」の中で、下に（改）と示してある陰陽構成は「改名」の必要があるということです。下に㋙と示してある陰陽構成は、特に一日も早く「改名」の必要があるということを示すものです。

第二章

姓名鑑定の基礎

「五行《ごぎょう》」とは何か

姓名判断に欠かせない要素の一つが**「五行」（木・火・土・金・水）**です。まず、五行の木・火・土・金・水がそれぞれ何を示しているのか、説明しましょう。

・**木**↓生物の成長する現象をいう。
・**火**↓物質が燃焼し、発熱を伴う現象をいう。
・**土**↓すべての物質は、土より出て土に還ることをいう。
・**金**↓重く硬く冷たいもの、いわゆる金属全般のことをいう。
・**水**↓冷たく液体状態で、どんな形にも変化し、熱を奪い取る現象をいう。

「五行」とは、「万物の根元となる五つの元素（木・火・土・金・水）から成り立っている」という古代中国の学説です。

〈参考〉中国の戦国時代の学者騶衍《すうえん》が唱えた学説で、**木・火・土・金・水**という五つの元素を歴代王朝に当てはめ、その変遷《へんせん》の順序を理論づけたものです。
また漢代になると、**陰陽説**と合して「陰陽五行説《いんようごぎょうせつ》」が唱えられるようになりました。

漢字には**「音読《おん》み」**と**「訓読《くん》み」**があり、「五行」の解説は、すべて**「音読み」**で行います。

木性《もくせい》↓カ行……カキクケコ／ガギグゲゴ
火性《かせい》↓タ行……タチツテト／ダヂヅデド
ナ行……ナニヌネノ
ラ行……ラリルレロ
土性《どせい》↓ア行……アイウエオ
ヤ行……ヤ　ユ　ヨ
ワ行……ワ　ヲ　ン
金性《きんせい》↓サ行……サシスセソ／ザジズゼゾ
水性《すいせい》↓ハ行……ハヒフヘホ／バビブベボ
マ行……マミムメモ

この**「木・火・土・金・水性」**の五種類に分け鑑定します。

例題❷－1

川→という字は、「かわ」で木性ではなく、音読みは「セン」で**金性**。
西→という字は、「にし」で火性ではなく、音読みは「セイ」で**金性**。
山→という字は、「やま」で土性ではなく、音読みは「サン」で**金性**。
坂→という字は、「さか」で金性ではなく、音読みは「ハン」で**水性**。
藤→という字は、「ふじ」で水性ではなく、音読みは「トウ」で**火性**。
冬→という字は、「ふゆ」で水性ではなく、音読みは「トウ」で**火性**。

例題❷－2

訓読み	ふじ	はら	やす	お	やま	だ	みつ	お
	藤	原	康	夫	山	田	光	男
音読み	トウ	ゲン	コウ	フ	サン	デン	コウ	ダン
五　行	火	木	㊍	㊌	金	火	㊍	㊋

訓読み	きた	じま	ひで	お	あお	き	しん	いち
	北	島	英	雄	青	木	新	一

音読み	ホク	トウ	エイ	ユウ	セイ	ボク	シン	イチ
五　行	水	火	㊏	㊏	金	水	㊎	㊏

訓読み	たけ	もと	ひろ	え	すぎ	した	え	み
	竹	本	浩	江	杉	下	え	み
音読み	チク	ホン	コウ	コウ	サン	カ	エ	ミ
五　行	火	水	㊍	㊍	金	木	㊏	㊌

訓読み	いの	たに	ゆう	こ	かみ	やま	ま	り
	井	谷	夕	子	神	山	ま	り
音読み	セイ	コク	セキ	シ	シン	サン	マ	リ
五　行	金	木	㊎	㊎	金	金	㊌	㊋

以上、例題を掲げましたが、漢字には**「音読み」**と**「訓読み」**があり、「訓読み」すると「五行」の正確な鑑定ができませんので、注意が必要です。

〈参考〉【例題1－18】で示した八名の名前の左側に「五行」の表示がありますが、「名」の〇で囲んだところは、次に述べる**「性格の調べ方」**の例題です。

なお、巻末《かんまつ》に「姓名学辞典」を掲載してありますので、照合して正確に「五行」及び「画数」を検出してください。

性格の調べ方

次に、姓名から性格を鑑定する方法です。【例題2－2】で示した例で、見ていきましょう。

	藤	原	康	夫	神	山	ま	り
音読み			コウ	フ			マ	リ
五　行			㊍	㊌			㊌	㊋

藤原康夫、神山まりの「性格」検出するにはどうしたらいいのか。

まず、藤原康夫の性格ですが、康夫の左側に木水と記載してあります。これに対応しているのが、208ページの「性格鑑定」に記した「木・水性」の箇所にある性格の「長所・短所」です。当該箇所を参照すれば、すぐ分かります。

次に神山まりですが、まりの左側に水火と記載してあり、これも同じく「性格鑑定」の「水・

火性」の箇所に記載してある性格の「長所・短所」（241ページ）を参照してください。

「五行」の構成

「五行」が**「木・火・土・金・水性」**の五種類で構成されていることは、これまでにも繰り返し述べてきました。

その「五行」が関係する季節・病気の原理を示したのが、次の**「五行図Ⅰ」**です。

五行図Ⅰ

五行		季節		方位		一日		体質
木	↓	春	↓	東	↓	朝	↓	肝《かん》臓《ぞう》
火	↓	夏	↓	南	↓	昼	↓	心《しん》臓《ぞう》
金	↓	秋	↓	西	↓	夕	↓	肺《はい》臓《ぞう》
水	↓	冬	↓	北	↓	夜	↓	腎《じん》臓《ぞう》
土	↓	一年中	↓	中央	↓	一日中	↓	脾《ひ》臓《ぞう》

「五行」はこの**「五行図Ⅰ」**の構成で成り立っており、これにより**四季・病気・相性・愛情・**

結婚・職業などの鑑定ができます。

〈参照〉「水性」とは↓五行《ごぎょう》（木・火・土・金・水性）の中の「水性」の意味です。

「水性」から↓

・**性格**（長所・短所）↓197ページ参照
・**病気**の原因↓255ページ参照
・**職業**（適材・適所）↓261ページ参照
・**相性**（愛情面・愛情度グラフ・婚期）↓283ページ参照

次の**「木・火・土・金・水性」**の条件は、**「春・夏・秋・冬」**の性質が原拠《げんきょ》されています。

・**木性の条件**　春の麗らかさと草木の芽が出て蝶が飛翔し、人々は心軽やかに浮き浮きし、一年中で最高の季節を表します。性格も**「春の性質」**が表れてきます。

・**火性の条件**　夏の灼熱《しゃくねつ》のような太陽を表し、情熱及び鮮明な夏の性質が表れてきます。性格も**「夏の性質」**が表れてきます。

・**土性の条件**　一年中（土用＝立春・立夏・立秋・立冬のそれぞれ前十八日間）を通した、どの季節にもつかない中庸（ほど良い）を得た性質が表れてきます。性格も**「四季の性質」**が表れてきます。

・金性の条件　秋の涼しくもの寂しい哀愁《あいしゅう》のある季節を表わし、また天候の変わりやすい性質が表れてきます。性格も**「秋の性質」**が表れてきます。

・水性の条件　冬の寒く冷たく暗い季節で、沈着・冷静な性質が表れてきます。性格も**「冬の性質」**が表れてきます。

「五行の構成」の**「五行図II」**は、「性格の原理」を導き出しています。

五行図II

五行《ごぎょう》	五常《ごじょう》（五つの道）	五行《ごぎょう》（五つの修行）	戒《いまし》めの根本
木性 ↓	仁↓ 慈みの心 ↓	持戒《じかい》（自《みずか》らを戒《いまし》めること）↓	竜頭蛇尾《りゅうとうだび》
火性 ↓	礼↓ 礼儀節度 ↓	布施《ふせ》（僧《そう》に金や物を贈《おく》ること）↓	克己復礼《こっきふくれい》
土性 ↓	信↓ 信じる心 ↓	止観《しかん》（雑念を除《のぞ》き悟《さと》ること）↓	付和雷同《ふわらいどう》
金性 ↓	義↓ 義理人情 ↓	精進《しょうじん》（修業に打ち込むこと）↓	粉骨砕身《ふんこつさいしん》
水性 ↓	智↓ 知恵の心 ↓	忍辱《にんにく》（耐《た》え忍《しの》ぶこと）↓	和光同塵《わこうどうじん》

この**「五行図II」**によって、**性格**（長所・短所）を知り、特に己《おのれ》の欠点（弱点）を把握し、本来もち合わせている**「道」「修行」「戒《いまし》め」**の原理に従い、己を生かし見出すことができます。

〈**参考**〉

・五行《ごぎょう》……万物の根元となる「五つの元素」（木・火・土・金・水）。

・五常《ごじょう》……人の常に実行しなければならない「五つの道」。

・戒《いまし》め……慎《つつし》むこと。諭《さと》すこと。

竜頭蛇尾《りゅうとうだび》……初めは非常に盛んであるが、終わりが衰《おとろ》えるたとえをいう。

克己復礼《こっきふくれい》……過度な欲望を抑えて、礼儀を踏み行うようにすること。

付和雷同《ふわらいどう》……自分に一定の見識がなく、ただ訳もなく他人の説に賛成同意すること。

粉骨砕身《ふんこつさいしん》……骨を粉にして身を砕《くだ》くという意味。力の続く限り骨を折って尽くすこと。

和光同塵《わこうどうじん》……自分の知恵や才能の優れているところを表さず、隠していて世俗と調子を合わせること。

例題②－3

「五行図Ⅱ」の項目の一部を解説します。

土性　↓　信　↓　信じる心　↓　止観《しかん》（雑念を除き悟ること）　↓　付和雷同《ふわらいどう》

この**「五行の構成」**の**「五行図Ⅱ」**から、「性格」の原理を簡単に説明します。

「信」……………人と言とを組み合わせて、言葉と心とが一致することを表わします。**「信」**の付いた言葉に、信愛、信義、信仰、信心、信任、信用、信頼などがあることからも理解できます。

「信じる心」……「土性」の場合は、特にどっち付かずで、人を「信じる心」に欠け、自らも取捨の選択ができず、迷いが多い性格です。

「止観《しかん》」…………雑念を除き、きれいな心で真理を悟り、修行することを表わしています。

「付和雷同《ふわらいどう》」……自分に一定の見識がなく、ただ訳もなく他人の説に賛成同意することです。

「五常《ごじょう》」のなかの**「信《しん》」**は、人が常に実行しなければならない**「五つの道」**の一つですが、この「土性」の場合は、非常に弱い「性格」が生じてきます。特に「五行《ごぎょう》」のなかの「止観《しかん》」が求められていますが、これを踏まえて「道」を究《きわ》め、「修行」していかなければなりません。

この付和雷同《ふわらいどう》の「性格」が、「土性」の短所として表れてきます。

〈参照〉詳しくは、189ページ「土性」の「性格鑑定」の箇所を参照。

重要

「五行」は五大条件のなかで顕著に表れ、**「現実の世界」**に加え、**「心の世界」**も支配します。

「五行」に関する命名・改名

姓名が二字姓二字名の場合、五行（木・火・土・金・水）のなかから最低二種類の行を取り入れることが必要条件です。なぜ二種類以上の「行」を必要とするかというと、姓名のなかで五行の調和を取るためです。

例えば、田中滝太郎《デンチュウロウタロウ》（火火火火火）のように「火性」に片寄ってしまうと、性格・運命的にも極端に「火性」の気が特に強く支配していく傾向があるので、「五行」の調和をよく考え**「命名・改名」**をする必要が生じてくるのです。

「天格・中格・地格・総格」とは何か

「正統姓名学」には**「四格」**があり、それぞれに運命を左右する重要な要素が含まれています。なかでも**「天格」**は先祖、**「地格」**は少年期、**「中格」**は中年期、**「総格」**は晩年期の条件の流れを完全に支配します。次に例を挙げて、**「四格」**の見方について解説しておきます。

例題❷－4

総格			
	土	3	天格（土・屋）
	屋	9	中格（屋・匡）
	匡	6	地格（匡・史）
	史	5	

天格……**土**3と**屋**9を加えた12画数

中格……屋9と**匡**6を加えた15画数

地格……**匡**6と**史**5を加えた11画数

総格……天格（12画数）と地格（11画数）を加えた23画数

例題❷－5

総格			
	岸	8	天格（岸）
			中格（岸・公）
	公	4	地格（公・男）
	男	7	

天格……**岸**8だけの8画数

中格……**岸**8と**公**4を加えた12画数

地格……**公**4と**男**7を加えた11画数

総格……天格（8画数）と地格（11画数）を加えた19画数

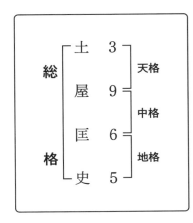

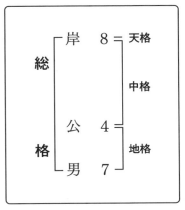

例題❷－6

総格	岡	8	天格
			中格
	正	5	地格

天格……**岡**8だけの8画数

中格……**岡**8と**正**5を加えた13画数

地格……**正**5だけの5画数

総格……天格（8画数）と地格（5画数）を加えた13画数

例題❷－7

総格	山	3	天格
	本	5	中格
	二	2	
	三	3	地格
	男	7	

天格……**山**3と**本**5を加えた8画数

中格……**本**5と**二**2を加えた7画数

地格……**二**2と**三**3と**男**7を加えた12画数

総格……天格（8画数）と地格（12画数）を加えた20画数

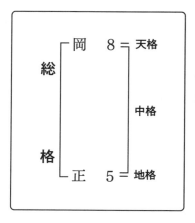

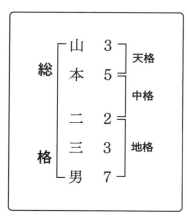

例題❷－8

総格	小	3	天格
	宮	10	
	山	3	中格
	光	6	地格
	夫	4	

天格……**小**3と**宮**10と**山**3を加えた16画数

中格……**山**3と**光**6を加えた9画数

地格……**光**6と**夫**4を加えた10画数

総格……天格（16画数）と地格（10画数）を加えた26画数

例題❷－9

総格	津	9	天格
	久	3	
	井	4	中格
	日	4	地格
	出	5	
	雄	12	

天格……**津**9と**久**3と**井**4を加えた16画数

中格……**井**4と**日**4を加えた8画数

地格……**日**4と**出**5と**雄**12を加えた21画数

総格……天格（16画数）と地格（21画数）を加えた37画数

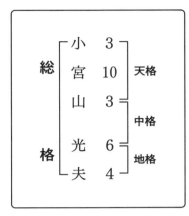

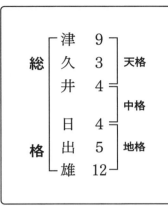

例題❷−10

総格			
	林	8	天格
			中格
	久	3	地格
	子		

天格……**林**8だけの8画数

中格……**林**8と**久**3を加えた11画数

地格……**久**3の（子は画数計算には入れない）3画数

総格……天格（8画数）と地格（3画数）を加えた11画数

例題❷−11

総格			
	林	8	天格
			中格
	ひ	2	
	さ	3	地格
	こ	2	

天格……**林**8だけの8画数

中格……**林**8と**ひ**2を加えた10画数

地格……**ひ**2と**さ**3と**こ**2を加えた7画数

総格……天格（8画数）と地格（7画数）を加えた15画数

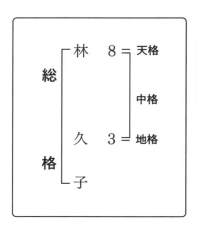

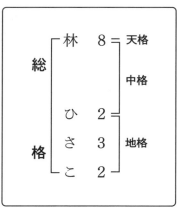

例題❷-12

総格	松	8	天格
			中格
	知	8	
	可	5	地格
	江	6	

（ひらがなはすべてカタカナで鑑定）

天格……**松**だけの8画数　8

中格……**松**と**知**を加えた16画数　8　8

地格……**知**と**可**と**江**を加えた19画数　8　5　6

総格……天格（8画数）と地格（19画数）を加えた27画数

注意

「子」は鑑定する時には「画数」計算には入れませんので注意。

詳しくは40ページ「画数の見方」の中に**「子」**は画数計算には入れぬの欄《らん》を参照してください。

なお、**「ひらがな」**はすべて**「カタカナ」**に直し鑑定します。

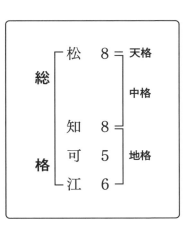

天格《てんかく》

「天格」とは、先祖の家系（姓の画数だけを加えた画数）。

主旨……先祖代々《だいだい》、累々《るいるい》と流れ繋《つな》がってきた血統ですが、変えることができないものであり、これは我々に課せられた宿命でもあります。

「天格」とは「姓」の部分をいい、先祖代々受け継ぎ、その一家及び家門に流れている先天的な運命で、我々の意向では変えることのできないものです。

この「天格」は、先祖代々の流れつながってきた血統の「良《よ》し・悪《あ》し」「徳・不徳」を判断するモノではなく、絶対に変えることのできない過去を暴くモノでもなく、また論評するモノでもありません。

先祖の「徳・不徳」を客観的に捉え、「徳」のある家系にはさらに「徳」を積み、「不徳」のある家系には「徳」を一生懸命積み重ねて行かなければなりません。

これは我々に課せられた運命であり、そのことを熟知し、また把握し、我々の代で少しでも「徳」を積まなければならず、また子孫の代までも繁栄を願い続けなければなりません。

先祖を敬うことが最大の供養につながり、また我々の幸せにつながっていきます。

「姓」（先祖）に対し、完璧に「名」を**「命名」**及び**「改名」**することが、先祖からの目に見えない恵みを受ける唯《ただ》一つの方法です。

この「天格」だけは、姓名学上では絶対に変えること（改姓《かいせい》）ができません。

唯一「改姓」する場合、AとBの二通りの手段があります。

- A……男性の場合、①養子になる、②婿《むこ》養子になる。
- B……女性の場合、①養子になる、②結婚する。

男女とも二通りの方法があり、②の二項目を除き、わざわざ「姓」が悪いから「改姓」する人はいません。

また、先祖の家系が「良いか？　悪いか？」が、今、現在ハッキリと分かるほどの家系（系《けい》図《ず》）の方は少なく、ほとんど分からないのが現状です。したがって、わざわざ「姓」を「改姓」してまで「本当に良くなるか？」という疑問もあります。また、「改姓」しなければならないほどの追求や研究及び正確な鑑定はできないはずです。

しかし、正統姓名学を学んで究極を見極めることができたのであれば、この「天格」の意味がいかに重要であるかに気付くことができます。

姓名学上「天格」はほとんど鑑定しても何の作用もない、と巷《ちまた》では思われていますが、この考えは浅薄《せんぱく》です。

その考え方では、全く違う答えを導き出してしまうのです。したがって、本当の姓名学を明確に見出すことは不可能に近いのです。正統姓名学では「天格」は非常に重要なものであり「天格」なくして運命作用はありません。

「天格」とは先祖であり、親であります。自分達がこうして日々培《つちか》われていることに**「感謝」**しなければなりません。

現在、「天格」によって構成されている「姓名」は、切っても切れない関係にあり、我々の人生に深く関わっています。

重要

この「天格」は、「徳」のある先祖の系統であれば、物事に対して、自然と良い流れの運命を掴《つか》む確率が高くなります。

しかし、この「天格」は、運命条件により、重大事には突発的（突然発生する）、また突如、生死に関わる問題などが発生する場合があります。

逆に、運命の弱い系統だからといって、良くなる確率が低いとは限りません。弱点を補うことのできるのは「正統姓名学」なのです。

中格《ちゅうかく》

「中格」とは、二十七歳前後〜五十四歳前後（「姓」の下の画数と「名」の頭の画数を加えた数・または「姓」と「名」の連結部分）。

主旨……「中格」は中年期の運命作用を現します。この運命は「天格」の先天的に対し、後天的な運命作用を示します。

女性の場合、十八歳で結婚した場合、結婚した時点から「中格」の運命条件に突入することになります。

男性の場合、二十一歳で結婚しても「中格」の運命には入りません。「中格」の運命に入るとしても、二十七歳前後です。

男性でも女性でも同じですが、結婚しなければ「地格」の少年期の運命条件が八十歳以上まで及ぶこともあります。この場合は、少年期と中年期の運命条件を併用し、把握し鑑定しなければなりません。

「中格」の運命作用が自分自身にハッキリと顕著に現れ、それを理解することができる方は、運命的に強運か、逆に極端に不運で、この「中格」の「正統姓名学画数表」（456ページ）に書かれている内容がよく理解することができます。

しかし、普通の方ならばこの「中格」の運命作用を理解することは難しく、また運命作用の吉凶を論じても、この時点では把握することは難しいでしょう。

それはなぜか。「地格」の少年期の運命条件は、両親の運命条件下にほとんど掌握されており、「中格」はヨチヨチ歩きの赤ん坊にすぎないため、「中格」の運命作用を理解することは難しいからです。

とはいえ、晩年の「総格」に入ってくると、自分自身の「中格」の「姓名学画数表」に書かれている運命作用・内容が徐々に理解できるようになるのです。

なぜならば、「中格」が過去になるため、自分が歩んできた人生を振り返れば分かるというわけです。

〈参考〉 姓名学上では「中格」を「人格」と呼び使用されていますが、ここでは鑑定するのに分かりやすくするため、あえて「中格」を使用します。

注　意

運命条件によっては「中格」の運命作用（凶数）は、少年期の時期及び晩年期の時期まで飛び火し、更に突発的に露顕《ろけん》する場合もあります。

〈参考〉二十七歳前後〜五十四歳前後と姓名学上では記していますが、細かい周期は三年、その次は九年、二十七年、五十四年、百八年となります。

これは運命周期の法則であり、ここでは割愛させていただきますが、この「運命周期」については後日、出版する予定です。

地格《ちかく》

「地格」とは、〇歳〜二十七歳前後（名の画数だけを加えた数）。

主旨……「地格」は少年期の運命作用を現し、「名」の部分をいいます。この運命は「天格」の先天的に対し、「中格」と同様、後天的な運命作用を示します。

女性の場合、結婚するまでの期間を示します。男性の場合は、二十七歳前後までの期間を示します。

ただし、四十歳で結婚した場合、運命も「地格」の状態が続き「中格」の運命にはなかなか入りません。この場合、「中格」の運命に入るとしても四十歳以降です。

しかし、男性でも女性でも同様ですが、「地格」の少年期の運命条件が八十歳以上まで及ぶこともあります。

重要

「地格」は**「天・地・中・総格」**のなかで、**一番重要性**を帯び、「中格」及び「総格」の運命にまで強い影響力を及ぼし、時には「中格・総格」の運命条件に関係なく、重大事には突発的(突然発生・起きること)、また突如(生死に関わる問題など)年齢に関係なく噴出する傾向があります。

鑑定する場合は、少年期と中年期の運命条件と晩年期の運命条件を併用し、把握して鑑定しなければなりません。

「地格」「中格」「総格」のなかで**一番重要**なのは**「地格」**であり、それはそのなかに含まれている「名前」と「画数」の運命条件《うんめいじょうけん》を鑑定《かんてい》するだけのモノ《もの》でないことは、前述《ぜんじゅつ》の**「画数《かくすう》の見方」**の箇所を参照して頂ければよいでしょう。

注意

「地格」の中に**「五行鑑定」**「性格鑑定(長所・短所)」「病気の原因」「相性鑑定(愛情・結婚)」「職業(適材適所)」などの**重要な5項目**が含まれていることを自覚しなければなりません。

・右の〈**重要**〉の項目において、「地格」は「天・地・中・総格」のなかで、一番重要性を帯び強い影響力をもち、重大時には現れると説明しました。この文章だけを読み、解釈を間違えて「地格」だけを重視したのであれば、巷《ちまた》でいわれている「総格」だけを重視したモノと全く同レベルでしかありません。

あくまでも「天・地・中・総格」のすべての条件が整わなければ、「地格」だけ大吉数を取り入れても何の意味もありません。

総格《そうかく》

「総格」とは、五十四歳前後から以後（「姓」の画数合計と「名」の画数合計を加えた数）。

主旨……「総格」は五十四歳以降の晩年期の運命条件を現します。「総格」とは「姓」「名」全体を示します。この運命は「天格」の先天的に対し、「地格・中格」と同じく後天的な運命作用を示します。

「総格」が良ければ姓名及び運命までもが大吉であるが如く、世間一般の人々には知れ渡っていますが、それは間違った解釈にすぎません。

昔は大器晩成《たいきばんせい》といって、少年期・中年期は目立たず、晩年期に入ってから次第に力を養い、物事を成就《じょうじゅ》して幸せな人生を送る、ということがありました。

確かに昔は、そのように遅くなってからでも大成《たいせい》することができた時代がありました。

しかし、現代社会においては、科学、医学、その他、人類を取り巻く様々な分野の進歩が日々目まぐるしく、一日、一ヵ月、一年、十年の年月が重要であり、なまけていては時代の波に取り残されしまうでしょう。

したがって、自分は「大器晩成だから」といっても、少・中年期の運命が悪ければ晩年、大成できることはなく、夢のまた夢にすぎません。

なぜならば、そのようなことを言う人に限って、現実に足元に火がついていても気付かず、また現実からかけ離れた、悪い意味での諺《ことわざ》にある「果報《かほう》は寝て待て」の条件になり、少・中年期を無意味に過ごし、晩年になってから慌てて動きだすことになります。しかし、それでは遅いのです。

例えば、家を建築するには基礎が安定していなければ、家は傾き、崩壊してしまいます。同様に、人生も少年期・中年期が基礎であり、晩年期が完成した家の要素です。

「総格」は晩年期の運命を示すため、画数だけで大吉・吉数、及び頭領数を付けても、少・中年期の条件、その他の条件が悪ければ、大凶の運命になってしまいます。

故に、少・中年期が悪ければ、晩年期はあり得ないということです。

「総格」だけを重要視して名前を付けた場合にどうなるか、例を挙げて見てみましょう。

「総格」㉑画数・頭領運《とうりょううん》の大吉数を、次に【例題２－13】【例題２－14】として二例を挙げました。しかし、「総格」㉛画数・頭領運《とうりょううん》でも、㊶画数・頭領運《とうりょううん》の大吉数を付けても答えは変わりません。

例題❷－13

「総格」は21画頭領運《とうりょううん》の大吉ですが……

6	圭	●
5	田	○
9	俊	○
1	一	○
㉑		

「総格」は㉑画頭領運《とうりょううん》で大吉であるが、「地格」は10画大凶悪、中格は14画大凶悪、陰陽構成は「蒔直《まきなおし》陰陽」で大凶。

例題❷－14

「総格」は21画頭領運《とうりょううん》の大吉ですが……

5	矢	○
4	中	●
8	和	●
4	仁	●
㉑		

「総格」は㉑画頭領運《とうりょううん》で大吉であるが、「地格」は12画大凶、中格は12画大凶、陰陽構成は「蒔《まき》直《なおし》陰陽」で大凶。

【例題2－13】【例題2－14】の条件は「総格」21画頭領運で大吉にするためには、必ず「地格」に大凶・大凶悪数になってしまいます。

前述しました「地格」の説明箇所を見ていただくと、「地格」は**「天・地・中・総格」**のなかで**一番重要性**を帯び、「中格」及び「総格」の運命まで強い影響力をもち、重大時には現れると言明しています。

いくら「総格」が頭領運で大吉であっても、「地格」が凶・大凶であれば、常に凶・大凶の運命支配を受けてしまいます。

また、陰陽構成は「完全陰陽」であることが第一条件で、前述しました陰陽構成こそ姓名学上**一番重要**であり、これを鑑定するだけで、その人の運命の六五～七五パーセント（ただし、画数条件だけに関しては）近くまで判断ができるため、「総格」に捉われて**「命名・改名」**したのであれば、五大条件（陰陽・五行・画数・意義・天地）のいずれかの条件を欠く結果となり、大凶悪の運命条件になりやすく、完全な姓名からはかけ離れてしまいます。

〈参考〉詳しい「総格」の計算式に関しては、１０３ページを参照してください。

後述する「天格」の先祖の「徳・不徳」の箇所で解説していることを把握していただければ、「総格」に大吉数を用いることがどんなに難しい問題なのかが、よく分かっていただけると思います。

また「総格」だけ良くても、少年期・中年期の運命条件が凶・大凶であれば、五十四歳以降の晩年期の運命まで辿《たど》り着くことができず、また晩年期の運命が大吉ということはほとんどなく、まして中年期なくして晩年期は全くありません。

故に「総格が一番重要で吉数及び、特に大吉数を用いると良い」と唱えていることは大変な誤りで、**「罪」**をつくる結果となります。

画数条件だけで「命名・改名」すること自体**「大罪《だいざい》」**を犯していることに、一日も早く気付き、悟らなければなりません。

本来の「総格」とは、五十四歳前後、以後の運命条件を示し、この画数条件はその人の運命全般として捉えることもありますが、やはり「総格」は晩年期の運命を司《つかさど》ります。

注　意

運命条件によっては「地格」の少年期の運命条件が、中年期・晩年期の運命条件まで及ぶこともあります。

重　要

右に記した例題の画数条件において、「天格・地格・中格・総格」の「四格」はあくまでも画数条件だけであることを、肝に銘じておいてください。

以上「四格」について記しましたが、いずれの一つを除外しても完全な運命鑑定はできません。「四格」をすべて把握し、適確なる鑑定をしてください。

注意

最後に、**「命名・改名」**するには、五大条件が整っていない限りなすべきではないと言っておきます。**「命名・改名」**は、容易《たやす》いことではないのです。

なお「天格・地格・中格・総格」の運命の吉凶は、456ページ「正統姓名学画数運命表」の1画数から60画数までの運命条件が記載してありますので参照し、自分自身の姓名を当てはめて鑑定してください。

「地格」は少年期・**「中格」**は中年期・**「総格」**は晩年期・**「天格」**は先祖及び系統を表しています。

ただし、画数条件が良く出ても、画数は正統姓名学五大条件では**第三番目**の条件となります。故に画数の姓名に対して占める割合は十五〜二〇パーセント弱位で、後述する他のさまざまな重要な条件がありますので、すべてを理解の上、運命が「良い」「悪い」の判断をしてください。

また画数を見る場合、34ページの**「画数の見方」**を参照し、さらに確実に巻末の「正統姓名学画数運命表」及び「正統姓名学辞典」を参照し、絶対に画数を間違わないよう注意する必要があります。

一画数間違えるだけで、答えは雲泥の差が生じ**「罪」**をつくりかねません。

〈参考〉「総格」の計算式、及び「外格」に関しては、103ページ「総格」の計算式及び「外格」の箇所を参照してください。

「先祖からの恵《めぐ》み」について

「先祖からの恵み」は、誰でも受けています。先祖があり、両親があり、現在の我々が存在するのです。

先祖＝両親＝自分の図式通り、先祖がいなければ当然、両親も存在せず、両親がいなければ、自分もこの世に存在しません。

「先祖からの恵み」とはなにか？——それは現在、我々が存在するということです。

さらに、運命の30パーセント以上を目に見えない力が支配しています。この力を順調に自分自身が受け取るには、必要な条件があります。それは「姓」（先祖）に対して、「正統姓名学」

の五大条件を完全に調和させることです。

「家を継げる条件」の箇所で解説していますが、「姓」の下の部分と「名前」の頭の部分が必ず「陰」「陽」、または「陽」「陰」になっていなければ、大きな「恵み」は上から下に流れません。

「恵みの多い家系」に出生した者は、「恵み」を得るチャンスが多く、先祖や親の威光《いこう》が作用し、その恩恵を受けることが、他の人よりも多く、出世や幸福を掴《つか》む確率が高くなります。それは「親の光は七光」という諺《ことわざ》が示している通りです。例えば、名門の家系に出生した者は、本人はどのような状態であれ、他人からの見方は、尊敬の眼差しで見られます。社会的に優位に立ち、たったそれだけでも大きな恵みだと思われます。

しかし「恵みの多い系統」といっても、下にくる名前が「姓」（先祖）に対して調和していない場合は、その「恵み」が上から下に流れないため、人生を順調に送ることは難しいのです。「恵みの少ない家系」に出生した者は逆に、その幸福を掴むチャンスが少ないかというと、そうではありません。「姓（先祖）」と「名（本人）」の調和が完全にとれていれば、先祖からの目に見えない多くの「恵み」を受け取ることができるのです。

「姓」（先祖）の運命力が強くても、弱くても下に付く名前で、その人の運命は大きく変わってしまうのです。「姓」と調和がとれていない名前が付いた場合、突発的に起きる様々な艱難《かんなん》辛苦《しんく》を受けてしまうのです。

「姓」と調和がとれた名前が付いた場合、健康運・家庭運・金銭運などに恵まれ、また社会的に信用・信頼を得ることができるようになります。

「正統姓名学」の究極の答えは一つですが、「恵みの多い家系」に出生しても、また「恵みの少ない家系」に出生しても『天命』は全てを平等に分け与えているということです。なぜならば、「正統姓名学」に法《のっと》り「命名」する場合、「恵みの多い家系」に出生しても、完全で強烈な「名前」を付けるのは、非常に難しいのです。逆に「恵みの少ない家系」に出生しても、「正統姓名学」に法り、完全に強い運命を「命名」することが可能です。

故に『天命』は先祖の「運命力」に関係なく、全ての人間に対し平等であることが分かります。

先祖を敬《うやま》い、親を敬い、我が子を慈《いつく》しむには、完全な「命名」をすることです。

それは、我々に課せられた先祖からの因縁を切るチャンスでもあります。

また、赤子の幸せ、及び子々孫々《ししそんそん》が未来永劫《みらいえいごう》、幸福になることを願うには、完全な「命名」をする以外にはありません。

〈参考〉 未来永劫《みらいえいごう》とは、未来、永遠に続くこと。

注意

「天格」を無視して鑑定すると、多くの疑問が残ります。

「徳《とく》」を積む

「生かされている」限り人間は、**「感謝」「信念」「求道」**の**「心」**で「悔《く》いのない人生」を、邁進し続けると共に、全力で人のために尽くし**「徳」**を積んで行かなければなりません。

全力で人の為に尽くした結果、思う心が相手の心に伝わった時に生じる良い因縁の種が**「徳」**であり、お互いの**「感謝」**の**「心」**が強ければ強いほど、その**「徳」**は、更に**「徳」**を生み、**「心」**と**「心」**のつながりは次第に大きく拡がっていきます。

また、全力で人の為に尽くすことによって、生まれた**「徳」**により、**先祖の悪い因縁＝災い火種**を断ち切って行くことが、まさに**良い因縁の種＝「徳」**となり、子子孫孫《ししそんそん》へと未来永劫《みらいえいごう》につながります。

しかし、現在の世の中においては**「感謝」**の意味を履き違え、**「信念」**や**「求道」**の**「心」**もなく、自分では**「感謝」**しているつもりでも「人生」を無駄に過ごしている人たちが少なくありません。このような**「心」**のない人たちは、どんなに尽くしたとしても、何一つ、生み出すものはなく、思う**「心」**を無駄にした人間の**「罪」**（不徳）**」**は、子子孫孫に及びます。また**「心」**のない人に**「心」**をかけても、**「罪」**の上塗りをするだけで、その**「心」**を見極められなかったことによって、自分自身も大きな**「罪」**を被るだけでなく、更に、その人間の**悪い因縁＝災い火種**となり、永遠に繰り返します。

それ故に、**良い因縁＝「徳」**を積むためには、自分自身の思い入れを捨て、また何事にもとらわれる（執着）ことなく、相手の人間に**「心」**が「あるか！」「ないか！」を的確に判断し、見極めなければなりません。**悪い因縁＝災い火種**を自ら引き込む結果となります。

子子孫孫につながる**良い因縁の種＝「徳」**を積むためには、自分自身**「感謝」「信念」「求道」の「心」**を忘れず、また相手の**「心」**を的確に判断し・見極め、何事にもとらわれることなく、無心で・全力で人のために、尽くさなければなりません。

「生かされている」限り人間は、全力で人のために尽くし**「徳」**を積み、人から**「感謝」**される人間になり、更に**「徳」**を積み重ね、一日も早く、**悪い因縁＝災い火種**を完全に断ち切っていただけるよう、願い続けなければなりません。

「徳」は、決して自分のためにあらず、全力で人のために尽くした結果に他なりません。

しかし**「徳」**は自分だけでなく、先祖及び子孫へとつながる**「良い因縁の種」**となります。


〈参考〉

- **徳**……天から与えられた立派な品性。人の道を修めた人。
- **信念**……心に固く信じること。信仰心。
- **求道**……正しい道理を求めて修行すること。子子孫孫…子孫の続く限り。

「家系」の実例《じつれい》

〈実例①〉頭領運《とうりょううん》の家系

上 3	林 8	中 4	村 7
小 3	林 8	木 4	村 7
小 3	松 8	池 6	永 5
大 3	沼 8	竹 6	田 5
毛 4	利 7	吉 6	田 5

原	10	北	5	丹	4	金	8	住	7	安	6
田	5	原	10	野	11	丸	3	友	4	田	5
高	10	有	6	木	4	林	8	松	8	池	6
田	5	泉	9	崎	11	川	3	下	3	田	5
島	10	村	7	田	5	大	3	青	8	竹	6
田	5	松	8	島	10	間	12	山	3	本	5
真	10	杉	7	北	5	三	3	松	8	西	6
田	5	林	8	島	10	森	12	山	3	本	5
宮	10	長	8	石	5	天	4	岩	8	杉	7
田	5	坂	7	原	10	野	11	下	3	元	4

堀《11》内《4》
笠《11》井《4》
望《11》月《4》
清《11》水《4》
野《11》中《4》

高《10》野《11》
石《5》橋《16》
風《9》間《12》
矢《5》沢《16》
塚《13》原《10》

内《4》藤《19》
織《18》田《5》
渡《12》辺《19》
渡《12》部《11》
その他

〈実例②〉公務員・医療関係者・福祉・宗教関係者の家系

小《3》池《6》
大《3》西《6》
小《3》西《6》
川《3》池《6》
山《3》西《6》

山《3》寺《6》
上《3》地《6》
下《3》地《6》
三《3》次《6》
土《3》光《6》

河 8	小 3	向 6	江 6	田 5	内 4
野 11	沢 16	山 3	川 3	中 4	田 5
榎 14	土 3	米 6	吉 6	永 5	戸 4
本 5	橋 16	山 3	川 3	井 4	田 5
岸 8	安 6	江 6	竹 6	平 5	太 4
野 11	達 13	口 3	口 3	井 4	田 5
河 8	岡 8	西 6	西 6	石 5	木 4
崎 11	部 11	山 3	川 3	井 4	田 5
松 8	岩 8	舟 6	早 6	北 5	木 4
野 11	崎 11	山 3	川 3	方 4	本 5

岡 8
崎 11

林 8
部 11

松 8
崎 11

河 8
部 11

その他

〈実例③〉芸術・建築の家系

千 3
原 10

川 3
原 10

山 3
原 10

小 3
原 10

上 3
原 10

重 9
中 4

井 4
後 9

天 4
科 9

元 4
砂 9

室 9
井 4

沼 8
田 5

牧 8
田 5

岡 8
田 5

岩 8
田 5

長 8
田 5

〈実例④〉学問の家系

光 6　藤 19	竹 6　藤 19	寺 6　藤 19	吉 6　瀬 19	早 6　瀬 19
滝 19　地 6	滝 19　池 6	西 6　関 19	吉 6　辺 19	寺 6　辺 19
利 7　蔵 18	蔵 18　角 7	蔵 18　町 7	織 18　町 7	豊 18　秀 7
広 15　島 10	倉 10　敷 15	駒 15　家 10	慶 15　宮 10	広 15　原 10

「意義《いぎ》」「不意義」について

文字には一つ一つの意味がある、ということは周知の通りです（「喜」という文字を見るだけで、幸せで喜ぶというように）。文字だけで明暗、喜怒哀楽、音、寒暖《かんだん》、その他いろいろな感覚を、見る人・聞く人・感じる人に与えます。

その文字の組み合わせのなかでも、「姓名」という文字の組み合わせによって**「意義《いぎ》」**が生じてきます。

出産した赤子に、幸福になるように「幸男、幸子、恵子」、真面目で素直になるよう「正直、真子、直子」などと「命名」しますが、「姓名」とは、読んで字の如く「姓」と「名」の組み合わせから成り立っています。

名前だけで「幸福に、真面目に、素直に、立派に」と付けても「姓」と合わなければ、**「姓名の意義」**が生じてきません。

「意義」とは音楽でいうところのメロディーです。メロディーが途中で狂ってしまうと、今までの流れが止まって聞き苦しくなってしまいます。これは詩でも俳句でも同じ。流れがなくては、良い詩、俳句とはいえません。音楽、詩、俳句など、すべてのものは一貫した流れをもっていなければならないのです。

特に姓名学上では、**「姓の意義」**と**「名の意義」**の組み合わせがスムーズに流れるような名前を付けなければ、良い名前とはいえません。

「意義」とは何か

文字の組み合わせから生まれる**「意義」**は次のように、その人の**「心の世界」**を支配します。

①精神は常に安定
②思慮・分別が明確
③気力充実
④意識強固
⑤心が広い

〈参考〉　ただし、「姓」自体**「意義」**を示さなかったり、通らなかったり、なかには不釣合いなものがありますが、その場合、せめて「名」だけでも**「意義」**が通る条件になるよう心掛けたいものです。

「不意義《ふいぎ》」とは何か

意義が通らない、即ち「不意義」な姓名について見てみましょう。次のようなケースがあります。

❶順序不同《じゅんじょふどう》

親の名前が二郎で子供の名前が一郎とか、祖父が敬三で孫が正二という「順序不同」の名前の条件が多くあります。

この場合、子供が親に従うことはなく親に逆らい、また物事の道理から外れ、常に、不遜《ふそん》の心を抱き、家庭内での口論・反発が多く、社会に出てもやはり同じことが噴出してきます。

〈参考〉 不遜《ふそん》……驕《おご》り高ぶること。従わないこと。

注意

「命名・改名」などに関して、「数字」の使用は避けた方がいいでしょう。

❷男か？　女か？分からない名前

現在は、男か女か分からない名前を付ける傾向も多く見受けられ、その子供にとっては悲劇の始まりです。なぜなら「男女性別」がハッキリしない名前は間違われやすいうえに、精神的に取り越し苦労も多いからです。

例えば、男の子に女らしい名前を付けた場合、その男の子は「精神」も「肉体」も女性化していく傾向があり、また逆に女の子に男らしい名前を付けた場合、その女の子は「精神」も「肉体」も男性化していく傾向があります。

小さいときから「精神」が蝕《むしば》まれ、「肉体」も中性的になっていくことがあります。

ここに、「正美」という名前の男性がいたとします。実際の呼び名は「まさよし」なのですが、一般には「まさみさん」と呼ばれ、当然の如く女性を連想します。

この方は「まさみでなく、まさよしです」と、常に「訂正」を余儀なくされる人生を歩まなければなりません。性別さえ、第三者に一生涯、訂正し続けなければならないわけです。

男性か女性か分からない名前を使用することは、精神的負担が生じ、不安定な要素をもたらすことになります。

〈例〉

圭　操　栄　忍　薫　静　豊

勝美　克美　正美　昭美　和美　千秋　千春　千冬　重美

繁美　治美　春美　一美　その他

❸当て字、読めない字

「当て字」とは、言葉の意味に関係なく、同じ音の字を当てて用いる漢字という意味を示すもので、まさに**「不意義」**の象徴です。

昨今では、親の身勝手な考えで、簡単に子供の「命名」をしてしまうのが現状で、とても読めないような、また書くこともままならない難しい漢字や当て字をむやみに使用し、漢字をパズルのように当てはめ、その字を強引に読ませる名前が流行しています。

そのため、漢和辞典（音読み・訓読み）を用いても、そのような呼び方で読むことすらできない名前が氾濫しています。

例えば、テストのときなど画数の多い漢字を用いた場合、名前を書くだけで時間がかかり不利になり、これは運命以前に大きな損失になります。

また、読みにくい漢字（難しい漢字・当て字）を使用していると、学校の先生からの指名のチャンスを失うことも少なくありません。それは指名する人が読めずあえて指名しないためで、先生が読めない恥を避けるからです。

しかし、一般的でありふれた「名前」よりも、難しい漢字や当て字を使ったほうが「相手に印象付けられる」というような浅知恵で「命名」している両親が増えているように見受けられます。

確かに第三者には強烈な印象を与えますが、ただそれだけのことであり、後述する「姓名学」の五大条件からは、かけ離れてしまいます。

注意

「当て字・読めない字」のなかには、漢和辞典の音読み・訓読みに記載していない読み方を用いて「命名」するケースが、昨今多々見受けられます。名付け親自身、どのような考えで「命名」したのか理解不能です。

単に響きやイメージなどで「命名」したとしか考えられませんが、「命名」する前にまず、その名前を漢和辞典で引いて確認するべきです。

〈参考1〉昨今、名刺などに「ひらがな」でふり仮名を「名前」の上に刷り込んでいるものをよく見かけます。これは親の身勝手で第三者が読むことのできない「名前」にしたためであり、それは親に見識があるように見せかけているだけで、子供にとっては非常に迷惑なことであり、このような名付けは大きな間違いです。

〈参考2〉「姓」の場合は、確かに読むことができないものがありますが、それは致し方ありません。

❹「夜行性」の名前

現在では、夜の商売でもそのまま適用できる名前（源氏名）を付ける両親も多く見られます。自分の娘が「夜行性」同様な扱い方をされることを連想、想像して、そのような名前を「命名」するのでしょうか。これを「良いと思うか？」が問題です。

幼児・少年時代に、このような名前をもっている人は、友達にも見下げられ、名前の後に「ちゃん」「くん」「さん」といった敬称を付けて呼ばれることは少なく、呼び捨てされ、軽視される傾向が多く、尊敬されにくいのです。

見下げられ、呼び捨てされ、尊敬されにくい名前を付けるということは、結局、幼児・少年期に、蔑視《べっし》・軽蔑《けいべつ》・侮蔑《ぶべつ》・侮辱《ぶじょく》された日々を過ごすということです。この精神が潜在意識に残ってしまい、社会に出てからも必ず「精神的」な面に影響を及ぼし、それが劣等感となり心中に鬱積《うっせき》します。また「夜行性」の名前を使用していると、暗く、ジメジメした「夜行性」の生活環境の中で生活していることが連想、想像されます。

このような名前の持ち主は、将来、常に**「精神的葛藤」**に悩まされることとなり、姓名の**「不意義」**を代表していると思われます。

❺その他

次に列記する名前の例は、知己朋友《ちきほうゆう》に呼び捨てで呼ばれ、尊敬されにくく、軽蔑、軽視される傾向が多くあります。結果、波瀾万丈《はらんばんじょう》の人生を送ることになり、また尊《とうと》い名前が逆に不幸の元（作用・反作用）になる傾向があります。

〈例〉

虎夫	竜夫	松夫	竹夫	冬夫	晴夫	翔馬
龍也	竜子	ゆり	春男	浪子	小雪	雪枝
夏江	秋子	春子	冬美	夏美	波恵	千春
夏子	晴子	千秋	露子	寿雄	徳男	豊夫
幸雄	福生	富男	栄次	寿子	風馬	翔太
慶司	福江	福子	栄子	笑子	笑加《しょうか》	笑香《えみか》
みどり	つばき	つばさ	さつき	その他		

以上、姓名の**「不意義」**を記載しましたが、いずれの例をとっても精神的に取り越し苦労・気苦労が多くあり、家庭的に恵みが薄く、常に不安定となる要因があります。

姓名の**「不意義」**とは、常識的に判断して、不安・不吉・不快・災いの暗示が秘められている文字などを、世間一般の心得として避けることが望まれるということです。

注意❶

両親及び「命名」に関わる人々は、「命名」の際には「なぜ、その名前を付けるのか?」と自問してください。自分の趣味趣向や一瞬の閃《ひらめ》きで「命名」するのではなく、我が子の幸福を第一に熟慮しなければなりません。

注意❷

「不意義」のケースを①~⑤まで簡単に列記しましたが、特に③の「当て字・読めない字」は、現在、社会において持《も》て囃《はや》されていますが、それは**「当て字」**であり、読むことも書くことも難しく、ましてそのような名前を「命名」した親の精神が疑われます。

①~⑤までの名前の条件は、特に名前の後に「ちゃん」「くん」「さん」付けで呼ばれることは少なく、呼び捨てで呼ばれ、軽視・軽蔑される傾向が多くあり、尊敬されにくく、常に劣等感が**「心の葛藤の世界」**を支配します。

文字の乱雑な組み合わせから生まれる**「不意義」**は次のように、その人の**「心の葛藤の世界」**を支配します。

①精神は常に不安定で、波乱が多い。

②思慮分別がなく、偏屈である。
③無気力。
④精神の葛藤があり、気苦労が多い。
⑤心が狭く、動揺しやすい。

重要❶

「陰陽」「五行」「画数」は、五大条件のなかで顕著に現れ**「現実の世界」**を支配します。

「意義」「天地」の二項目の場合は、その人の**「心の世界」**を支配し、日常生活の中で常に現れてくるものではありませんが、「精神世界」のなかに潜在し、重大時に現れてきます。

重要❷

「陰陽」「五行」「画数」の三項目の条件の中の**「五行」**は、文中で**「性格」**＝**「心」**、**「心」**の現れと説いています。

しかし、この**「五行」**の条件は日々、顕在・潜在している性格が、その時の条件により常に出てきますので、あえて**「現実の世界」**に分類します。

「天地」とは何か

「天」とは天格で「姓」を、「地」とは地格で「名」を表し、この調和をとることが大切です。

例題❷−15

斎	17	天格
藤	19	
一	1	地格

「天格」は36画数で「地格」は1画数で、あまりもアンバランスであり、このような条件の人は運命的にも精神的にも不安定で、不遜《ふそん》な心を抱く傾向があります。

例題❷−16

久	3	天格
川	3	
輝	15	地格
雄	12	

「天格」は6画数で「地格」は27画数で、これもアンバランスであり、このような条件の人は、やはり運命的にも精神的にも不安定です。

やはり、不遜な心を抱く傾向があります。

例題❷―17

川	3	天格
津	9	
年	6	地格
矢	5	

例題❷―18

中	4	天格
舟	6	
久	3	地格
男	7	

「天格」は12画数で「地格」は11画数です。

この【例2―17】が一番バランスの整ったパターンです。

この条件「天大地小」が姓名学上、一番典型的な「天地調和」の主たるものとなります。

「天格」は10画数で「地格」は10画数です。

この【例2―18】は、バランスが良過ぎて逆に大凶となり、交通事故及びすべての災難に遭いやすく、また対人関係などの衝突が多くあり、人と変わった運命支配を受ける傾向があります（変人、奇人、奇才、天才など）。

134ページの「衝突因縁」の項で詳述します。

【例題2―15】【例題2―16】のどちらの条件にも、「不遜な心を抱く傾向があります」と掲げましたが、日常生活の中で常に現れてくるものではなく、精神世界の中に潜在し無意識のうちに堆積しており、その鬱積《うっせき》が重大時に現れてきます。

そのときは、地位や身分も高くなり、偉そうな顔をして他人を馬鹿にする傾向があり、また人を見下し驕《おご》り高ぶり、誰に対しても従わない状況下になります。

【例題2－17】の条件は「天格」と「地格」が一番バランスの整ったパターンであり、この条件「天大地小」が、姓名学上「天地」の調和の主たるものとなります。

【例題2－18】の条件は「天格」「地格」ともに10画数で、画数バランスが良過ぎて逆に「衝突因縁《しょうとついんねん》」の「天地総同数《そうどうすう》」の条件になり、すべてのモノと衝突する傾向が強く、対人関係や交通事故、その他災難に遭いやすく、人と変わった運命支配を受ける傾向が強く表れます。

後述する134ページ「衝突因縁」の項で詳しく解説します。

重要

「天地」の調和の場合は、その人の**「心の世界」**を支配し、日常生活の中で常に表れるものではなく、精神世界の中に潜在しており、重大時に表れてきます。

注意

「命名」「改名」のときにどうしても「天小地大」になる場合がありますが、「天」と「地」のバランスが極端に崩れないよう注意してください。

第二章

衝突因縁《しょうとついんねん》

「衝突因縁」とは何か

すべての物事の「起源（原因）」と、結果を生じさせる「作用（縁）」とによって定まっている運命を、「因縁」といいます。

これらの「衝突」と「因縁」を総称して『衝突因縁《しょうとついんねん》』といいます。

この衝突因縁は次の①②③の、三通りがあります。

①「苦《く》⑨数《すう》」

名前の頭の画数が9画数の人は、常に病難・金難・遭難・苦難・困難・剣難・犯罪・刑罰・孤独・自殺・短命、その他、様々な「災難」に遇《あ》いやすく、常に艱難辛苦《かんなんしんく》が潜《ひそ》んでいます。対人関係において摩擦が生じたり、また第三者から危害を受けるだけでなく、第三者に対し自ら問題を引き起こし危害などを加え「衝突」していく傾向があります。

〈参考〉 艱難辛苦《かんなんしんく》……難儀《なんぎ》。悩み・苦しみ。辛《つら》いこと。

例題❸－1

「名」の頭の画数が⑨画数。二字姓・二字名の場合。

熊本重⑨紀
長崎信⑨也
徳島勇⑨樹
島根則⑨文
石川英⑨世
滋賀苗⑨子
福島秋⑨枝

宮崎恒⑨洋
福岡昭⑨平
香川省⑨次
広島貞⑨時
富山俊⑨子
静岡洋⑨美
茨城咲⑨子

大分紀⑨幸
高知亮⑨太
山口茂⑨晴
岡山美⑨江
新潟厚⑨子
埼玉律⑨子
宮城郁⑨美

佐賀春⑨雄
愛媛建⑨夫
鳥取宣⑨男
兵庫保⑨子
岐阜香⑨代
栃木玲⑨奈
岩手映⑨子

参考注意

左記漢字は、画数が⑨画数の人名漢字であり、名前の頭に使用した場合「衝突因縁」①**「苦《く》⑨数」**の条件となるので注意。

英・映・垣・屋・音・科・皆・紀・軌
姫・建・計・彦・後・香・紅・恒・厚
圀・砂・哉・室・秋・春・俊・咲・昭
相・省・信・津・柴・甚・若・星・泉
宣・洗・前・則・施・指・狩・染・奏
持・重・貞・洞・是・南・律・柳・亮
玲・迫・飛・美・品・苗・赴・風・勉
保・茂・威・郁・胤・耶・勇・宥・洋
要・茅・苑・茉・柏・削　その他

重要注意

すべて**旧漢字**で鑑定する。

②「天地同数《てんちどうすう》」

「姓」の頭文字を『天』と称《しょう》し「名」の頭文字を『地』と称し、その『天』と『地』の画数が『同数』のことを総称《そうしょう》して**『天地同数《てんちどうすう》』**といいます。

『天地同数』の人も『衝突因縁《しょうとついんねん》』①**「苦⑨数」**と同じく、常に病難・金難・遭難・苦難・困難・剣難・犯罪・刑罰・孤独・自殺・短命・その他、様々な「災難」に遇いやすいです。

「衝突因縁」には、常に艱難辛苦《かんなんしんく》が潜んでおり、対人関係において摩擦が生じ、日常の生活においてあらゆるモノと衝突するだけでなく、自ら問題を引き起こし「衝突」していく傾向があります。

第三者から危害を受けるだけでなく、自らが第三者に対し危害などを加える傾向もあります。

『天地同数』は『衝突因縁』①の**「苦⑨数」**の条件より衝突が激しく、非常識な思想や行動が顕著に現れます。

この場合も「災難」の運命作用は一度に限らず、次から次へと怒涛《どとう》の如《ごと》く押し寄せます。

例題③－2　「姓」の頭の画数と「名」の頭の画数が同数＝天地同数。姓・名の頭の画数・二字姓・二字名の場合。

山③
咲
久③
夫

丹④
前
文④
男

本⑤
井
由⑤
美

竹⑥
橋
安⑥
広

志⑦
渋
良⑦
子

花⑧
菊
昌⑧
子

後⑨
崎
映⑨
子

島⑩
浦
浩⑩
子

野⑪
池
清⑪
二

森⑫
泉
喜⑫
男

道⑬
里
葉⑬
子

綿⑭
庭
誠⑭
二

増⑮
峰
徹⑮
男

沢⑯
盛
憲⑯
子

鎌⑱
城
豊⑱
彦

注意

例題の中にある「**後⑨崎映⑨子**」は、①「**苦⑨数**」と②「**天地同数**」の二つの「衝突因縁」の条件が含まれているので注意。

③「天地総同数《てんちそうどうすう》」

「姓」の合計画数を『天』と称し「名」の合計画数を『地』と称し、その『天』と『地』の総画数が『同数』のことを総称して**『天地総同数《てんちそうどうすう》』**という。

「衝突因縁」の条件（①②③）の中で、最も「衝突」の作用が強烈に運命に影響する。

『天地総同数』の人も、常に病難・金難・遭難・苦難・困難・剣難・犯罪・刑罰・孤独・自殺・短命などの「災難」に遇いやすく、常に艱難辛苦《かんなんしんく》が潜んでおり、対人関係において摩擦が生じ、日常の生活においてあらゆるモノと衝突する傾向がある。

「衝突因縁」①、②より「衝突」の作用が激化し、非常識な思想・行動（言動）をとり、変人扱いされ、また相続に対する苦労がある。

「衝突因縁」による「災難」の運命作用は一度に限らず次から次へと怒涛《どとう》の如《ごと》く押し寄せる。

また自ら問題を引き起こし衝突していく恐れもあり、第三者から危害を受けるだけでなく、自らが第三者に対し危害を加える傾向もある。

例題❸－3

「姓」の合計画数と「名」の合計画数が同数＝天地総同数。二字姓・二字名の場合。

大 3
弓 3 ⑥
圭 6
子 ⑥

田 5
牛 4 ⑨
久 3
江 6 ⑨

村 7
石 5 ⑫
正 5
利 7 ⑫

牧 8
呂 7 ⑮
良 7
知 8 ⑮

千 3
内 4 ⑦
君 7
子 ⑦

石 5
目 5 ⑩
公 4
行 6 ⑩

松 8
北 5 ⑬
克 7
江 6 ⑬

奥 13
夕 3 ⑯
明 8
昌 8 ⑯

山 3
央 5 ⑧
和 8
子 ⑧

寺 6
立 5 ⑪
忠 8
三 3 ⑪

島 10
手 4 ⑭
由 5
紀 9 ⑭

利 7
宮 10 ⑰
喜 12
代 5 ⑰

浅 11
杉 7 ⑱
桂 10
治 8 ⑱

道 13
早 6 ⑲
盛 12
伸 7 ⑲

岩 8
瀧 19 ㉗
徳 15
雄 12 ㉗

重要

・衝突因縁のもたらす、様々な「災難」からは逃れようもないため、この条件の（①、②、③）人は一日も早く**「改名」**することが望まれる。
・**「命名」**する時は、絶対に衝突因縁の（①、②、③）の条件にならないように配慮が望まれる。

重要注意

すべて**旧漢字**で鑑定する。**ひらがな**は**カタカナ**で鑑定する。**「子」**は画数には加えない。

「衝突因縁」の趣旨

「天地同数」「天地総同数」の場合、その衝突する**〈奇数《きすう》〉**の数字を持つ場合と**〈偶数《ぐうすう》〉**の数字を持つ場合の2通りがあり、その中で〈奇数〉の数字を持つ衝突因縁が、最も「衝突」の作用（偶数を持つ人の3倍以上）が激しくなります。

衝突因縁（①、②、③）の人は、変人（変わり者）・奇人と呼ばれることが多く、趣味・嗜《し》好《こう》などに尋常《じんじょう》でない偏《かた》よりの傾向が顕著《けんちょ》に現れます。

例題❸－4 **「天地同数」**

・奇数例

丸③口弓③夫　右⑤井弘⑤美　吹⑦田秀⑦子

柳⑨石計⑨子　鳥⑪口麻⑪江　郷⑬里義⑬房

・偶数例

今④場友④男　早⑥谷好⑥広　林⑧下尚⑧子

夏⑩
花
記⑩
子

雲⑫
尾
博⑫
子

綱⑭
浦
寿⑭
郎

例題❸－5

「天地総同数」

・奇数例

左 5 ⑨
井 4
千 3 ⑨
江 6

多 6 ⑪
平 5
幸 8 ⑪
久 3

吉 6 ⑬
町 7
絹 13 ⑬
子

間 12 ⑮
上 3
宗 8 ⑮
克 7

向 6 ⑰
鳥 11
華 12 ⑰
代 5

枝 8 ㉗
藤 19
慶 15 ㉗
喜 12

・偶数例

夕 3 ⑥
山 3
圭 6 ⑥
子

下 3 ⑧
本 5
房 8 ⑧
子

町 7 ⑩
川 3
七 2 ⑩
枝 8

本	5	⑫
杉	7	
仁	4	⑫
征	8	
南	9	⑭
立	5	
章	11	⑭
三	3	
浅	11	⑯
矢	5	
桂	10	⑯
行	6	

〈参考〉例題の中にある「柳⑨石計⑨子」は、①「苦（9）数」と②「天地同数」の二つの「衝突因縁」の条件が含まれているので注意。

〈参考〉変人……一風変わった性格の人。変わり者。
奇人……性質や行いが風変わりな人。変わり者。

「衝突因縁」が引き起こす状況・状態

「衝突因縁」の運命（①、②、③）を持っている人々の、内面・外面的、及び精神・行動が顕《けん》著《ちょ》に現れてくる状況・状態を示します。

左記に列記する①～⑬の項目の条件は、ほとんどが重大時に、しかも突発的に露見し、周囲の人々まで巻き添えを伴い、人生の岐路に追い込まれる傾向があります。

この①～⑬の項目のなかには、異色な条件として⑨の**「天才」**と呼ばれる由縁《ゆえん》となる箇所も含まれています。

①衝突の対象

- 他者との衝突……家族（親子・兄弟・夫婦・親戚）・友人・上司・同僚など、日常における衝突。
- 車両との衝突……頻繁《ひんぱん》に起こる衝突事故（自損・他損事故）。
- 物との衝突……身の回りの物と衝突します。
- 訴訟問題が発生……些細《ささい》なことから、大問題（裁判沙汰）に発展したり、また発展させたりします。
- その他……警察が介入しなければならないような大問題（刑事問題）を引き起こしたり、また引き起こさせたりします。

②裏切り行為

- 「衝突因縁」の人は、土壇場《どたんば》でいとも簡単に知己朋友《ちきほうゆう》（親友＝心友）を裏切る。……裏切り行為は一度に限らず、何回でも平気で繰り返しますが、それは「衝突因縁」の本性であり、その行為は決して直りません。それは本人に、裏切り行為に対する自覚症状が全くないためです。

・「衝突因縁」の人は、表面上の友達は多いが、知己朋友（親友＝心友）が少ない。また、数少ない知己朋友からも最終的には見放される傾向が強い。……その見放される要因には、口と腹が違う、所謂《いわゆる》「嘘」や「口から出まかせ」や「失言」「虚言」などがあります。また、腹に一物《いちもつ》（何か企《たくら》みがある）があったり、腹が黒い（心に悪巧《わるだく》みがある）などの傾向があるためです。

・「衝突因縁」の人は、決して信用・信頼することができない。

③類は友を呼ぶ

・「衝突因縁」の人は、仲間意識が強く自然に集まり、すぐに意気投合し、結束・連携が早い。

・逆に、仲間同士わずかでも意見の食い違いや相違があると、すぐさま敵対関係に陥り、刃傷《にんじょう》沙汰《ざた》・殺戮《さつりく》・犯罪にも発展する傾向がある。

・「衝突因縁」の人を取り巻く友達は、ほとんど「衝突因縁」の人間構成で成り立っていることが分かる。また自然と集まってくる。

・「衝突因縁」の仲間同士の中に、衝突因縁を持ち合わせていない人間が仲間に入ろうとしても、一時的には良いが、縫目《ぬいめ》が綻《ほころ》ぶが如く仲間割れし、簡単に縁が切れて対立し分裂してしまう。

④行動(取りやすい)

・非常識である……道理をわきまえず、常識（普通の人が持っているような知識・考え）が通用せず、非常識な言動が多いです（火性《ひせい》の短所にある非常識と似通っているが、衝突因縁がある方が激しい）。
・傲慢《ごうまん》である……威張って人を見下げるため、やみくもに主導権を握りたがります。その際、当然、年齢や状況などに対する常識的な配慮など一切ありません。
・執着《しゅうちゃく》しやすい……深く思い込んで、捉《とら》われます。
・執念《しゅうねん》深い……しつこく思い込んで諦《あきら》めが悪いです。
・怨念《おんねん》……怨《うら》みの心や人を仇《あだ》として怨む心、また何事も他人の責任にして、怨みの執念を持ちます。
・未練がましい……諦めが悪く、思いきりも悪いです。
・貪欲である……非常に欲が深いです。

・嫉妬深い…………常に他者を嫉《そね》み、妬《ねた》み、焼き餅《もち》をやきます。

⑤性格(人間性)

・自己中心的である。
・我儘《わがまま》である。
・非常識である。
・偏屈《へんくつ》である。
・人の意見は聞かない。また聞こうとしない。
・何を考えているのか分からない。
・不平不満が多い。
・喜怒哀楽《きどあいらく》が激しい。
・情緒不安定。
・精神が貧しい。
・思い込みが激しい。
・苦にとらわれやすい。
・卑屈《ひくつ》さ(心がいじけていること)が強い。

・嘘が多い。
・信用できない。
・協調性に欠ける。
・融通《ゆうずう》がきかない。
・負けん気が強い。
・負け惜しみが強い。

⑥闘争的

・些細《ささい》なことで突如としてキレやすく、常に闘争的であり非常に恐ろしい。

……この些細な条件とは、友達同士で普通の世間話をしている最中、普通では気に留《と》めない会話でも、麦藁《むぎわら》から針を探し出すような些細な事柄に対し、烈火《れっか》の如《ごと》く感情を剥《む》き出しにしてキレます。そのキレ方は尋常《じんじょう》でなく、周囲の友達は唖然《あぜん》とするが、その人間を止める手立てはありません。周囲の友達は、キレる元凶《げんきょう》になった些細なことが理解できず「何が原因でキレたのか？」となり、把握《はあく》することは不可能です。

・争い事を特に好み、争い事の方向に自ら進んで行くが、自ら止めることができない。また、他人が止めようと（仲裁）しても止まらない。

・相手（老若男女《ろうにゃくなんにょ》）構わず敵対し、些細なことでも争い、勝敗関係なく問題を激化させる（裁判などに至る場合が多い）。
・何があっても、自分の意見を押し通し、決して妥協することができず、自分に非がある場合でも自己主張を貫《つらぬ》き通す。
・常に自己主張を貫き通すが、後先の成り行きは考えない。
・自分の失態も、責任を相手に擦《なす》り付け、謝罪しない。
・極めて自己中心的であり、人間関係（状況・状態など）への配慮は微塵《みじん》もなく、全くお構いなし。相手を思いやる心も全く持ち合わせておらず、自分勝手である。
・思いやりなどに欠け、冷酷に感じられる場合がある。

⑦犯罪

・病難・金難・遭難・苦難・困難、諸々の「災難」に遭いやすく、常に剣難《けんなん》・犯罪・刑罰・孤独・自殺・短命・その他、危険性を常に孕《はら》んでいる。
・突如としてキレ、キレると手が付けられないほど恐ろしく、世間に大きな衝撃を与える事件・犯罪など、取り返しのつかない問題を引き起こす。また自らも強烈な運命作用に翻弄《ほんろう》されてしまう。

・犯罪者には「衝突因縁」の人が多く、極めて凶悪・凶暴であり、まさに「○○に刃物」である。また「気狂《きぐる》い」発狂の状態になる傾向がある。
・冷酷・残酷・残忍・非道の行いなど、常軌《じょうき》を逸《いっ》した行動に及ぶ。
・善良な人間を陥《おとしい》れ、奈落《ならく》の底まで引きずり込む傾向がある。
・様々な事故・事件・犯罪に知己《ちき》朋友《ほうゆう》（親友＝心友）及び、他人まで巻き込み、人生を破滅させる傾向がある。
・行動を共にしていると、その影響を受け、様々な事故、事件、犯罪に巻き込まれ人生を見失う傾向がある。

〈参考〉 凶暴……性質が残忍で、平気で酷《ひど》い乱暴をすること。荒々しいこと。生まれつきの凶暴性を発揮する。

狂暴……非常に乱暴で、まるで気ちがいのように暴れること。酒に酔うと、次第に狂暴になる性質のこと。

気狂《きぐる》い……心の状態が普通でないこと。発狂の状態。

⑧人格変貌《へんぼう》

「衝突因縁」の人は「躁《そう》・鬱《うつ》」の二通りの状態が顕著に現れます。

・「躁」の場合は、躁病（精神病）の躁の症状を露呈《ろてい》し、異常にテンションが高く、常に興奮状態にあり、常軌《じょうき》を逸《いっ》した唐突《とうとつ》な発言や突拍子もない行動に及ぶ。

・「鬱」の場合は、鬱病（精神病）の鬱の症状を露呈し、普段はおとなしいが突如として人格変貌《へんぼう》し、世間に大きな衝撃を与える事件・犯罪など取り返しのつかない問題を引き起こす。

「衝突因縁」による「躁・鬱」の人格変貌は、どちらも非常に恐ろしいものですが、常に「衝突因縁」の運命には「波乱」の危険作用があるので、この人格変貌が「いつ起きるか？」「何が引き金となるか？」を推測することは不可能です。

⑨「天才」と呼ばれる由縁《ゆえん》

・発想・着眼・着想が唐突で飛躍している。

・こだわりも強く、こだわりに対し優れた才能・能力を発揮する。

・趣味・嗜好《しこう》は、もともと凡人とは異なることが多く、一芸に秀《ひい》でており、結果**「天才」**と呼ばれる人が多く、学者・研究家・発明家・芸術家・音楽家・演奏者などに多く見受けられる。

・アナウンサー・解説者など、言葉を操《あやつ》る職業の人も多い。

・弁護士・検事など、人と争（論争）うことが日常茶飯事であり、それは正に**「天職」**であり、その発言は迫力があり、他を圧倒して寄せ付けることがない。

・その他職業では、政治家・評論家が多く、これもまた**「天職」**であり、この場合、議論などでやはり衝突する傾向がある。

・革命・改革時など、人々の心を掌握《しょうあく》することのできる**「天才的」**な指導者に多く見受けられる。ただし、国を支配することのできる立場にいた場合、国を転覆《てんぷく》させる危険性があるが、その反対に国を極端に発展に導く原動力ともなる。

〈参考〉　発想……感情や思想を表すこと。
着眼……気をつけてみること。眼をつけること。
着想……考えつくこと。思いつき。

⑩家族の絆《きずな》

・家族のなかに「衝突因縁」の人が一人いるだけで、その人特有の考え方や行動などが蔓延《まんえん》し、やがては家族の精神などを蝕《むしば》み、また人生を次第に変えてしまう。それほど影響力は甚大であり、家族は強烈な運命作用に翻弄《ほんろう》される。

・年齢、性別、親子、立場に関係なく、知らないうちに主導権を握るので、その人間を中心としての家族構成ができ上り、この時点で、すでに家族の形は大きく歪《ゆがん》でいる。

……このような**「家族の絆」**は、その人間を取り巻く環境下で、知らず知らず「心」や「行い」を変えさせられてしまいます。また、その影響を与えられた精神状態の歪《ひず》みを修正するのは非常に困難です。

⑪巻《ま》き添《ぞ》え

・自らがその運命作用に翻弄《ほんろう》されるだけでなく家族・他人にかかわらず周囲の人の運命さえ**「巻き添え」**にする。

……周囲の人々も「衝突因縁」の人に関わっている限り病難や金難、遭難、苦難、困難、剣難、犯罪、刑罰、孤独、自殺、短命、その他諸々の「災難」に遭遇しやすくなります。例えば、五人乗りの車に「衝突因縁」の人が一人いるだけで、他の四名も生死を分ける事故に遭遇しやすくなります。

〈参考〉 巻き添え……他人の事件と関わり合いができて罪に問われたり、損害を受けたりする。

注意

「衝突因縁」（①②③）の人との、乗り物への同乗は絶対に避けるべきである。

⑫日和見《ひよりみ》

・常に形勢を窺《うかが》っていて、どちらでも自分の都合のよい方、また有利な方に付こうとする傾向があり、②の項目の「裏切り行為」と同類で、土壇場《どたんば》でいとも簡単に知己朋友《ちきほうゆう》（親友・心友）を裏切る。

・どっちつかずの態度をとっているので、信用・信頼することができない。それ故に、最終的には知己朋友から見放される傾向が強い。

・自分の都合だけを主張し、知己朋友の都合はお構い無しで、自分だけの世界の中に没頭する。

〈参考〉「土性」の短所の優柔不断《ゆうじゅうふだん》とは違う。

⑬変節《へんせつ》

「変節」とは、従来の自分の主義・主張を変えることです。例えば、自分の信念を時流（その時代の社会の動き）などに媚《こ》びて、相手に気に入られようとご機嫌をとるために変えてしまうようなことです。

昨日までは仇敵《きゅうてき》（かたき・あだ）の間柄であろうとも、自分の都合のよい有利な方に付こうとする態度は、まさに「衝突因縁」の人の一種独特の「裏切り行為」であり、それがまかり通る世界です。

・知己朋友の秘密や旧悪《きゅうあく》（昔、犯した悪事・秘事）などについて、世間話をするが如《ごと》く、いとも簡単に他人に暴露する傾向があり、その「裏切り行為」により、一瞬で今までの人間関係がなくなり、また自分の信義《しんぎ》（約束を守り、務めを果たすこと）・信用・信頼も一瞬で水の泡に帰してしまいます。

〈参考〉この「変節」という言葉は、よく政治家に使われる。

教訓

・「衝突因縁」の人との付き合いは、絶対に避けるべきです。なぜなら、あらゆる「災難」が自分にも降り罹《かか》ってきたり、また「生命」自体を脅《おびや》かされたりしかねないからです。人生におけるその影響力は、甚大《じんだい》であることを自覚しなければなりません。

警告

「命名・改名」するときは、**「衝突因縁」**の**（①、②、③）**の条件には特に注意し、絶対に使用するべきではありません。

重要

『苦⑨数』の箇所〈参考〉で掲げた漢字は、画数が⑨画数の人名漢字を**「命名・改名」**の際、名前の頭に絶対に使用すべきではないということを示します。

特に現在流行の「命名」に使用されがちな漢字が目白押しにありますが、「衝突因縁」の条件となりますので、絶対に使用すべきではありません。

姓名学以外の見分け方

姓名学によって「衝突因縁」の人を見つけるのは簡単ですが、それ以外にも判別する方法があります。それは、次のようなことです。

・「衝突因縁」の人は、偏よった趣味・嗜好《しこう》の傾向が顕著に現れ、普通の人では決してやらないことをあえて好む。

「衝突因縁」の人には変人（変わり者）や奇人が多いので、このような人に出会ったら、まずは「衝突因縁」を疑い、警戒すべきです。

〈注意〉 五行の内「火性」「土性」の性格を持っている人の中には「衝突因縁」の人と同じような趣味・嗜好《しこう》を持つ者もいます。ただし、この場合は内容が全く異なるので、正しく「衝突因縁」を見極めるためには、印象に頼らず、姓名を確認すべきです。

例えば、県外遠征までして、お祭りに参加し御輿《みこし》を担ぐ、また海外遠征までしてマラソン大会に参加する人がいます。こういう人たちは、地元のお祭りやマラソン大会には全く参加せず、考えていることと、行動していることには矛盾が多く、理解不能なのです。

これらの人たちは「衝突因縁」を持っている典型的な人間の生き様であり、一般人から見ると不可解・不可思議です。

このように**「衝突因縁」**の人（①②③）は病難、金難、遭難、苦難、困難、剣難、犯罪、刑罰、孤独、自殺、短命、その他様々な「災難」に遭遇しやすく、人生を棒に振らないためにも、一刻も早く**「改名」**することが望まれます。

「衝突因縁」の人間との付き合い方

「衝突因縁」の人間には、**「積極型」**と**「消極型」**の二通りがあります。

①積極型の外面

対人関係は積極的で、優しく柔和で親しみやすく、愛想も良く交際は巧みであり、万事にソツがない振る舞いをします。

分かりやすく例えれば、商人が手揉《ても》みしながら客に接する如《ごと》く、異常にテンションが高く、また、全く知らない人に対し20年来の旧知《きゅうち》（昔からの友達）に出会ったが如《ごと》く、言葉巧みに相手の「心」にいとも簡単に入り込んできます。それ故に「心」を許す結果となりますが**「積極型」**「衝突因縁」の人間には表面上の友達はたくさんいますが、親友・心友《しんゆう》はほとんどいません。

②消極型の内面

ぶっきら棒で無愛想、陰険で口数少なく、人との付き合いを極端に避け、⑧「人格変貌」の箇所にある「鬱《うつ》」の状態に近く、**「消極型」**「衝突因縁」の人間には友達・親友・心友《しんゆう》はほとんどいません。

「衝突因縁」の①～⑬の項目と、後述する**『衝突因縁』**の**「性格別影響力」**の項目を把握して付き合うことですが、常に波瀾万丈の運命作用があること、また、些細なことで亀裂が生じたり、土壇場で裏切られることを肝に銘じて付き合うことです。

注意

「衝突因縁」による人格変貌は、**「積極型」「消極型」**どちらも非常に恐ろしいのですが、常に「衝突因縁」の運命には「波乱含み」の危険作用があるので、この人格変貌が「いつ起きるか？」「何が引き金となるか？」推測することは不可能です。

付き合いは絶対に避けるべき

「衝突因縁」の人と出会ったとき、ではどうしたらいいのか。対応の五つの要諦（要点）を、次に示しておきます。

・第一の要諦……「衝突因縁」の人間との付き合いは、絶対に避けるべきです。
「衝突因縁」の人間と行動を共にしていると、自らが「衝突因縁」の運命作用に翻弄《ほんろう》されるだけでなく、あらゆる「災難」が自分にも降りかかってくること、また、家族・知己朋友及び、周囲の人々の運命さえ「巻き添え」にし、さまざまな事故・事件及び、常に剣難・犯罪・刑罰・自殺・短命・その他、危険性を孕《はら》み「生命」を侵《おか》されかねないこと、人生における影響力は甚大《じんだい》であることを自覚しなければなりません。

・第二の要諦……「衝突因縁」の人間の「裏切り行為」は、本人自身は裏切っているつもりは全くありません。それ故に、何回でも平気で相手を裏切り、傷つけるが、本人は「自覚症状」及び「罪の意識」がないまま、相手に怨《うら》まれていることも知らず、「罪」を重ねていくことが、逆に取り返しのつかない「罪」を相手につくらせます。そして、結果として、自ら「罪」をつくることになります。

・**第三の要諦**……「衝突因縁」の人間は、知らず知らず周囲の人々を傷つけ不幸にしますが、周囲の人間はそれに気が付きません。気が付いたときは手遅れなのです。

・**第四の要諦**……「衝突因縁」の人間は、常に被害者意識が強い。しかし、周囲の人々にとっては「衝突因縁」の人間は常に加害者（元凶）です。

・**第五の要諦**……「衝突因縁」の人間は、被害者意識が強いため、周囲の人々の傷みや苦しみが分かりません。また、分かろうともしないため、些細なことでも訴訟問題に発展していく傾向があります。

以上、五つの要諦を心に置いたうえで、「衝突因縁」の人たちと対応することが肝心です。

付き合わなければならない場合

人間は、人との付き合いを全て回避することはできません。そうした付き合わざるを得ない人たちのなかに、もし「衝突因縁」の人がいたらどうしたらいいのか。

次の四つのケースで、その対応策を考えてみます。

①家族のなかに「衝突因縁」の人間がいる場合

完全な名前に「改名」することです。

ただし、「改名」してもすぐにはその効果は現れません。「衝突因縁」の人の「改名」後の効果の出現には時間がかかる傾向があります。なぜなら、普通の人と違い、アクが強く片意地を張り、素直そうで素直でない条件のためです。

しかし、生命に関わる場合に関しては、「改名」によってそれを避けることが可能です。

②友人のなかに「衝突因縁」の人間がいる場合

「衝突因縁」の友人に「改名」おすすめることが絶対条件ですが、「改名」しない場合は付き合いを避けるべきです。

変わり者故に、「改名」することは滅多にありません。他人から名前が「悪い！」と言われても、聞く耳を持ち合わせていないのです。

自ら「改名」しようと思わない限り、改名は不可能といえます。

③職場のなかに「衝突因縁」の人間がいる場合

解決は非常に難しい条件ですが、『秘傳』に書かれている相手の性格の「長所・短所」を把握した上で、なおかつ「衝突因縁」の箇所を把握し、付き合い方を自ら見出し、付き合いをしていかなければなりません。

この箇所を把握して付き合えば、日々のイライラはなくなりますが、あえて自ら付き合いを進んでする必要はありません。

ただし「衝突因縁」の人間に関わると、会社を辞めなければならない結果となります。

職場での人間関係で会社を辞めなければならない条件には、必ず「衝突因縁」の人間が関わってくるのです。

④同乗者のなかに「衝突因縁」の人間がいる場合

車の同乗は絶対に避けるべきです。もし、同乗しなければならない場合は、「死を覚悟」する必要があります。

「衝突因縁」の人間が一人同乗しているだけで巻き添えを食う破目になります。それは新聞の三面記事などを鑑定・実践していただければ、よく分かります。

①～④のなかで、「衝突因縁」の人間と付き合わなければならない場合、それを改善することのできるのは①だけで、そのほかは非常に難しい条件です。
実際、『衝突因縁』の人間との「付き合いは絶対に避けるべき」です。

ただし「天才たる由縁」の箇所で解説していますが、優れた才能を発揮し「天才」と呼ばれるケースが多く、高い危険性を孕《はら》んでいる反面、その方たちの才能を生かすことができれば物事の発展に大いに繋《つな》がることもあります。ただし、深入りすべきではありません。

「衝突因縁」の「性格別影響力」

「衝突因縁」の人間の「日々の言動」を、「木・火・土・金・水性」の性格別に解説します。

ただし、内容が重複する場合もあり、また、他の「性」に共通する内容も含まれている場合もあります。

衝突因縁の作用には性格が大きな影響を及ぼし、少しずつ現れ方に違いがあります。

衝突因縁を**「木・火・土・金・水性」**の性格別に、簡単に解説します。

なお、次に挙げる**「木・火・土・金・水性」**の性格別の**「短所の特徴」**に関しての説明は、順序が前後しますが、次項目の**『性格鑑定』**の箇所から抜粋したものです。

詳しくは、各『**性格鑑定**』の「長所・短所」に詳細に記述してありますので、182ページを参照してください。

木性の場合

◇木性の短所の特徴

・強情《ごうじょう》である。
・偏屈《へんくつ》である。
・協調性に欠ける。
・負けん気が強い。
・好奇心が強い。

◇木性の「衝突因縁」の作用

・責任転嫁・誇大妄想の傾向がより顕著《けんちょ》に現れる。
・何があっても、自分の意見を押し通すので、決して妥協することはない。また自分に非がある場合でも非を認めず、責任を相手に擦《なす》り付け、謝罪しない。
・所謂《いわゆる》、強情が外面に強く出てくる。

火性の場合

◇火性の短所の特徴

・非常識である。
・感情の起伏が激しい。
・被害妄想の傾向が強い。
・発想・着眼・着想の転換が早く、唐突で飛躍的な状況を好み、自己の主張を貫き、後先の成り行きには配慮ができない。

◇火性の「衝突因縁」の作用

・後先を考えることなく、闘争性に拍車がかかり、キレやすく、凶暴性も顕著に現れてくる。
・被害妄想と連動した場合、キレ方は尋常でなく「〇〇に刃物」の状況・状態になる傾向がある。
・「土性」のキレるとは全く違い、それは瞬間的にキレる傾向がある。
・こだわりが強く、こだわりに対し優れた才能・能力を発揮し、偏った趣味・嗜好《しこう》の傾向が顕著に現れる。

土性の場合

◇土性の短所の特徴

・融通がきかない。
・卑屈さが強い。
・情緒不安定。
・苦にとらわれやすい。
・思い込みが激しい。
・大局を見極めることができない。

◇土性の「衝突因縁」の作用

・もともと大局を見極める才に欠け、展望を掴《つか》むことができず、優柔不断であるために、日和《ひより》見《み》主義に拍車がかかった挙げ句、土壇場で人を裏切る傾向が顕著に現れる。
・その結果、例えば些細な人間関係のトラブルでさえも、大きな訴訟問題や刑事事件などにわざわざ発展させてしまう傾向もまた、顕著に現れてくる。

・何事に対しても、どっち付かずで、常に自分の都合のよい方、有利な方に付こうとする傾向があり、土壇場で人を裏切ることもやぶさかでなく、人の信頼を得ることはない。そのため、突如としてキレ、発言や暴言を吐き捨ててしまい、取り返しのつかない結果をもたらす。また、キレると手の付けようがなく、世間に大きな衝撃をあたえる事件・犯罪など、やはり取り返しのつかない問題を引き起こす傾向がある。

・「火性」の瞬間的にキレるのとは全く違い、やり切れなくなると、また、精神的に追い込まれると逆上傾向に至ってキレる。

金性の場合

◇金性の短所の特徴

・傲慢である。
・我執《がしゅう》・我見《がけん》を通す。
・自己中心的。
・独断専行《どくだんせんこう》。
・ワンマンで自我が強い。
・不平不満が多い。

◇**金性の「衝突因縁」の作用**

・人間関係への配慮は微塵《みじん》もなく、状況が悪化すればするほど、人の善意さえ、逆恨《さかうら》みする傾向が顕著に現れる。

・争いごとに対して自ら進んで仕掛けていく傾向があり、自己抑制力が欠け、他人が進言したり仲裁してくれようとしても、自我が強く、自己主張するばかりで耳に入らず、また耳を貸さず、極めて我執《がしゅう》・我見《がけん》を押し通す。

・常に自己中心で不平不満の塊《かたまり》。

水性の場合

◇**水性の短所の特徴**

・執念深い。

・嫉妬深い。

・未練がましい。

・執着が強い。

・負け惜しみが強い。

・貪欲である。
・冷酷である。

◇水性の「衝突因縁」の作用

・思いやりに欠け、常軌《じょうき》を逸《いっ》した冷酷・残酷・残忍・非道の行いに及ぶ傾向が顕著で、他の性格と比べて心の内面が表に出にくいので、その分、嫉妬や怨念が増大し逆恨み・裏切りの傾向に拍車がかかり、最終的には執念深さが人を奈落《ならく》の底に突き落とす傾向が顕著に現れる。
・「水性」の裏切り行為の場合は、もともと最初から心を開かず猜疑心《さいぎしん》が強いため打ち解けることなく、そのような態度で知己朋友《ちきほうゆう》に接する言動をするため、第三者から見ると裏切り行為に感じられる。
・「水性」の裏切り行為は、自らも人を裏切り、また第三者からも裏切られる傾向が強くある。
・「水性」の裏切り行為は、外面に出なく内面だけが鬱積《うっせき》し深く潜行していく故に、嫉妬深く、未練がましく、執着が強く、執念深いものとなる。しかし「土性」の土壇場での裏切り行為は、外面に出てくる傾向があり「水性」とは内容が全く違う。

重要注意

「木・火・土・金・水性」の性格の短所を列記しましたが「衝突因縁」を持つ人間は「木〜水

性」のすべての短所が時として現れる傾向があり、その時の条件・状態より「木～水性」の作用が噴出します。

「衝突因縁」の人間は、「木～水性」の性格に関係なく現れるので付き合いが非常に難しく、もし知己朋友《ちきほうゆう》がいたなら、「衝突因縁」の**①から⑬**の項目と**『衝突因縁』**の**「性格別影響力」**の項目を把握して付き合うことですが、常に様々な**「衝突」**に遭遇しやすいので注意が絶対必要です。

〈参考〉 日常生活で関わる人の性格が分からない場合でも、その人が「衝突因縁」であるかどうかは言動や行動などから推察できます。それは、好奇心が強く、偏《かたよ》った趣味・嗜好《しこう》の傾向が顕著で、普通の人なら決してやらない事を敢えて好むといったことからです。このような人に出会ったなら「衝突因縁」を疑い、警戒すべきです。ただし、このような条件は「衝突因縁」の人だけでなく、火性及び土性（１８２ページ「性格鑑定」を参照）を持っている人にも含まれています。

以上、「衝突因縁」に関して様々な問題を列記してきましたが、「衝突因縁」の方が読んだ場合、気分を害すると思います。その場合は「衝突因縁」を**「改名」**によって変えていくことができますので心配ありません。

なお、「衝突因縁」の人に過去に拘《かか》わった人、また、現在拘わっている人は、現実を**「正視」**して目を背《そむ》けることなく、相手をよく把握する必要があります。

また、日々、正統姓名学を**「実践」**していただければ、列記してある事柄が分かります。

第四章

性格鑑定

性格の調べ方

「性格」には、大きく分類すると、その基本（形）となる「五行」、即ち「木性」「火性」「土性」「金性」「水性」のそれぞれ異なる特徴をもった五つのタイプがあり、それぞれ「長所・短所」を備え持っています。

そして一字名・二字名だけで三十通り、さらに三字名まで分類すると百五十五通りの性格がありますが、三字名については、先の三十通りの性格と併用し、分かりやすく解読できますので省略します。

ここに記載した**性格（長所・短所）**は、あなた自身が一〇〇パーセントすべて持っています。

あなた自身を取り巻く環境・家庭・運命条件により、性格（長所・短所）は変化していく傾向がありますが、これは性格の本質が変化するのではなく、潜在《せんざい》している性格（長所・短所）が顕在《けんざい》してくるということになります。

〈参考〉顕在・潜在……顕在ははっきりと現れること。潜在は内部に潜んで、外面に現れないこと。

性格鑑定上の「重要事項」

次の**【例題4－1〜7】**に掲げた各項目は、「性格鑑定」を行う上での**「重要事項」**です。

例題❹－1

姓名が「完全陰陽」の方の場合、また、環境・家庭・運命条件が良ければ顕在・潜在している「長所」が多く現れます。反対に姓名が「不完全陰陽」の方の場合、さらに環境・家庭・運命条件が悪ければ、顕在・潜在している「短所」までもが強く現れてきます。

例えば、同じ「和美」という名前のAさんとBさんがいたとします。Aさんは「完全陰陽」で、性格の「長所」が八〇パーセント、「短所」が二〇パーセント、これに対してBさんは「不完全陰陽」で、性格の「長所」が三〇パーセント、「短所」が七〇パーセント現れていたとします。両者とも同じ名前で本来同じ性格をもっているはずなのに、「長所」が多く現れているか「短所」が多く現れているかで、AさんとBさんの性格は全く異なって見えるのです。

例題❹－2

友達や知人を鑑定した場合、本書に記載してある「短所」の箇所は「当たっていないのでは？」と思われるかも知れませんが、それは誰でも自分自身を良く見せようとする心の働きがあり、決してお互いに自分の「短所・欠点」を表面に出すことはないためです。

故に、あくまでも相手の「長所」しか分かりません。したがって、この時点では相手の悪い部分「短所」を理解することはほとんどできません。しかし、関係に亀裂《きれつ》が生じ、喧嘩《けんか》別れや離別状態となれば、後ほど記載してある**「性格鑑定」**の「短所」の項目をよく理解することができます。**友達・知人の「長所・短所」はよく把握《はあく》して付き合いをすることが大切です。**

例題④－3

「痘痕《あばた》も靨《えくぼ》」という諺《ことわざ》があります。これは、好意を寄せる異性の顔に、例えばたくさんのボツボツや凹凸《おうとつ》があっても、愛する者の目にはエクボのように可愛らしく見えるという意味です。関係が破局《はきょく》すると、エクボが痘痕《あばた》であったことに初めて気が付くことになるのですが、恋愛の真っ最中には、相手の「短所・欠点」などはもちろん知る由《よし》もなく、分かるはずもありません。

このことは友達・知人などに対しても、同じことがいえます。

「性格鑑定」をするときには、先入観《せんにゅうかん》などは捨て、禅定《ぜんじょう》な心で鑑定するべきです。

〈参考〉 靨《えくぼ》………笑窪《えくぼ》とも書き、笑う時、頬《ほほ》にできる小さな窪《くぼ》み。

贔屓目《ひいきめ》……好意的な見方で見ること。

禅定《ぜんじょう》………心を静かにして真理を考えること。

例題④－4

環境・家庭・運命条件が良いと、本来持っている性格の「長所」をさらに生かすことができ、逆に悪いと、本来持っている性格の「長所」を生かすことができません。

また、「短所」が当てはまらないという人は、現時点では自身を取り巻く環境などすべての条件が良く、幸せであることが分かります。

しかし、逆に条件が不幸な方向に一転した場合、良い性格だった人が、今までの「長所」が消えて、「短所」の多い性格に変化・変貌《へんぼう》し始めるのです。

環境・家庭・運命条件に関係なく、常に「長所」を生かし前進することです。

例題④－5

「性格鑑定」の**「長所・短所」**の説明をします。

世間一般で言われている**「二重人格」**とは、同じ人が二つの全く違う性質を持っていることをいい、**悪い意味で使われています。**

この場合の「二重」とは「長所」と「短所」の二つのことを指していうのであり、その人の持つ「長所」と「短所」が極端に相反《あいはん》するため、その言動が交互に表面化し、周囲から「二重人格」と呼ばれるわけです。**「長所」の反対は「短所」**です。

これは普段、対人関係において、常に自分の良い面である「長所」は出しますが、なるべく自分の欠点である「短所」は表に出さず人との付き合いをしているためで、いざ諸問題が発覚すると「まさかあの人が……」「このような問題を起こす人ではなかった……」などということが、世間ではよく聞かれます。

しかし、実際はただ単に**「短所」が表面化しただけ**で、それに対し「二重人格」と決めつけているわけなのですが……。

〈参考〉 正統姓名学では**「二重人格」**とは一人の中に「冷静な面」と「情熱な面」などの二つの両極端で相反する性格を持ち合わせていることをいい、それは一人で二人分の「長所」と「短所」を兼ね備えていることになります。付き合う人により「冷静な面」を出すか「情熱な面」を出すかは、相手や状況次第です。後述する「火・水性」「水・火性」の方々は**「二重人格」**というよりも、**「四重人格」**ということになります。

例題④－6

後に、「『木火性』においても、長所にも短所にもそれぞれ『陽性型』と『陰性型』の二通りの面がありますので、184ページ『木性』の欄を参照してください。なお、『木性』が主で約七五パーセント、「火性」が二五パーセントの比率になります」と記述してあります（203ページ）。ただし、「木火性」といっても、人によっては「木性」が五〇パーセント、「火性」が五〇パーセントの比率で現れる場合もありますので、その人の条件・状態に対応した鑑定が必要となります。

なお、「性格鑑定」にあたり、単語の意味を〈参照〉として付しました。各解説の中に同じ単語の〈参照〉が重複して出てくる場合がありますが、これは読者に分かりやすくするためです。

重要

「性格鑑定」は、【例題4－1～7】に掲げた「重要事項」を踏まえ、各項目を的確に把握して行ってください。

次の**「性格鑑定」**は、**「長所」は該当《がいとう》しても「短所」は該当しない方がよい**、ということです。

追記

「性格鑑定」の「長所・短所」は、貴方自身、一〇〇パーセント持っていることを自覚した上

で、「長所」を生かし「短所」を抑えることにより、幸せな日々を送ることができます。

性格の検出方法

次に、いくつか例題を示しながら、「性格」の検出方法を具体的に見ていくことにしましょう。

この「性格」の検出方法は、80ページ「五行」の箇所を参照してください。

また、巻末489ページに付した「正統姓名学辞典」と照合して、正確に**「五行」**を検出してください。

例題④－7

〈画　数〉			7	4
〈訓読《くんよ》み〉	ふじ	さわ	たか	お
	藤	沢	孝	夫
〈音読《おんよ》み〉	トウ	タク	コウ	フ
〈五　行〉	火	火	㊍	㊌

	森	山	明	美
〈画　数〉			8	9
〈訓読み〉	もり	やま	あけ	み
〈音読み〉	シン	サン	メイ	ビ
〈五　行〉	金	金	㊌	㊌

例題に掲げた「藤沢孝夫」さんの性格鑑定は「姓」の「藤沢」を鑑定するのではなく、「名前」の**「孝夫」**の㊍㊌部分を鑑定します。

「孝《コウ》」は7画の「木性」、**「夫《フ》」**は4画の「水性」です。

「孝夫」の性格鑑定は２０８ページの「木・水性」に性格の長所・短所が記載してあります。

「森山明美」さんの性格鑑定は「姓」の「森山」を鑑定するのではなく、「名前」の**「明美」**の㊌㊌部分を鑑定します。

「明《メイ》」は8画の「水性」、**「美《ビ》」**は9画の「水性」です。

「明美」の性格鑑定は２４８ページの「水・水性」に性格の長所・短所が記載してあります。

注意

漢字には**「音読《おんよ》み」**と**「訓読《くんよ》み」**がありますが、**「音読み」**で鑑定します。「訓読み」すると、五行の正確な鑑定ができませんので注意が必要です。

一字名の性格鑑定

木性の長所・短所

◆長所

明朗で爽《さわ》やかで人当たりが良く、周囲の人々から好かれ、素直で進取《しんしゅ》の気象《きしょう》（自分から進んで物事をする性質）に富み、楽天的で苦労を苦労と思わず、どんな困難でも乗り越えていきます。常に前進・躍動《やくどう》し、気軽《きがる》で、しかも考えたことはすぐに実行に移します。

義侠心《ぎきょうしん》（強きを挫《くじ》き弱きを助ける）があり、人の面倒見《めんどうみ》がよく、特に対人関係では人の気を逸《そ》らせぬ表現力が豊かで誰にも好感を持たれるため、交際範囲も広く、知己朋友《ちきほうゆう》（親しい友人）も多いです。また、どんな環境においても順応でき、剽軽者《ひょうきんもの》でユーモアも兼《か》ね備《そな》えています。

木性には、**「陽性型」**と**「陰性型」**の**二通り**があります。

・**陽性型**……気軽で気楽・楽天的で、軽口（面白い話）や剽軽・お調子者《ちょうし》（おっちょこちょい）で周囲の人から好かれます。相手の出方次第で強くも弱くも対処・対応することに優《すぐ》れている故、人間関係を円滑にします。また、好奇心が旺盛で何にでも首を突っ込む傾向があります。

・**陰性型**……「木性」本来の長所を発揮することができず、口数が少なく大人しく、何を考えているのか分からず、陰気臭《いんきくさ》く、知己朋友《ちきほうゆう》も多くありません。

◆短所

気が短く強情《ごうじょう》（自分の考えや行動を変えず、どこまでも押し通す。意地《いじ》っ張《ぱ》り）で反発心が強く、また人や道理に逆らい負けん気が強く、強調性に欠け心が捻《ひね》くれており、決して妥協《だきょう》することはありません。

頑固《がんこ》で自分の考えを無理にでも押し通し、偏屈《へんくつ》（素直ではない）で虚栄心《きょえいしん》（見栄《みえ》を張りたがる心）が強い。調子に乗り口から出まかせや軽はずみな言動があり、出しゃばり屋で、締《し》まりがなく軽々しい言動ゆえ、軽挙妄動《けいきょもうどう》（道理など考えず軽はずみに行動する）し、信用を失いかねません。その反面、精神的・肉体的には弱々しさを感じさせます。

短所も、**「陽性型」**と**「陰性型」**の二通りに分かれます。

・**陽性型**……気短《きみじか》で強情張《ごうじょうば》り、軽躁《けいそう》（落ち着きがなく騒がしい）で偏屈《へんくつ》、一度言い出したら聞く耳を持たず協調性に欠けます。また、自分に非があってもそれを認めず、責任転嫁《てんか》する傾向があります。

この「陽性型」を分かりやすくたとえれば、躁鬱《そううつ》病の「躁《そう》」状態に近く、気力・

・**陰性型**……気分が高揚《こうよう》し充実しています。

「気鬱《きうつ》」「陰鬱《いんうつ》」といい、気分が塞《ふさ》いで晴れ晴れせず心が暗く陰気《いんき》であり、家に閉じ籠《こも》り外出することが少なくなります。例えば、暗闇《くらやみ》の牛舎から牛を引《ひ》き摺《ず》り出す感じです。

この「陰性型」を分かりやすくたとえれば、躁鬱《そううつ》病の「鬱《うつ》」状態に近く、気力・気分が優《すぐ》れず充実していません。

この「陰性型」の場合、本来の「木性」の姿に戻る・戻すことは容易ですが、他の性格でこのような状態に陥《おちい》った場合は、なかなか修正することは難しくなります。

いずれにしてもこの性格は、**「陽性型」**と**「陰性型」**の二つの両極端な面が見受けられます。

【名前の例】

久　元　功　弘　孝　宏　賢　享　恒　厚
晃　浩　悟　剛　健　強　潔　毅　学　勲
好　光　圭　花　幸　亨　香　桂　貢　華
菊　恵　景　絹　敬　慶　環　薫　霞　馨　その他

火性の長所・短所

◆長所

情熱・理想・努力家で正義感が強く、潔癖性《けっぺきしょう》(不正などをひどく嫌《きら》う性質)で、思ったことはズバリ言う、竹を割ったようなサッパリした気性で、心に表裏がなく、また後ろめたいところがなく堂々としており、淡泊《たんぱく》(欲《よく》がない人柄)で、曲がったことは大嫌いです。道理・筋道・理屈よりも情が篤《あつ》く涙もろいです。また、先を見通すことに優《すぐ》れ、感覚・直観力があり、物事の呑《の》み込みが早く、対処・対応も速い。

発想、着眼・着想の転換が速く、唐突《とうとつ》で飛躍的な状況を好み、一途《いちず》に目的を貫徹《かんてつ》しようとする精神力の強さがあり、努力は人一倍熱心で、またこだわりが強く、こだわりに対し、優《すぐ》れた才能・能力を発揮します。気性が激しく物事に挫《くじ》けず、勇敢《ゆうかん》(気力があり物事を思い切ってする)かつ明断《めいだん》(明快な決断)に優《すぐ》れ、人に頼《たの》まれると断れない人間味があります。

◆短所

神経質な気性のため、取り越し苦労や気苦労が多く、感情に敏感です。後先を考えることなく、また成り行きに配慮《はいりょ》せず、闘争意識が強いため、すぐカッとなりやすいところがあります。「熱しやすく冷めやすい」という諺《ことわざ》があり、その気性ですが「冷め

（飽《あ》き）やすい」というのではなく自分がコレと思ったら徹底的に追究し、それを成し遂《と》げると急激に冷め、他のことに転進し、また新しいモノに対し夢中になり、偏《かたよ》った趣味・嗜好《しこう》の傾向が顕著《けんちょ》に現れます。

自己主張を貫《つらぬ》き、直情径行《ちょくじょうけいこう》（他人の思惑や周囲の事情など考えないで、自分の思うことをそのまま口に出したり、行動に現したりする）が強く、思ったことはズバリというので人の反感を買うことが多く、他人の意見を聞き入れず変人扱いを受けやすいです。人の好き嫌《きら》いが激しく、中途半端《ちゅうとはんぱ》な付き合いはなく、人間関係もハッキリしています。

理想が高く、感情の起伏が激しく気が変わりやすく、簡単に人を信じ、それ故に騙《だま》されやすい面もあります。また、非常識《ひじょうしき》（常識に外れている）な言動が多々あります。

〈参照〉「熱し易く冷め易い」……物事に熱中しやすい者は、また同時に飽《あ》きやすいこと。

【名前の例】

力　大　太　努　利　忠　卓　直　拓　治

亮　透　朗　通　敦　隆　稔　肇　徹　遼

令　冬　良　里　怜　定　知　玲　貞　律

桃　涼　都　智　鈴　伝　緑　澄　礼　麗　その他

土性の長所・短所

◆長所

柔和で温情（情け深く優しい）があり、穏《おだ》やかで素直で大人しく、人に逆らうことなく協調性があり、慈愛心が強く人情濃《こま》やかです。

几帳面《きちょうめん》で細かいことに気が利き、対人関係においては分け隔《へだ》たりなく接し、相手に対する思いやりは、誰に対しても同様の態度・気持ち（心）で接し、親切・丁寧《ていねい》です。聞き上手で人の心になり思いやる同情心・謙譲《けんじょう》心があります。

言葉・態度など物腰柔《ものごしやわ》らかで優しく、憂心《ゆうしん》（思い悩む心）や憂苦《ゆうく》（心配して苦にする）、憂愁《ゆうしゅう》（憂《うれ》い、悲しみ）があるにも拘《かか》わらず、表情に出さないため、誰からも好かれ慕《した》われます。

また、和《なご》やかで円満性があり、人付き合いが良く几帳面《きちょうめん》で勤勉家です。

土性には、「地味型」と「派手型」の二通りがあります。

・**地味型**……言動は、華《はな》やかでなく控《ひか》え目で、人目を引こうとはしない態度で、目立たず飾り気がありません。また、三つ指をついて丁寧《ていねい》にお辞儀《じぎ》（作法）をするなど、物静かで上品な面も持ち合わせています。

・**派手型**……言動が華《はな》やかで人目を引き、「地味型」とは正反対です。時に下品でけばけばしく飾り立て、非常に派手でどぎつい印象を与えます。

◆短所

優柔不断《ゆうじゅうふだん》（決断が遅い）で、物事の決まりが付かず、すべてが中途半端《ちゅうとはんぱ》で実行力に乏しく、気が小さく臆病《おくびょう》で常にクヨクヨしており決断力の弱さが好機を逸《いっ》し発展性に欠けます。包容力《ほうようりょく》があるように見えてそうではなく、誰に対しても同様の態度、言動、気持ち（心）で接するため、八方美人《はっぽうびじん》（誰からも悪く思われないように、要領《ようりょう》よく人と付き合っていく人）の傾向が強く現れ、それ故に信頼を失い、最終的には知己朋友《ちきほうゆう》（親しい友人）に見放されていくことがあります。

人から「愚図《ぐず》（ハキハキせず、動作や決断が鈍い）」「意気地《いくじ》なし」「八方美人」などと、どんなことを言われても、少しも気にせず聞き流していますが、しかしその心中には抑《おさ》えに抑えてきた不平・不満が晴らされず、次々と心に鬱積《うっせき》（わだかまり、気分が重く晴々《はればれ》しない）しています。その結果、時として鬱憤《うっぷん》（怒りが心に積もって解けない）が爆発し、取り乱し、何をしでかすか分からないところがあります。

付和雷同《ふわらいどう》（決まった考えがなく他人の説に従う）で自己主張することができず、人の言動に左右され、惑《まど》わされ、相手が強引に出ると断り切れなく心が動揺《どうよう》し、誰にでも分かるような嘘《うそ》をつきます。また、進退窮《しんたいきわ》まる（途方《とほう》にくれる）と突然、土壇場《どたんば》（物事が決定しようとする最後の瞬間）で状況・状態に関係なく平気で知己朋友《ちきほうゆう》を裏切る傾向があります。さらに、大局《たいきょく》が見えず好機を逸《いっ》します。

事細かく融通《ゆうずう》がきかず、寂《さみ》しがり屋で常に愛情に包まれていたい願望が強くあり、その精神が人生の失敗を招《まね》きかねません。強い相手に対しては絶対服従し、弱い相手に対しては高飛車《たかびしゃ》(相手を頭から威圧するような態度をとる) で高圧的態度をとります。

短所にも、**「地味《じみ》型」**と**「派手《はで》型」**の二通りがあります。

・**地味型**……気が小さく臆病《おくびょう》で常にクヨクヨしており、掴《つか》みどころがなく、時として辛抱《しんぼう》・我《が》慢《まん》しきれなくなると逆上し、世間を驚かすような大問題を引き起こす傾向があります。また、情緒《じょうちょ》不安定で思い込みが激しく、苦に囚《とら》われやすいところがあります。

・**派手型**……辛抱《しんぼう》・我慢がしきれなくなると、敵・味方の見境《みさかい》なく逆上し、大問題を起こしかねません。特に、弱い相手に対しては高圧的です。また人の意見は聞き入れず、諺《ことわざ》にある「糠《ぬか》に釘《くぎ》」で手応えがなく、やはり「馬の耳に風」「馬の耳に念仏」「馬耳東風《ばじとうふう》」で、いくら注意や意見をしても聞く耳を持たず、少しも効《き》き目がありません。

「長所」の箇所に「聞き上手」と記しましたが、「聞くだけ」「頷《うなず》くだけ」で明確な回答をしません。実際は、「聞いているようで、聞いていない」だけです。

特に、向こう見ずで怖《こわ》いもの知らず。この点については、手の施《ほどこ》し（付ける薬）ようがありません。

土性の人はほとんど、**「地味型」「派手型」**の両方を持ち合わせており、その時々の状態・状況により、どちらにも変化します。

この性格は**「地味型」**と**「派手型」**の**二通り**の両極端な面が見受けられます。

〈参照〉

「糠《ぬか》に釘《くぎ》」……何にも手応えがないこと。反応がないこと。

「馬の耳に風」……いくら意見しても少しも効き目がないこと。

「馬の耳に念仏」……有難《ありがた》い念仏も一向に感じないこと。

「馬耳東風《ばじとうふう》」……春風が馬の耳に当たっても、馬が何とも感じないこと。転じて、人の意見や批判などを少しも心に留めず聞き流すこと。

〈注釈〉

この性格は「逆上し大問題を起しかねません」と**「地味型」**と**「派手型」**の「短所」に書き記しましたが、普段は温厚《おんこう》で優《やさ》しく、人当たりが良く、大人しい性格です。それが一歩間違うと、「五行」のなかで一番恐ろしい「怒り」を秘《ひ》（潜在）めていますので、苛《いじ》めなどは避《さ》けるべきです。また、逆に苛める方の立場になると、その苛めには手加減などなく壮絶《そうぜつ》（他に似たものがないほど激しい）を極めます。

【名前の例】

一　允　佑　勇　要　洋　威　祐　郁　庸
陽　瑛　渥　遊　逸　瑶　諭　優　曜　誉
唯　友　由　育　亜　有　延　英　桜　映
容　円　温　愛　葉　詠　園　栄　遥　艶　その他

金性の長所・短所

◆長所

何事にも筋道を立て、確実に努力前進します。また、律儀《りちぎ》（実直）で義理と人情を重んじ、よく人のために尽《つ》くします。人の心中や物事の情勢を推察《すいさつ》する感覚が鋭く落ち度がなく、正直で勤勉、曲がったことが嫌《きら》いで、物事に節度《せつど》があります。

また、仁侠《にんきょう》（弱い者に味方する気持ち。男気《おとこぎ》＝男らしい気性）・義侠《ぎきょう》（強きを挫《くじ》き弱きを助ける）心が強く、皆から信頼されます。

「金性」には、**「行動型」**と**「消極型」**の**二通り**があります。

・**行動型**……一本気で剛気《ごうき》、剛強《ごうきょう》（強い気性）です。周囲の情勢に臨機応変《りんきおうへん》（その場その場に応じて最も良い方法を取る）に対応でき、果断《かだん》（思い切りが良い。てきぱき行う）な行動をもって精力的な活動します。

ことの是非《ぜひ》・善悪《ぜんあく》の判断に優《すぐ》れ、機転《きてん》が利《き》き、考え・行動が確実で前向きに邁進《まいしん》する傾向があります。忠義・忠誠心が強く、義理堅く物事の筋道《すじみち》を通し、常に自己反省の念を持ち、責任感も強く、人から信頼・敬服《けいふく》（尊敬し心から従う）されます。

・**消極型**……慎重、地道、勤勉、努力家で、遠慮《えんりょ》や思慮分別《しりょぶんべつ》（深く考え熟慮《じゅくりょ》する）に富み、すべてのことに対して石橋を叩きながら確実に一歩一歩進む傾向があります。

◆**短所**

短気で頑固で我執《がしゅう》（自分だけの意見を押し通し意固地）を通すが、任侠心《にんきょうしん》・義侠心《ぎきょうしん》が強いため、助けを求められると断わり切れず、世話苦労・気苦労が多く、人情脆《もろ》さが「金性」の長所であり短所でもあります。

金銭的には、他人に対しては非常に気前がいいが、家庭内では細《こま》かく（けち）心が狭いところがあります。外面は良いが内面の悪さが目立ち、やはり「金性」の長所であり短所でもあります。

自己中心で人間関係の円滑さを欠き、人の鼻摘《はなつ》まみとなり、孤独になる傾向があります。

独占欲が強い気性で嫉妬《しっと》深く、このため対人関係（恋愛等、異性に対し思う気持ちは人一倍ですが、それを表面に出さないため）の摩擦《まさつ》が生じ、問題が激化する傾向があります。

「金性」には、**「行動型」**と**「消極型」**の**二通り**があります。

・**行動型**……短気で頑固で我儘《わがまま》で、機嫌《きげん》が良い時と悪い時が極端で激しく、露骨《ろこつ》に感情（顔や態度）に現れ、機嫌が取りにくいところがあります。ただし「消極型」の場合、分かるような態度には出しませんが、無口で表情（ムッとする）が暗くなります。独善的《どくぜん》（自分だけが正しいと信じ込んで行動する態度）な激しい気性があり、自分勝手で独り決めする独断専行《どくだんせんこう》（自分の判断だけによって行う）・ワンマンが多く、人と衝突する傾向があり、自分の我見《がけん》（自分勝手の誤った意見）を強引に通す利己主義者（自分勝手・自分本位）です。

・**消極型**……表面は積極的に見えますが、本来は消極的です。それは真面目過ぎる故、自らの行動も抑制するため消極的にならざるを得ないためです。抑制《よくせい》する精神や行動に不平・不満が多く募《つの》り、自責《じせき》の念（自分の行いや過ちなどに責任を感じる）にかられ、少しの過ちでも物事を悲観的に見る傾向が強く、苦労・気苦労が多く、陰気で表現力に乏しく口下手《くちべた》であり、すべてに対して消極的です。

〈注釈①〉 **「行動型」**は、石橋を一気に駆《か》け抜《ぬ》ける即断速攻《そくだんそっこう》の精神があり、それは独断専行《どくだんせんこう》の**「長所」**であり**「短所」**でもあります。**「消極型」**は反対に、石橋を叩きながら確実に一歩一歩進む傾向があります。

〈注釈②〉

「火性」の「人に頼《たの》まれると断らない」と「金性」の「助けを求められると断わり切れず」を比較すると――。

「火性」の場合は、人の好き嫌《きら》いが激しく人間関係がハッキリしているので、気心《きごころ》の知れる人のみで誰でもいいというわけにはいきません。

「金性」の場合は、少しでもその人間を知っていれば断ることは滅多にありません。そのために、世話苦労や気苦労が多くなります。両者は同じような意味合いに感じますが、内容は全く違います。

〈注釈③〉

「短気」「気短」「気が短い」は同義語ですが、これに関しては「木性」の短所にも含まれています。この両者を比較すると――。

「木性」の場合は、「気短《きみじか》」「気が短い」と表現していますが、怒ったその時だけで、後は「根《ね》」に持たず……。ただし、「気短」「気が短い」と「強情」が一致した場合は、「根」に持ち続ける傾向があります。

「金性」の場合は、「短気」は「根」に持ち続ける傾向が強く、怒りも激しくキツい条件が表面に出てきます。

【名前の例】

仁　正　守　伸　昇　政　昭　信　修　晋

真　渉　章　淳　翔　勝　進　実　彰　譲

朱　昌　尚　泉　咲　純　珠　梓　淑　祥

唱　晶　順　照　新　潤　緒　節　操　静　その他

水性の長所・短所

◆長所

頭脳明晰《めいせき》（明らかでハッキリしている）で、明知・才覚など諸々の才能に恵まれています。

外面は柔和で融通性があり万事にソツがなく、社交・弁才があり交際上手で、対人関係など社交性は極めて巧《たく》みです。

内面は思考力・洞察《どうさつ》力・研究心・探求心及び深い知性・知識などすべてに思慮深《しりょぶか》く（深く考え熟慮《じゅくりょ》する）、いかなることに遭遇《そうぐう》しても感情を表面に出さず、情に流されること、また感情に動かされることなく、常に冷静で落ち着いて大事にも動じない気性です。人の心を掴《つか》み、人の心中を推察《すいさつ》する理知的（理性によって物事を判断するさま）判断が確実です。

信念は強固で、どんな艱難辛苦《かんなんしんく》（困難《こんなん》に遭《あ》って苦しみ悩む）にもへこたれず・めげず、困難を困難と思わず、また困難に向かえば向かうほど平静で、じっと歯を食い縛《しば》り、辛抱《しんぼう》・忍耐《にんたい》強い気性の真価を発揮します。

説得・判断・批判・実行力があり、検討《けんとう》してからでないと行動に移しません。すべてに対し如才《じょさい》（手抜かり。手落ちがない）なく、計画は緻密で強靭《きょうじん》（粘り強く、挫《くじ》けない）です。また手先が器用で技術・芸術的才能豊かです。

◆短所

冷性（何事にも冷ややかで冷酷《れいこく》な性質）・冷たく薄情《はくじょう》で、特に内面は気性が激しく負けず嫌いで、負け惜しみが強く、傲慢《ごうまん》（威張《いば》って人を見下げ）な態度で人を見下し軽蔑《けいべつ》・軽侮《けいぶ》（軽く見る）します。疑い深く、嫉妬《しっと》深く、人を信用せず、心を開くこと（本心を打ち明ける）がなく、また感情（本性・正体）などを表に顕《あらわ》さないので、真の友達ができず、人から「気心の知れない人」「お高く止まっている」などと言われ敬遠《けいえん》されます。

他の性格と比べて心の内面が表に出にくいので、その分怨念《おんねん》が鬱積《うっせき》（わだかまり、気分が重く晴々しない）し、また執念深《しゅうねんぶか》さ（物事に捉《とら》われた心。しつこく恨《うら》んで、いつまでも忘れられない）が増大し、逆恨《さかうら》み・裏切り行為に拍車がかかり、最終的には、人を奈落《ならく》の底に突き落とす傾向（それくらい執念深さが窺《うかが》える）が見受けられます。

外面は優《やさ》しく穏《おだ》やかで融通《ゆうずう》性があるが、内面は冷酷《れいこく》で激しい気性を垣間見《かいまみ》る（隙間《すきま》からこっそり覗《のぞ》く。ちらっと見る）ことがあります。

自尊心《じそん》（自分で自分を偉《えら》いと思い込む）が強く、他人の意見を聞き入れず、偏見《へんけん》（偏《かたよ》った見解《けんかい》。一方的な意見）で頭でっかち（知恵や理屈ばかりで、行動が伴《ともな》わない）で、人の言葉を素直に受け取らず、また口と腹とは違うため、相手方から見ると「裏切られた」と思われる傾向があり、その時は露骨《ろこつ》に、また極端に態度を変えるので真意を推察《すいさつ》することができません。

理屈家（こじつけの理由・自分の意見を言いはる）で屁理屈《へりくつ》が多く、無理に意地を通そうとして意地悪く、小賢《こざか》しく（利口ぶって生意気）、人間味に乏しい。また未練・執着《しゅうちゃく》が強く、愛情面に脆《もろ》いため色情難《しきじょう》の傾向もあります。

〈注釈①〉「裏切り行為」に関しては「土性」の短所にも含まれていますが、両者を比較すると――。

「水性」は猜疑心《さいぎしん》（妬《ねた》み疑う）が強く、また口と腹とが違うため、最初から裏切り行為に及んでいます。

「土性」は突然、土壇場《どたんば》（物事が決定しようとする最後の瞬間）で裏切るので、予測することはできません。「水性」と「土性」の「裏切り行為」は同じ言葉ですが、意味・内容は全く違います。

〈注釈②〉「苦労を苦労と思わず」に関しては「木性」の長所にも含まれていますが――。「木性」は、楽天的に捉《とら》えることができ、諸問題に対し気楽に解決することができます（成《な》るように成るので気にしない）。

「困難を困難と思わず」に関しては「水性」の長所にも含まれていますが——。「水性」は、困難に向かえば向かうほど、辛抱《しんぼう》・忍耐《にんたい》の精神で切り抜けていきます。

【名前の例】

明　邦　武　平　孟　保　勉　茂　赴　敏

務　猛　博　富　範　夢　繁　豊　鵬　宝

文　巴　民　米　芳　法　波　朋　美　紋

峰　麻　望　萌　万　睦　福　碧　舞　満　その他

二字名の性格鑑定

木・木性 の長所・短所

◆長所

明朗で進取《しんしゅ》の気象《きしょう》（自分から進んで物事をする性質）に富み、積極的な行動力で、常に前進・

飛躍的発展し、艱難辛苦《かんなんしんく》（難儀《なんぎ》と苦しみ・つらいこと）があっても物事を苦にしないで気楽に考え対処します。

陽気で愛嬌《あいきょう》もあり、気軽《きがる》でしかも考えたことはすぐに実行に移します。

対人関係が豊かで社交性に富み、人当たりが良く、人の気を逸《そら》せない表現力があり、誰にも好感を持たれます。義侠心《ぎきょうしん》（強きを挫《くじ》き弱きを助ける）が強く、人の面倒見が良いため、周囲の人々から非常に好かれ、知己朋友《ちきほうゆう》（親しい友人）に恵まれます。

素直で従順《じゅうじゅん》、滑稽《こっけい》（人を笑わせるような言葉や動作。おどけ）で剽軽《ひょうきん》（気軽で滑稽）なところがあります。

◆短所

強情《ごうじょう》（自分の考えや行動を変えないで、どこまでも押し通すし意地《いじ》っ張《ぱ》り）で、お喋《しゃべ》り、軽《かる》はずみで浮わついて考えが浅く、その反面、捻《ひね》くれて反発心が強く、片意地《かたいじ》（頑固で自分の考えを無理にでも押し通す性質）で人と妥協《だきょう》せず、協調性に欠けます。

虚栄心《きょえいしん》（見栄《みえ》を張りたがる心）が強く、軽挙妄動《けいきょもうどう》（道理など考えず軽はずみに行動する）の言動も多く、現実と希望が一致せずに終わる傾向が強く出ています。

体質的にも精神的にも弱々しさを感じ、人から見ると頼《たよ》りなさそうに見受けられます。

調子はいいが締《し》めくくりが悪く、責任感が弱く責任転嫁《てんか》（責任などを人に擦《なす》り付ける）する傾向があります。また偏屈《へんくつ》で気が短いです。

〈注釈〉「木・木性」においても、「長所」「短所」に**「陽性型」**と**「陰性型」**の**二通り**の両極端な面が見受けられます。184ページ「木性」の欄を参照してください。

【名前の例】

光広　克己　康弘　和幸　孝久　雅和
宏行　高弘　雅彦　健吉　吉輝　義幸
絢香　久恵　孝江　菊江　幸恵　五月
和歌　輝恵　圭香　弘江　和江　佳恵　その他

木・火性 の長所・短所

◆長所

明朗・軽快で、進取《しんしゅ》の気象《きしょう》（自分から進んで物事をする性質）に富み、正義感が強く意志強固で、一途《いちず》に目的を貫徹《かんてつ》します。すべてのことに対し即断・速攻で常に躍進《やくしん》します。義侠心《ぎきょうしん》（強きを挫《くじ》き弱きを助ける）があり、人のために尽《つ》くし理屈抜きで話の分かる人です。理屈より情が篤《あつ》く、涙脆《なみだもろ》く、人間味溢《あふ》れ、人の面倒見《めんどうみ》がいいのです。

気軽で滑稽《こっけい》（人を笑わせるような言葉や動作。おどけ）、剽軽《ひょうきん》（気軽で滑稽）でユーモアなどあり、明るく爽《さわ》やかで人から好かれます。欲がなくサッパリした気性で、曲がったことが嫌《きら》いです。情熱・理想家で努力は人一倍熱心です。

素直で従順、先の見通しに優れ、向上心や発展性などに恵まれています。

◆短所

気が短く、強情《ごうじょう》（自分の考えや行動を変えないでどこまでも押し通す。意地っ張り）で偏屈《へんくつ》、反発心が強く、人と協調性に欠け、あれこれと目移《めうつ》りが多く、人の言葉に騙《だま》されやすく、また惑《まど》わされ、調子はいいが締《し》めくくりが悪いところがあります。

興奮《こうふん》しやすく、闘争心や対抗意識が強く、感情の起伏《きふく》が激しく、人と争う傾向があります。すぐにカッとなり、理性を失い、軽挙妄動《けいきょもうどう》（道理など考えず軽はずみに行動する）し、猪突《ちょとつ》猛進《もうしん》（イノシシのように真っすぐに突進する）となり、非常識な言動が多々あります。

理想が高く、虚栄心《きょえいしん》（見栄《みえ》。上辺《うわべ》だけを飾る人）や負け惜《お》しみが強く、物事に拘《こだわ》り、忍耐力に乏しく、信念・緊張感に欠け、移《うつ》り気で物事に飽《あ》きやすく、また多情です。

〈注釈〉「木・火性」においても、長所・短所に**「陽性型」**と**「陰性型」**の**二通り**の両極端な面が見受けられます。184ページ「木性」の欄を参照してください。

なお、「木性」が主で約七五パーセント、「火性」が二五パーセントの比率となります。

【名前の例】

義郎	吉隆	和男	寛治	輝利	幹直	
健太	公男	五郎	嘉男	宏良	啓太	
光代	絹代	恵理	加代	嘉代	絵里	
加奈	恵梨	紀代	江利	久乃	佳代	その他

木・土性の長所・短所

◆長所

明朗・素直で、人当たりが良く、誰に対しても親切で慈愛《じあい》心（慈《いつく》しみ深い心）があり、世話好きで人のために尽《つ》くす義侠心《ぎきょうしん》（強きをくじき弱きを助ける）があり、また人の心になり思いやる同情心があり、温和《おんわ》（大人しく優《やさ》しい）で、困難を困難と思わず苦しみを顔には出さず、気楽に考え乗り越えていきます。

人間関係が豊かで誰からも慕《した》われ、知己朋友《ちきほうゆう》（親しい友人）に恵まれます。愛嬌《あいきょう》があり、気軽で剽軽《ひょうきん》（滑稽）で、しかも落ち着きがあり、優《やさ》しく和《なご》やかで・物静かで円満性があり、人付き合いが良く、何事に対しても几帳面《きちょうめん》で気が利きます。

◆短所

気短《きみじか》で軽率で責任感が弱く、責任転嫁《てんか》（責任などを人に擦《なす》り付ける）する傾向があります。意地《いじ》がないくせに頑固《がんこ》で強情《ごうじょう》（自分の考えや行動を変えないで、どこまでも押し通す。意気地《いくじ》っ張り）で、一度言い出したら誰の意見も聞かず協調性に欠け、また虚栄心《きょえい》（見栄《みえ》。上辺《うわべ》だけを飾る人）が強いです。

精神的にも体質的にも弱々しく、臆病《おくびょう》で頼《たよ》りになりそうで頼りになりません。心に緊迫感《きんぱく》がなく、気迷いが多く、思い込みが激しく、決断力に欠けクヨクヨと取越《とりこ》し苦労や気苦労が多くあります。

好奇心は強いが大局（広く全体を見通した物事の成り行き。全体の動き）を見極めることができず、また目先が利かないため、人の言動に左右されやすく信頼に欠けます。心に余裕がないため、時として日頃の鬱憤《うっぷん》（怒りが心に積もり）などが逆切《ぎゃくぎ》れを招《まね》きます。

〈注釈〉「木・土性」においても、「長所」「短所」に**「陽性型」**と**「陰性型」**の**二通り**の両極端な面が見受けられます．１８４ページ「木性」の欄を参照してください。

なお、「木性」が主で約七五パーセント、「土性」が二五パーセントの比率となります。

【名前の例】

恒雄　健一　貴雄　光雄　功一　行雄
欣也　和友　紀一　幸英　克也　賢一
香葉　希栄　加葉　光永　可愛　和栄
けい　かよ　ケイ　カヨ　キヨ　キエ　その他

木・金性の長所・短所

◆長所

明朗で楽天的で剽軽《ひょうきん》・愛嬌《あいきょう》があり、人の気を逸《そ》らせない表現力が豊かで、誰にも好感を持たれます。その反面、慎重・堅実で、勇往邁進《ゆうおうまいしん》（困難をものともせず、一途に目的に向かって進んでいく）し、すぐに実行に移します。

義侠《ぎきょう》・仁侠心《にんきょうしん》（強きをくじき弱きを助ける。男気＝男らしい気性）が強く、人の面倒見《めんどうみ》が良く、人から頼まれると快《こころよ》く聞き入れ、誰からも好かれます。

計画性もあり向上・発展性があり、陽気で快活《かいかつ》です。周囲の情勢に臨機応変《りんきおうへん》し、進取《しんしゅ》（自分から進んで物事をする）するも退嬰《たいえい》（引き籠《こも》り、尻込みする）するも、節度《せつど》がある。

人間関係が豊かで、異性関係にも恵まれます。素直で厳格《げんかく》です。

◆短所

気短で、特に強情《ごうじょう》（自分の考えや行動を変えないで、どこまでも押し通し意地《いじ》っ張り）で、人の言うことを受け付けなく、態度が顔に出て、なおかつ負けず嫌《ぎら》いな気性のため、我執《がしゅう》（意見を押し通す）が強く、また自分勝手の誤った意見でも押し通し、頑固で我儘《わがまま》です。細かいことは苦手で、大雑把《おおざっぱ》（大掴《おおづか》みなやり方で、細かい点に注意しないさま・大まか）で浪費癖《ろうひぐせ》があります。口煩《くちうるさ》くまた多弁《たべん》で人に喋《しゃべ》らせません。軽佻浮薄《けいちょうふはく》（軽はずみで浮ついている・考えが浅い）な言動で失敗する傾向があります。

一度言い出したら人の意見は聞かず、人との協調性に欠けます。また虚栄心《きょえいしん》（見栄《みえ》を張りたがる心）・自尊心《じそんしん》（自分で自分を偉いと思い込む心）・自意識過剰《じいしきかじょう》になる傾向が強い。

〈注釈〉「木・金性」においても、「長所」「短所」に**「陽性型」**と**「陰性型」**の**二通り**の両極端な面が見受けられます．１８４ページ「木性」の欄を参照してください。

なお、「木性」が主で約七五パーセント、「金性」は二五パーセントの比率になります。

【名前の例】

幸則　佳昌　弘司　紀之　久尚　浩志

賢司　和章　久之　紀仁　貴志　宏昌

光世　光子　貴子　佳子　京子　香織
幸子　和子　慶子　恵子　克枝　菊枝　その他

木・水性の長所・短所

◆長所

明朗で外面は進取《しんしゅ》（自分から進んで物事をする性質）の気象《きしょう》に富み、積極的な行動力で邁進《まいしん》し、内面は冷静で落ち着いていて思考力・洞察《どうさつ》力に優《すぐ》れ、自己反省の念があり、この両面を兼《か》ね備《そな》えています。

気軽《きがる》でしかも、考えたことはすぐに実行に移し、万事にソツがなく確実な歩みで進んでいきます。外面は社交・弁才があり交際上手で人の気を逸《そ》らせない表現力が豊かであり、明るく穏《おだ》やかで、内面は困難に向かえば向かうほど、強靱《きょうじん》で辛抱《しんぼう》・忍耐強い気象《きしょう》です。

頭脳明晰《ずのうめいせき》で諸々の才能があり、すべてに思慮《しりょ》深く、常に前進・躍進《やくしん》します。

◆短所

強情（自分の考えや行動を変えないで、どこまでも押し通し、意地《いじ》っ張り）で、冷静（何事にも冷ややかな性質）です。

我意《がい》（我儘《わがまま》）や虚栄《きょえい》心（見栄《みえ》を張りたがる心）が強く、疑い深く、人を秤《はかり》に掛け、人を見下《みくだ》し、軽侮《けいぶ》（侮《あなど》り見下げる）します。小才《しょうさい》（ほんの僅《わず》かの才能）が利《き》き、小賢《こざか》しく（利口ぶって生意気《なまいき》）、執念《しゅうねん》深く、特に負けず嫌《きら》いで反発心が強く気短です。

表面は明るいように見えますが、内面は薄情《はくじょう》で感じが悪く、心から親しむことができず協調性に欠けます。本人自身、言うことと行動が合わないため裏切り行為に発展し、精神的葛藤《かっとう》（もつれ・悶着《もんちゃく》）で悩まされます。

多情な面も見受けられ、異性関係が複雑化する傾向があります。

〈注釈〉「木・水性」においても、「長所」「短所」に**「陽性型」**と**「陰性型」**の**二通り**の両極端な面が見受けられます。１８４ページ「木性」の欄を参照してください。

なお、「木性」が主で約七五パーセント、「水性」は二五パーセントの比率になります。

【名前の例】

義明　光夫　好夫　欣弥　教文　義文

康夫　耕平　京平　幸夫　和博　雅夫

恵美　久美　弘美　弓美　絵美　和美

希望　喜美　加名　夏美　きみ　くみ　その他

火・木性 の長所・短所

◆長所

潔癖性《けっぺきしょう》（不正などをひどく嫌《きら》う性質）で、曲がったことは大嫌いです。

欲がなく、物事をやりだすと猛烈に邁進《まいしん》します。理想家であり情熱家で、すべてのことに徹し、表裏がなく中途半端《ちゅうとはんぱ》なことは嫌いで、是非善悪《ぜひぜんあく》（良いことと悪いこと・道理の有り無し）がハッキリしています。

明朗で活動力が旺盛《おうせい》、竹を割ったようなサッパリした気性です。

人情に篤《あつ》く涙もろく、物事に拘《こだわ》らず理屈《りくつ》抜きで話が分かり、人の面倒見《めんどうみ》が良く、感覚・直観が鋭く、先の見通しに優《すぐ》れ、積極的な行動に富み、常に前進を心掛け、その努力は人一倍熱心です。

◆短所

物事に一時的には熱中しますが、すぐに飽《あ》きて長続きしません。

人の好き嫌いが激しく頑固《がんこ》で、常に神経が尖《と》がっていて、取り越し苦労や気苦労が多く、感情を顔に現し、カッとしやすいところがあります。

人から言われたことをよく考えず、簡単に人を信じ騙《だま》されやすいです。また、十分理解・納得しないまま取り入れ行動に移り、それで失敗します。

新しい物好き、派手好きで理想が高く、自尊心《じそんしん》（自分で自分を偉《えら》いと思い込む心）が強く、向こう見ずで、移り気《うつぎ》で、変人（変わり者）です。

直情径行《ちょくじょうけいこう》（他人の思惑《おもわく》や周囲の事情など考えないで、自分の思うことをそのまま口に出したり、行動に現したりする）が強く、非常識《ひじょうしき》（常識に外れている）な言動があり、友人を失いやすいです。

〈注釈〉「火・木性」における「長所」「短所」も、187ページ「火性」の欄に詳しく述べてありますので、参照してください。

なお、「火性」が主で約七五パーセント、「木性」は二五パーセントの比率になります。

【名前の例】

大和　直久　泰紀　利憲　隆好　典幸

忠義　治彦　直義　良幸　知広　利紀

理恵　知恵　澄江　里香　麗香　徳江

智華　梨江　梨香　ちか　りか　たき　その他

火・火性 の長所・短所

◆長所

情熱家で理想家、努力家です。正義や人道を貫《つらぬ》く意志が強く、物事を思い立つとすぐに実行に移し、一途《いちず》に目的を貫徹《かんてつ》する努力は人一倍です。潔癖性《けっぺきしょう》（不正などをひどく嫌《きら》う性質）で曲がったことは大嫌いな正義直情《ちょくじょう》型の人です。

欲がなく、物事に拘《かかわ》らずサッパリした人柄で、直感や先見力《せんけんりょく》に優《すぐ》れ、竹を割ったような気性で、すべてに対して表裏がハッキリしています。

感覚が鋭く感激・感受性が強く、人間味（人間らしい温かい気持ち）に溢《あふ》れ、涙もろく、理屈より人情が篤《あつ》く、話のよく分かる人です。

◆短所

熱しやすく冷めやすく、移《うつ》り気《ぎ》で永続性に欠けます。

神経質で取り越し苦労・気苦労が多いため、少しの事で感情を顔に表しカッとしやすく、興奮《こうふん》しやすく闘争的で、対抗意識が強く、人の好き嫌《きら》いが激しい。

人を信じやすく、人に騙《だま》されやすく、また事の善し悪しを考えず、早合点が多く失敗します。

理想が高く、自尊心《じそんしん》（自分で自分を偉《えら》いと思い込む心）が強いため、容易には人に屈《くっ》せず頑固（頑《がたく》なで意地《いじ》を張る・分からず屋で押しが強い）です。

直情径行《ちょくじょうけいこう》（他人の思惑や周囲の事情など考えないで、自分の思うことをそのまま口に出したり、行動に現したりする）が強く、感情の起伏が激しく、気が短く非常識《ひじょうしき》（常識に外れている）な言論・行動があり、人間関係の円滑を欠き、友人を失いやすい。偏屈《へんくつ》（素直でない）で変人（変わり者）扱いを受けやすい。

〈注釈〉「火・火性」における「長所」「短所」も詳しく述べてありますので、187ページ「火性」の欄を参照してください。

【名前の例】

達男　利男　道朗　利治　良太　定男
卓郎　竜太　太郎　貞男　竜郎　知治
瑠璃　利乃　智代　奈々　瑠梨　麗奈
鈴奈　梨代　梨乃　てる　ナナ　ルナ　その他

火・土性の長所・短所

◆長所

熱血的と物静かで優《やさ》しいという、両方の性格を兼《か》ね備《そな》えています。感激しやすく、努力・理想家で、欲がなく利害得失《とくしつ》（利益と損害。損得《そんとく》）を離れ、人のために尽《つ》くします。淡泊《たんぱく》（欲がなくサッパリした人柄）で、曲がったことは大嫌いです。

すべての物事に対して、一途に目的を貫徹《かんてつ》します。直情的（思ったままの、真っすぐな心）な傾向が強い反面、温和で柔和、自愛心があり、理屈より人情に篤《あつ》く、人の心になり、思いやる同情心が強いです。

潔癖性《けっぺきしょう》（不正などをひどく嫌う性質）で剛勇《ごうゆう》（意志が強くて勇気があり、強くて勇《いさ》ましい）、烈烈《れつれつ》（非常に激しいようす）な面と物腰が柔らかで落ち着きがあり面の二通りの「剛《ごう》」と「柔《じゅう》」の性質を持っているのが、この性格です。

◆短所

興奮《こうふん》しやすく、熱しやすく冷めやすく、神経質で直情径行《ちょくじょうけいこう》（他人の思惑や周囲の事情など考えないで、自分の思うことをそのまま口に出したり、行動に現したりする）が強く、カッとなり興奮《こうふん》しやすい。

心に余裕がなく、またすべてのことを理解しない内に臆断《おくだん》（勝手に推し量って決める）するので騙《だま》されやすく、その為に取り越し苦労・気苦労が多く、やり切れなくなると逆切《ぎゃくぎ》れします。頑固・偏屈《へんくつ》・闘争的な面と気が小さく臆病《おくびょう》で、常にクヨクヨしている面があり、頼《たよ》りになりそうで頼りなく、友人から変人（変わり者）扱いを受けて信頼を失う傾向があります。理想が高く、移《うつ》り気《ぎ》で、気迷いがあるため発展性に欠け、非常識（常識に外れている）な言動もあります。

〈注釈〉「火・土性」における「長所」「短所」も187ページ「火性」の欄に詳しく述べてありますので、参照してください。

なお、「火性」が主で約七五パーセント、「土性」は二五パーセントの比率になります。

【名前の例】

卓也　貞雄　隆一　利雄　徹也　拓也

琢也　哲也　智英　良一　隆雄　良雄

多栄　緑葉　智栄　瑠音　麗愛　鈴音

たえ　とよ　つや　レイ　リエ　チヨ　その他

火・金性 の長所・短所

◆長所

潔癖性《けっぺきしょう》（不正などをひどく嫌《きら》う性質）で、正義感が強いです。

勤勉、努力は人一倍熱心で、何事も筋道《すじみち》を通し、中途半端《ちゅうとはんぱ》なことはなく、一途《いちず》に目的を貫徹《かんてつ》する頑張り屋です。

忠義・忠誠心があり、それを固守する毅然《きぜん》（確《しっ》かりしている様子・意志が強い様子）たる態度で善悪どちらにも強く、人に頼《たの》まれたことは必ず守り、実行します。

淡泊《たんぱく》（サッパリした人柄）で曲がったことが大嫌いです。

欲がなく人のために尽《つく》すので、衆人から深い信頼を受けます。直感力が鋭く、先見力《せんけんりょく》に優《すぐ》れ、人情に篤《あつ》く、涙脆《なみだもろ》く、誠に人間味（人間らしい温かい気持ち）に溢《あふ》れる性格です。

◆短所

短気で興奮《こうふん》しやすく、神経が常に尖《と》がっています。恋愛感情に過敏で、一途に突き進み、思わぬ深みに嵌《はま》る傾向があります。思慮《しりょ》が浅く、軽挙妄動《けいきょもうどう》（道理など考えずに軽はずみに行動する）し、移《うつ》り気《ぎ》で、熱しやすく冷めやすく永続性に欠けます。

我儘《わがまま》で対抗意識が強く、変人（変わり者）で家庭的にも波風が立ちやすく、人が寄り付かなくなります。

理想を求め、自尊心《じそんしん》（自分で自分を偉《えら》いと思い込む心）が強く、独断傾向があり、人の好き嫌いが激しく、直情径行《ちょくじょうけいこう》（他人の思惑や周囲の事情など考えないで、自分の思うことをそのままに出したり、行動に現したりする）に走り非常識（常識に外れている）な言動があります。

〈注釈〉「火・金性」における「長所」「短所」も187ページ「火性」の欄に詳しく述べてありますので、参照してください。

なお、「火性」が主で約七五パーセント、「金性」は二五パーセントの比率になります。

【名前の例】

忠司	直樹	重信	利昭	智秀	泰正	
達哉	知春	典生	直之	礼次	貞春	
奈穂	良枝	律子	玲子	典子	綾子	
麗子	智子	礼子	敦子	奈緒	リサ	その他

火・水性の長所・短所

◆長所

情熱な面と冷静な面という、相反《あいはん》する二通りの性格を持っています。一面は、潔癖性《けっぺきしょう》（不正などをひどく嫌《きら》う性質）で淡泊《たんぱく》（欲がなくサッパリした人柄）で、努力・情熱・理想家です。

人情に篤《あつ》く、涙もろく、正義感が強く、竹を割ったように歴然《れきぜん》（ハッキリしている様子）たる態度でことに臨《のぞ》み、一途《いちず》に目的に向かう直情的《ちょくじょう》（思ったままの、真っすぐな心）な傾向が強い反面、冷静で知性・才能に恵まれ、思慮分別《しりょぶんべつ》（深く考え熟慮《じゅくりょ》する）にたけ、情に流されることはなく、信念は強固で忍耐力があります。

この性格は、その時の状況・情勢により、情熱的な面と冷静な面が表面に現れます。

◆短所

闘争的で、熱しやすく冷めやすく神経過敏な面と、疑い深く負けず嫌いで冷性（何事にも冷ややかな性質）で感激性に乏しい面との相反《あいはん》する両極面があります。

いわゆる、二重人格（同じ人が二つの全く違う性質を持っている）です。

常に精神の葛藤《かっとう》があり、心が不安定なため興奮《こうふん》・動揺《どうよう》しやすく、また直情径行《ちょくじょうけいこう》（他人の思惑《おもわく》や周囲の事情など考えないで、自分の思うことをそのまま口に出したり、行動に現したりする）があり、嫉妬《しっと》・執念深《しゅうねんぶか》く（物事に捉《とら》われた心。しつこく恨《うら》んで、いつまでも忘れられない）、自尊心《じそんしん》（自分で自分を偉《えら》いと思い込む心）が強く、理想が高く移《うつ》り気《ぎ》で多情です。

好きな人に対しては人間味（人に自然に備《そな》わっている愛情や思いやりの心）溢《あふ》れ、嫌《きら》いな人に対しては冷酷《れいこく》で意地《いじ》が悪く、軽侮《けいぶ》（見下げて馬鹿にする）します。

他人からこの性格を見ると、非常に気がきつく、何を考えているのか分かりません。

変人（変わり者）で、非常識（常識に外れている）な振《ふ》る舞《ま》いや言動があります。

〈注釈①〉　ここで、「二重人格（同じ人が二つの全く違う性質を持っている）」と記しましたが、世間一般で言われている**悪い意味での「二重人格」**とは違います。

「正統姓名学」でいう「二重人格」とは、一人の中に二人分の極端に相反する性格を持ち合わせていることで、一人で二人分の「長所・短所」を兼《か》ね備《そな》えていることです。

相手によって、「情熱な面」を出すか「冷静な面」を出すか、使い分けする傾向がありますが、当人にとっては自然に行っているにすぎません。普通、この性格を知らなければ、「何を考えているのか」と思ってしまいます。

なお、病気になる原因も、「心臓」と「腎臓」という二人分のものを抱《かか》え込んでいます。

〈注釈②〉「火・水性」における「長所」「短所」も187ページ「火性」の欄に詳しく述べてありますので、参照してください。

なお、「火性」が主で約七五パーセント、「水性」は二五パーセントの比率になります。

【名前の例】

大輔　琢磨　哲夫　良平　卓文　亮平

哲平　隆弥　徹明　澄夫　良明　達夫

直美　智美　奈美　留美　登美　里美

玲美　那苗　多美　とも　ナミ　ルミ　その他

土・木性の長所・短所

◆長所

柔和《にゅうわ》で温情《おんじょう》（情《なさ》け深く優《やさ》しい）に篤《あつ》く、素直で穏《おだ》やかで大人しく、誰に対しても親切・丁寧、人の心に寄《そ》り添い思いやる慈愛心《じあいしん》、謙譲心《けんじょうしん》があります。

人の意見に従い、聞き上手で落ち着きがあり、誰からも敬慕《けいぼ》（敬《うやま》い慕う）されます。

物事に対し細かいことにも気が利き、几帳面《きちょうめん》で勤勉・努力家です。

困《こま》っている人に対し、自分のことのように親身《しんみ》になって共に感じ、人情濃《こま》やかであれこれと心配する。また、自分自身思い悩む心があるにも拘《かかわ》らず表面に出さず、楽観《らっかん》（気楽に考える）して乗り越えていきます。

物腰《ものごし》が柔《やわ》らかく、明るく人当たりがよく円満性があり、交際が上手です。

◆短所

気迷《きまよ》いが多く、決断力に欠け、意志が弱いためしっかりした自分の意見や主体性を持たず、あちこちに付き従《したが》うことが多く、八方美人《はっぽうびじん》（誰からも悪く思われないように、要領《ようりょう》よく人と付き合っていく人）の傾向を示します。

気が小さく臆病《おくびょう》で人の言葉に左右され、目先が利かないため、物事の成り行きが見えず、騙《だま》されやすく何事も集成《しゅうせい》（一つに纏《まと》める）できません。

進退窮《しんたいきわ》まる（進むも退《ひ》くも、どうすることもできなくなる）と誰にでも分かるような嘘《うそ》を並べ立てます。優柔不断《ゆうじゅうふだん》（決断力が遅い）で埒《らち》が明かず、クヨクヨと愚痴《ぐち》が多く苦労性で、融通性《ゆうずうせい》に欠け土壇場《どたんば》で知己朋友《ちきほうゆう》（親しい友人）を平気で裏切ります。

意気地《いくじ》がないくせに頑固で強情《ごうじょう》、思い余るとカッとなり取り乱します。また気が短いのも特徴です。

〈注釈①〉「強情《ごうじょう》」に関しては「木性」の短所にも含まれていますが、両者を比較すると——。「木性」は自分の考えや行動を変えないで、どこまでも押し通しますが、「土性」の「強情」に関してはどこまでも押し通すことができず、途中で挫折《ざせつ》してしまいます。

〈注釈②〉「土・木性」における「長所」「短所」にも**「地味型」**と**「派手型」**の**二通り**の両極端な面が見受けられます．189ページ「土性」の欄を参照してください。

なお、「土性」が主で約七五パーセント、「木性」は二五パーセントの比率になります。

【名前の例】

友和	由久	祐介	優浩	英介	友行
一弘	威彦	安弘	雄介	洋紀	安幸
亜紀	由紀	有紀	亜希	由香	由佳
友紀	ゆか	あき	イク	アキ	ユキ	その他

土・火性の長所・短所

◆長所

温情《おんじょう》（情《なさ》け深く優《やさ》しい）・穏《おだ》やかで大人しく円満性があり、物腰柔《ものごしやわ》らかく向こうっ気は強くはないがしっかりしています。親切・慈愛・同情及び、謙譲《けんじょう》の心があり、愛情濃《こま》やかで几帳面《きちょうめん》で、細部まで気が利き、人から信頼されます。

また思いやりがあり、人当たりが良く、誰に対しても親切・丁寧《ていねい》です。軽《かる》はずみで向こう見ずな行動はしませんが、やりだすと人一倍熱心です。

理想、感激、剛気《ごうき》（何事にも屈しない）、剛直《ごうちょく》（信じるところを曲げない）な一面もあり、この性格は「柔《じゅう》」と「剛《ごう》」を兼《か》ね備《そな》えています。

◆**短所**

意志が弱く、気が小さく臆病《おくびょう》で神経質です。取《と》り越《こ》し苦労（余計なことまで心配する）や気苦労が多く、融通性《ゆうずうせい》に欠け土壇場《どたんば》で知己朋友《ちきほうゆう》（親しい友人）を平気で裏切ります。

表面はしっかりしているように見えますが、人情が絡《から》むと、気迷《きまよ》いが生じ、決断力を欠き、好機を逸《いっ》することが多く、優柔不断《ゆうじゅうふだん》（決断力が遅い）で埒《らち》が明かず進退窮《しんたいきわ》まる（進むも退《ひ》くも、どうすることもできなくなる）と誰にでも分かるような嘘《うそ》をつきます。

また中途半端《ちゅうとはんぱ》で、時として辛抱《しんぼう》・我慢しきれなくなるとカッとなり取り乱す傾向があります。普段は大人しいですが、突如《とつじょ》としてキレて、気が短く非常識な振《ふ》る舞《ま》いや言論・行動があります。

人に惑《まど》わされ、騙《だま》されやすく信頼を欠き、頼《たよ》りになりそうで頼りにならず、八方美人《はっぽうびじん》（誰からも悪く思われないように、要領《ようりょう》よく人と付き合っていく人）の傾向があり、愚痴《ぐち》（不平を言って嘆《なげ》く）が多く苦労性です。

〈**注釈**〉「土・火性」における「長所」「短所」にも、**「地味型」**と**「派手型」**の**二通り**の両極端な面が見受けられます。189ページ「土性」の欄を参照してください。

なお、「土性」が主で約七五パーセント、「火性」は二五パーセントの比率になります。

【名前の例】

一男	英男	裕朗	益男	延男	安貞
逸郎	栄治	悦男	一郎	郁男	英典
由利	友里	一代	由里	英代	郁代
友代	えり	ゆり	いと	エリ	ヨネ	その他

土・土性の長所・短所

◆長所

誰に対しても優《やさ》しく・同情心・慈愛心があり、人から好かれ慕《した》われます。

几帳面《きちょうめん》で細かなことに気が利き、物腰柔《ものごしやわ》らかく、人間味があり、人の意見を受け入れます。

温柔・従順《じゅうじゅん》で人と協調性・円満性があり、人付き合いが良く、人の心になり思いやることができます。
謙譲《けんじょう》の心があり、偉《えら》がらず、憂心《ゆうしん》（思い悩む心）があるにも拘《かか》わらずそれを表面にださない辛抱《しんぼう》強さがあり、また態度に落ち着きがあり物静かです。

◆短所

八方美人《はっぽうびじん》（誰からも悪く思われないように、要領《ようりょう》よく人と付き合っていく人）で、迷い・気迷いが多く、付和雷同《ふわらいどう》（決まった考えがなく、他人の説に従う）で決断力に欠けます。そのため、すべてが中途半端《ちゅうとはんぱ》で実行力に乏しく、包容力《ほうようりょく》があるように見えるのですが実際にはなく、頼《たよ》りなく思われ信頼を欠き、知己朋友《ちきほうゆう》（親しい友人）に見放されます。

意気地《いくじ》がないくせに頑固で融通性《ゆうずうせい》がなく、心が狭《せま》く小心《しょうしん》・臆病で、人の言葉に煽動《せんどう》されやすく、また取捨《しゅしゃ》の選択が付かず苦労・気苦労が多く、優柔不断《ゆうじゅうふだん》（決断力が遅い）で埒《らち》が明かず、思い余るとカッとなり取り乱し、何をしでかすか分かりません。

愚痴《ぐち》が多く苦労性で、進退窮《しんたいきわ》まる（途方《とほう》にくれる）と誰にでも分かるような嘘をつきます。また窮《きゅう》すると土壇場《どたんば》で裏切り行為に走ります。

〈注釈〉「土・土性」における「長所」「短所」にも、**「地味型」**と**「派手型」**の**二通り**の両極端な面が見受けられます。189ページ「土性」の欄を参照してください。

【名前の例】

一雄　洋一　英雄　郁也　安佑　郁雄
裕也　益雄　友英　栄一　悦雄　為一
亜耶　友栄　耶栄　葉音　有野　あい
いよ　あや　やえ　アイ　アユ　アヤ　その他

土・金性の長所・短所

◆長所

温和で円満性・協調性があり、慎重・重厚でしっかりしています。人の心になり思いやる同情心や慈愛心が強いです。人当たりが良く、親切、丁寧《ていねい》、几帳面《きちょうめん》で、勤勉家、努力家です。物腰柔《ものごしやわ》らかで向こうっ気は強くありませんが、いざとなると確固不動《かっこふどう》の信念を発揮します。素直・従順《じゅうじゅん》で、物静かで、落ち着きがあり、憂《うれ》い（嘆《なげ》く・悲しく思う）や苦しみがあっても、顔に出さず頑張ります。謙譲心《けんじょうしん》が強く、誰からも好感を受けます。
また他人の意見を受け入れ、行動は慎重です。

◆短所

優柔不断《ゆうじゅうふだん》（決断力が遅い）で取捨《しゅしゃ》（取ることと捨てる）の選択《せんたく》ができず、気持ちが狭《せま》く臆病《おくびょう》で意志が弱いため騙《だま》されやすく、愚痴《ぐち》（不平を言って嘆《なげ》く）が多く苦労性で不平不満が多く、発展性に欠け中途半端《ちゅうとはんぱ》です。

表面は包容力《ほうようりょく》があるように見えますが、決断力が弱く、誰に対しても同じようなことをするので信頼を失います。いわゆる、八方美人《はっぽうびじん》（誰からも悪く思われないように、要領《ようりょう》よく人と付き合っていく人）です。内面は頑固で融通性《ゆうずうせい》に欠けます。

日々の鬱憤《うっぷん》（押さえに押さえた恨《うら》み）などが鬱積《うっせき》（次々と、心に一杯になる）し、時として辛抱《しんぼう》・我慢《がまん》しきれなくなるとカッとなり取り乱し、何を仕出かすか分かりません。進退窮《しんたいきわ》まる（進むも退《ひ》くも、どうすることもできなくなる）と誰にでも分かるような嘘をつきます。

また窮《きゅう》すると土壇場で知己朋友《ちきほうゆう》（親しい友人）を平気で裏切ります。

〈注釈〉「土・金性」における「長所」「短所」にも、**「地味型」**と**「派手型」**の**二通り**の両極端な面が見受けられます。189ページ「土性」の欄を参照してください。

なお、「土性」が主で約七五パーセントで「金性」が二五パーセントの比率になります。

【名前の例】

一成　勇二　友則　陽司　雄三　祐司

佑助　友仁　洋昌　友秀　由之　一正
亜矢　洋子　友子　裕子　愛子　一枝
桜子　艶子　優子　栄子　やす　よし　その他

土・水性の長所・短所

◆長所

温和の一面、冷静な面があります。親切心や慈愛心がありますが、情に流されることはありません。

困苦《こんく》（貧乏で苦しむ、悩む）や心労（心の疲れ）があるにもかかわらず、表面に出さない辛抱《しんぼう》強さ・忍耐強さを持ち、社交・弁才など頭脳明晰《ずのうめいせき》で諸々《もろもろ》の才能に恵まれています。

物腰柔《ものごしやわ》らかで、落ち着きがあり、誰からも好かれ慕《した》われます。柔和《にゅうわ》で万事にソツがなく、また思慮深《しりょぶか》く（深く考え、熟慮《じゅくりょ》する）、どんなことがあっても感情を表面に出しません。

◆短所

優柔不断《ゆうじゅうふだん》（決断力が遅い）で埒《らち》が明かず（物事の区切りがつかない）、進退窮《しんたいきわ》まる（途方《とほう》にくれる）と誰でも分かるような嘘《うそ》をつきます。

また疑い深く、人の言葉を信用しないため、心から親和しません。相手から強引に頼《たの》まれると断り切れず、後悔《こうかい》・苦慮《くりょ》（苦心していろいろ考える）多く、頼《たよ》りになりそうで頼りになりません。意気地《いくじ》がないくせに頑固《がんこ》・負けず嫌《ぎら》いで、執念深《しゅうねんぶか》く陰性です。

愚痴《ぐち》（不平を言って嘆《なげ》く）や取《と》り越《こ》し苦労（余計なことまで心配する）が多く、気迷いが多く、好機を逸《いっ》しやすく中途半端《ちゅうとはんぱ》です。

気持ちが狭く臆病《おくびょう》で心が動揺《どうよう》しやすく小心《しょうしん》で、八方美人《はっぽうびじん》（誰からも悪く思われないように、要領《ようりょう》よく人と付き合っていく人）で融通性《ゆうずうせい》に欠け、時として辛抱《しんぼう》・我慢《がまん》しきれなくなると逆上《ぎゃくじょう》し、土壇場《どたんば》で知己朋友《ちきほうゆう》（親しい友人）を平気で裏切ります。

色情難《しきじょうなん》（男女間の性的欲望・色欲の難）に合いやすく、失敗します。

〈注釈〉「土水性」における「長所」「短所」にも、**「地味型」**と**「派手型」**の**二通り**の両極端な面が見受けられます。１８９ページ「土性」の欄を参照してください。

なお、「土性」が主で約七五パーセント、「水性」は二五パーセントの比率になります。

【名前の例】

英明　一夫　郁夫　威夫　裕明　英輔
一茂　英夫　一平　洋平　悦夫　一敏
由美　友美　祐美　有美　英美　栄美

裕美　亜美　一美　ゆみ　えみ　ユミ　その他

金・木性 の長所・短所

◆長所

正直で曲がったことが嫌《きら》いで、何事にも筋道《すじみち》を通し、堅実な計画性を持って目的に向かい邁進《まいしん》（怯《ひる》まず一途に進む）します。感覚が鋭く周囲の情勢に対し、臨機応変《りんきおうへん》（その場その場に応じて最も良い方法を取る）し、また細かいところまで気が利き、軽率《けいそつ》な言動がありません。

勤勉、地道、慎重、誠実、厳格《げんかく》で、確実な歩みを続けます。機転《きてん》が利《き》き、考えや行動が確実で、引き受けたことは必ず守り実行します。

責任感が強く律儀《りちぎ》（実直）な性格のため、人から深い信頼を受けます。物事に節度《せつど》があり、忠誠心、仁侠心《にんきょうしん》（弱い者に味方する気持ち。男気＝男らしい気性）、義侠心《ぎきょうしん》（弱い者を助け強いものを挫《くじ》く）が強く、義理堅《ぎりがた》い性格です。

◆短所

短気で我儘《わがまま》で独断専行《どくだんせんこう》（自分の判断だけによって行う）で、機嫌《きげん》（自分の気分ですぐ他人に対する好悪《こうお》の感情が変わる人）が露骨《ろこつ》に表情（顔や態度）に現れ、機嫌が取りにくいところがあります。また、機嫌を損なうと絶交状態に陥《おちい》ります。

外面《そとずら》は良く内面《うちずら》が悪く、表現力に乏しく引っ込み思案《じあん》です。他人には気前良く家庭にはケチ臭いところがあります。自己中心的で人の意見を受け入れず、人間関係において円滑さを欠き、威張《いば》る傾向があります。

独占欲が強く、物事を悲観的に見る傾向が強く、人情脆《もろ》く、そのために世話苦労、気苦労があり、それで失敗します。

表面は積極的に見えますが、内面は消極的です。

〈注釈〉「金・木性」における「長所」「短所」にも、**「行動型」**と**「消極型」**の**二通り**の両極端な面が見受けられます。193ページ「金性」の欄を参照してください。

なお、「金性」が主で約七五パーセント、「木性」は二五パーセントの比率になります。

【名前の例】

正己　正和　靖久　省吾　勝義　正彦

章吾　政喜　昭彦　正憲　政光　信義

千鶴　初恵　正江　千恵　春江　静香

真弓　真紀　千夏　夕紀　千賀　三和　その他

金・火性 の長所・短所

◆長所

意志強固で不屈《ふくつ》の精神力があり、正義感強く、石橋を叩いて渡るような慎重な面と、思い立つと直情的でただちに実行に移し、猛烈に目的を貫徹《かんてつ》しようとする面があります。言論と行動は確実で、人から重視され信頼されます。

一本気で気性が強く物事に挫《くじ》けず思い切りが良く、厳格《げんかく》な反面、情が篤《あつ》く涙脆《なみだもろ》く、欲《よく》がなくサッパリした気性で、人に頼《たよ》られると強い任侠心《にんきょうしん》、義侠心《ぎきょうしん》（強きを挫《くじ》き弱きを助け）を発揮します。

何事にも筋道《すじみち》を立て、義理と人情を重んじ、義理堅《ぎりがた》く、理屈抜きで話の分かる人です。

◆短所

短気、我儘《わがまま》、自己中心的で、根本的な研究をせずに自分勝手に決める独断専行《どくだんせんこう》（自分の判断だけによって行う）が多く、興奮《こうふん》しやすく感情に走る傾向があり、自尊心《じそんしん》（自分で自分を偉《えら》いと思い込む心）が強く、利己主義（自分本位、自分勝手）です。

自責《じせき》の念《ねん》（自分の行いや過ちなどに責任を感じる）にかられ、また人情脆《にんじょうもろ》さが災《わざわ》いして気苦労、世話苦労が絶えません。

外面《そとづら》は良いが内面《うちづら》が悪く、気性が激しく、人の好き嫌《きら》いが鮮明です。機嫌《きげん》（自分の気分ですぐ、他人に対する好悪《こうお》の感情が変わる人）が良い時と悪い時が極端で、その感情が露骨《ろこつ》に顔や態度に現れ、そのため非常識な言動が見受けられ、ご機嫌が取りにくい性格です。人から嫌われる、孤独の運気を孕《はら》みます。神経質で物事を悲観的に捉《とら》える傾向が強く、消極的です。また、嫉妬心《しっとしん》が強い傾向があります。

〈注釈〉「金・火性」における「長所」「短所」にも、**「行動型」**と**「消極型」**の**二通り**の両極端な面が見受けられます。193ページ「金性」の欄を参照してください。なお、「金性」が主で約七五パーセント、「火性」は二五パーセントの比率になります。

【名前の例】

俊男　清隆　次郎　俊治　三郎　四郎
靖男　正男　志郎　初男　昭男　正道
真理　千里　千代　正代　三奈　千冬
志乃　佐智　真澄　真里　七重　さと　その他

金・土性 の長所・短所

◆長所

一本気で曲がったことは嫌《きら》いで、軽率な振《ふ》る舞《ま》いはしません。

重厚・正直・勤勉です。物事に節度《せつど》があり、細かいところにも気が付き几帳面《きちょうめん》で気が利《き》き、考え方や言動も安定し、地道、誠実、堅実な努力をするため落ち度がなく、また物事に節度《せつど》があり、人から深い信頼を得ます。

その一面、柔和で親切、慈愛の心、また任侠心《にんきょうしん》、義侠心《ぎきょうしん》（強いものを挫《くじ》き弱い者を助け）が強く、困窮《こんきゅう》（困《こま》り果《は》てる）している人を見ると黙《だま》っていられない性格で、包容力《ほうようりょく》があります。

責任感が強く、引き受けたことは必ず実行します。義理堅《ぎりがた》く、人のために尽《つ》くします。

◆短所

短気で我儘《わがまま》です。陰気で消極的で発展性に欠け、表現力にも欠けます。

外面《そとずら》は良いが内面《うちずら》が悪く、気分屋です。機嫌《きげん》（自分の気分ですぐ、他人に対する好悪《こうお》の感情が変わる人）が良い時と悪い時が極端で、すぐに顔や態度（苛立《いらだ》つ）に現れ、機嫌が取りにくい性格です。

愚痴《ぐち》（不平を言って嘆《なげ》く）をこぼし、決断力に欠け、好機を逸《いっ》することがあり後悔《こうかい》しがちです。独断専行《どくだんせんこう》（自分の判断だけによって行う）が多く、自己中心で他人の意見を聞き入れず、他人の忠告にも従《したが》いません。

任侠心《にんきょうしん》、義侠心《ぎきょうしん》が強いため、人から頼《たの》まれると断り切れず、気苦労や世話苦労が多く、他人のために失敗することがあります。また、独占欲も強いです。

〈注釈〉「金・土性」における「長所」「短所」にも、**「行動型」**と**「消極型」**の**二通り**の両極端な面が見受けられます。１９３ページ「金性」の欄を参照してください。

なお、「金性」が主で約七五パーセント、「土性」は二五パーセントの比率になります。

【名前の例】

純一　順一　淳一　信一　淳也　昌英

俊雄　常雄　順也　政雄　進一　勝雄

志野　千栄　若葉　小夜　砂耶　朱音

初音　さよ　さえ　セイ　サヨ　サエ　その他

金・金性の長所・短所

◆長所

一本気で慎重・厳格《げんかく》・誠実です。正直・勤勉で責任感が強く、引き受けたことは必ず守り実行し、人から信頼されます。人の心中《しんちゅう》や物事の事情を推《お》し量《はか》る感覚が鋭く、落ち度がありません。何事にも筋道を通して邁進《まいしん》します。

几帳面《きちょうめん》（細かいところにも気が付き、きちんとしている）で経済観念に優《すぐ》れ、機転《きてん》が利《き》き言動が確かで、計画性を持ってことに当たり対処《たいしょ》していきます。

仁侠心《にんきょうしん》（弱い者に味方する気持ち。男気＝男らしい気性）や義侠心《ぎきょうしん》（弱い者を助け、強いものを挫《くじ》く）が強く、義理堅く、人のために尽《つ》くします。

◆短所

短気で我儘《わがまま》で、機嫌《きげん》（自分の気分ですぐ、他人に対する好悪《こうお》の感情が変わる人）が良い時と悪い時が極端に違い、感情がすぐに顔や態度に現れ、機嫌が取りにくい性格です。

対人関係の円滑さを欠き、衝突《しょうとつ》（衝突因縁とは違う）する傾向があります。

外面《そとづら》は良いが内面《うちづら》が悪い。人の意見には従わず、自己中心で独断専行《どくだんせんこう》（自分の判断だけによって行う）・自分勝手に決めることが多く失敗し、そのため自責《じせき》の念《ねん》（自分の行いや過ちなどに責任を感じる）にかられ、物事を悲観的に見るため気苦労・世話苦労が多く発展性に欠けます。

表面は積極的に見えますが、本来消極的です。

また表現力が乏しく小心《しょうしん》で、独占欲が強い。

〈注釈〉「金・金性」における「長所」「短所」にも、**「行動型」**と**「消極型」**の**二通り**の両極端な面が見受けられます。１９３ページ「金性」の欄を参照してください。

【名前の例】

誠司	修二	信昭	政昭	俊哉	昭二	
秀樹	正昭	靖志	正人	昌之	丈人	
菜穂	信子	順子	節子	三枝	志津	
沙織	千草	深雪	千秋	千歳	彩子	その他

金・水性の長所・短所

◆長所

一本気で正直、勤勉です。経済観念の才能に恵まれています。

思慮深《しりょぶか》く、すべてのことに反省・検討《けんとう》を忘れず、軽率《けいそつ》な言動はありません。確実に一歩一歩目的に向かって進みます。人の胸中や物事の事情を推察《すいさつ》（推し量り、思いやる）する感覚が鋭いです。頭脳明晰《ずのうめいせき》・冷静で、情に流されることはありません。確固不動《かっこふどう》の信念と共に、忍耐強く粘《ねば》り強い面があります。

義理堅く、責任感が強く、物事に節度《せつど》があり、慎重で緻密《ちみつ》な計画性をもって邁進《まいしん》し、万事にソツがありません。

◆短所

短気で我儘《わがまま》、陰険《いんけん》で疑い深く、冷酷でキツく非道《ひどう》の行いもします。

外面《そとづら》は良いのですが内面《うちづら》が悪く、執念深《しゅうねんぶか》く、独占欲や自尊心《じそんしん》（自分で自分を偉《えら》いと思い込む心）が強く、自信過剰で人を軽侮《けいぶ》・軽蔑《けいべつ》（見下げ）します。

独断専行《どくだんせんこう》（自分の判断だけによって行う）のため、対人関係の円滑《えんかつ》さを欠き、心から親和《しんわ》（親しみあって仲良くする）することができず、好感が持てません。

機嫌《きげん》（自分の気分ですぐ、他人に対する好悪《こうお》の感情が変わる）が顔や態度に出ますが、極端に分かるような態度には現れません。

また物事を悲観的に見るため、その分、心に鬱積《うっせき》し陰湿《いんしつ》（暗くじめじめしている様子）、陰惨《いんさん》（重苦しく、惨《むご》たらしい様子）です。

人の鼻つまみとなり、孤独になる傾向があります。

〈注釈〉「金・水性」における「長所」「短所」にも、**「行動型」**と**「消極型」**の**二通り**の両極端な面が見受けられます。193ページ「金性」の欄を参照してください。

なお、「金性」が主で約七五パーセント、「水性」は二五パーセントの比率になります。

【名前の例】

秀夫　正明　昌夫　正博　靖夫　信弥

新平　昭博　俊輔　静夫　昭文　修平

俊美　志摩　晴美　聡美　照美　正美

朱美　早苗　尚美　真美　志保　成美　その他

水・木性の長所・短所

◆長所

頭脳明晰《ずのうめいせき》（明らかでハッキリしている）、冷静で思慮深く《しりょぶか》（深く考え熟慮《じゅくりょ》する）、知恵・才覚に恵まれています。

交際上手で柔和、融通性《ゆうずうせい》があり、また思考力に優《すぐ》れ才能豊かです。理知的（理性によって物事を判断する）判断が確実で、万事《ばんじ》にソツがなく、情に流されることはありません。

表面は明朗ですが、内面は義侠心《ぎきょうしん》（強きを挫き弱きを助け）があり、困難に向かえば向かうほど忍耐強く、辛抱強《しんぼうづよ》い気性があります。

すべてのことに対し検討《けんとう》してからでないと、行動に移りません。

自己反省の念があります。

◆短所

冷たく薄情《はくじょう》です。感激性に乏しく同情心がなく、また人間味に乏《とぼ》しく心友《しんゆう》（心から理解し合っている友人）に欠け、友と心から打ち解けることがありません。

冷性（何事にも冷ややかで冷酷な性質）で狡知《こうち》（悪賢い）、執念深《しゅうねんぶか》く（物事に捉《とら》われた心、しつこく恨《うら》んで、いつまでも忘れられない）、疑い深く、虚栄心《きょえいしん》が強く、自信家の負けず嫌《ぎら》いで自分の知を誇《ほこ》り、人を軽侮《けいぶ》（見下げて馬鹿にする）する傾向があり、口と腹が違い気性は捩《ねじ》れています。

あれこれと気が多く多情（移り気。浮気）で、異性関係で失敗する傾向があります。

強情（自分の考えや行動を変えないで、どこまでも押し通し意地《いじ》っ張《ば》り）な面もあります。

〈注釈〉「水・木性」における「長所」「短所」にも、**「行動型」**と**「消極型」**の**二通り**の両極端な面が見受けられます。197ページ「水性」の欄を参照してください。

なお、「水性」が主で約七五パーセント、「木性」は二五パーセントの比率になります。

【名前の例】

茂喜　敏和　武久　邦彦　芳弘　敏光
明宏　明弘　博幸　茂喜　富久　武彦
麻紀　美恵　芳江　美和　美香　百合
美幸　美佳　美紀　みき　まき　ミカ　その他

水・火性 の長所・短所

◆長所

冷静な性格と相反《あいはん》する情熱的な性格の、二通りの面を持っています。その結果、一面では頭《ず》脳明晰《のうめいせき》、思考力、批判力、判断力に優《すぐ》れ、人の心を見抜《みぬ》き、対人関係は極めて巧《たく》みです。しかし一方、潔癖性《けっぺきしょう》（不正などをひどく嫌《きら》う性質）で、竹を割ったように毅然《きぜん》（意志が強い）たる態度でことに臨《のぞ》み、直情的《ちょくじょう》（思ったままの、真っすぐな心）な傾向を示します。

欲がなく忠義心《ちゅうぎしん》が強く頑張《がんば》り屋《や》で、どんな艱難辛苦《かんなんしんく》（困難に合って苦しみ悩む）があるにもめげず辛抱《しんぼう》・忍耐《にんたい》強い性格です。物事の道理が明らかで冷徹《れいてつ》（心が冷静で物事をよく見通す）です。

理論家・感激家・努力家で技術・芸術的才能に恵まれています。

◆短所

冷淡・薄情《はくじょう》な面と、その反面、情熱で興奮《こうふん》しやすい面の二つの相反《あいはん》する面を持っています。いわゆる、二重人格（同じ人が、二つの全く違う性質を持っている）です。

気性はキツく負けず嫌いで、猜疑心《さいぎしん》・自尊心《じそんしん》が強く、理屈屋《りくつや》で小賢《こざか》（利口《りこう》ぶって生意気《なまいき》）しく人を見下し・軽蔑《けいべつ》・軽侮《けいぶ》（軽く見て侮《あなど》り見下げる）するため、心友《しんゆう》（心から理解し合っている友人）ができません。

多情（移《うつ》り気《ぎ》。浮気）で異性関係を複雑化しやすく家庭的に波風が立ちやすい。

対人関係においても、嫌《きら》いな人に対しては冷性（何事にも冷ややかで冷酷《れいこく》）・陰険《いんけん》（上辺の見せかけは良いが心の中は腹黒い）で意地悪く軽侮《けいぶ》し、好きな人に対しては温和で人間味溢《あふ》れた面を出します。

また、直情径行《ちょくじょうけいこう》（他人の思惑《おもわく》や周囲の事情など考えないで、自分の思うことをそのまま口に出したり、行動に現したりする）があり、執念深《しゅうねんぶか》（物事に捉《とら》われ、しつこく恨《うら》んで、いつまでも忘れられない）く、非常識《ひじょうしき》な振《ふ》る舞《ま》いや言動があります。

第三者からこの性格を見ると非常にキツく何を考えているのか分かりません。

〈注釈①〉「二重人格……同じ人が二つの全く違う性質を持っている」と「火・水性」でも説明しました。「火・水性」と「水・火性」は現れる性格の比率が反対になりますが、内容自体は同じです。ただし「水・火性」の性格の方が「火・水性」よりも「短所」がキツく出る傾向があります。

〈注釈②〉「火・水性」の場合は感情が表情に直接出ますが「水・火性」の場合は表情に出ず、内面に鬱積《うっせき》して潜在《せんざい》しており、その鬱積した分だけ気性がキツく、それが相手に反動として跳ね返っていきます。

〈注釈③〉世間一般でいわれている「二重人格」とは、**悪い意味**で使用されています。この場合は「長所」と「短所」のことを指していうのであり「長所」の正反対は「短所」であるため「二重人格」と呼ばれていると思います。「火・水性」「水・火性」の方々は「二重人格」ではなく**「四重人格」**になってしまいます。

〈注釈④〉「正統姓名学」でいう「二重人格」は、一人の中に二人分の極端に相反する性格が存在し、一人で二人分の「長所・短所」を兼《か》ね備《そな》えているということです。相手によって「冷静な面」を出すか「情熱な面」を出すか、使い分けする傾向があります。

ただし、この使い分けも当人にとってはごく自然な行為。したがって、この性格を知らない者にとっては、「何を考えているのか」ということになります。病気の場合も、「腎臓」と「心臓」という二人分の病因を抱え込むことになります。

〈注釈〉「水・火性」における「長所」「短所」についても、197ページ「水性」の欄に詳しく述べてありますので参照してください。

なお、「水性」が主で約七五パーセント、「火性」は二五パーセントの比率になります。

【名前の例】

富男	明治	睦男	博典	茂忠	武男	
敏郎	猛男	武典	文男	芳治	富利	
麻里	美智	麻理	美奈	百代	美乃	
美令	美那	美鈴	美里	ミチ	マリ	その他

水・土性の長所・短所

◆長所

柔和で冷静、聡明《そうめい》です。社交は極めて巧みで弁才も優《すぐ》れ、外面は柔和《にゅうわ》で万事にソツがなく冷たく見えますが、内面は温和で慈愛心があり、優《やさ》しく親切丁寧《ていねい》で、人から好かれます。頭脳明晰《めいせき》で諸々の才能、深い知性、才覚に恵まれます。

沈着冷静《ちんちゃくれいせい》に対処し説得力があり、人の心を掴《つか》み、洞察《どうさつ》（これからのことや、物事の内容を見抜《みぬ》く）し、思いやることができます。

才能豊かで深い知性があり、物腰柔《ものごしやわ》らかで心労があっても表面に出さず、辛抱強《しんぼうづよ》い性格です。

◆短所

冷性（何事にも冷ややかで冷酷《れいこく》）で冷たく薄情《はくじょう》です。猜疑心《さいぎしん》（妬《ねた》んだり疑ったりする）が強く、嫉妬深《しっとぶか》く、執念深《しゅうねんぶか》く（物事に捉《とら》われ、しつこく恨《うら》んで、いつまでも忘れられない）、負けず嫌《ぎら》いです。

また疑い深く、なかなか決断がつかず、人の言葉に惑《まど》わされやすく、自分の行動にも迷いがあるため、発展性に欠け、一番重要な時に頼《たよ》れず信義《しんぎ》（心がまことで正しい）を欠きます。

さらに困窮《こんきゅう》（困りきってしまう）すると、嘘をつきます。

心に余裕がなく、また包容力《ほうようりょく》があるように見えますが見せかけに過ぎず、信頼性を失います。

異性関係で問題が生じ、失敗します。また多情（移り気。浮気）な面があります。

〈注釈〉「水・土性」における「長所」「短所」についても、１９７ページ「水性」の欄に詳しく述べてありますので参照してください。

なお、「水性」が主で約七五パーセント、「土性」は二五パーセントの比率になります。


【名前の例】

茂雄	文雄	明友	民雄	敏洋	邦英	
博也	芳英	芳雄	保英	峰雄	明裕	
未央	美也	美栄	麻葉	麻耶	美映	
美衣	みよ	まや	ミエ	ミヨ	マヤ	その他

水・金性 の長所・短所

◆長所

頭脳明晰《ずのうめいせき》（明らかでハッキリしている）で冷厳《れいげん》（冷静で厳《きび》しい）です。

外面は柔和《にゅうわ》ですが、内面は困苦《こんく》があっても顔には出さない辛抱《しんぼう》・忍耐《にんたい》力の強い性格です。社交性に富み、何事に対してもソツがなく冷静です。

知性が深く諸々《もろもろ》の才能に恵まれ、決して軽率な振《ふ》る舞《ま》いはしません。思慮深《しりょぶか》く（深く考え熟慮する）、信念が強く慎重で、事に当たっては判断を誤《あやま》らず、反省・検討《けんとう》も忘れず、徹底的に打ち込み目的を貫徹《かんてつ》します。感情に動かされることはなく、情に流されることはありません。

◆短所

冷たく薄情《はくじょう》で疑《うたが》い深く、頑固《がんこ》で自我《じが》が強く感激性に乏しく、冷酷《れいこく》で陰険《いんけん》(上辺の見せかけは良いが心の中は腹黒い)です。外面は柔和で優《やさ》しく見えますが、内面は負けず嫌いで僻《ひが》み(卑《いや》しい。邪《よこしま》)根性があり、理屈屋《りくつや》で人間味に欠けます。

自尊心《じそんしん》(自分で自分を偉《えら》いと思い込む)が強く、傲慢《ごうまん》(威張《いば》って人を見下げる)な態度で人を見下し軽蔑《けいべつ》(軽く見下げる)するため、また感情を表面に顕《あらわ》さないので真の友達ができず、人から敬遠《けいえん》されます。意地《いじ》が悪く、小賢《こざか》しく(利口ぶって生意気《なまいき》)、執念深《しゅうねんぶか》く(物事に捉《とら》われ、しつこく恨《うら》んで、いつまでも忘れられない)、嫉妬深《しっとぶか》く気性は非常にキツいものがあります。

色情難《しきじょうなん》(男女間の性的欲望・色欲の難)に遭《あ》いやすく、失敗する傾向があります。

〈注釈〉「水金性」における「長所」「短所」も、197ページ「水性」の欄に詳しく述べてありますので参照してください。

なお、「水性」が主で約七五パーセント、「金性」は二五パーセントの比率になります。

【名前の例】

茂樹　武生　博正　邦勝　孟司　明秀

富正　文昭　敏春　茂善　敏晴　保昌

富枝　敏子　芳枝　朋子　文子　美樹
美佐　弥生　美沙　妙子　ひさ　ミサ　その他

水・水性の長所・短所

◆長所

頭脳明敏《ずのうめいびん》で冷静・沈着《ちんちゃく》です。外面は柔和で社交は上手です。

内面は万事にソツがなく慎重で批判力・洞察力《どうさつりょく》・思考力及び、研究心・探求心があり、人の心中を推察《すいさつ》（推《お》し量《はか》り思いやる）することに優《すぐ》れています。

どんなことに遭遇しても感情を表に出さず、また情に流されることがなく、常に平静で辛《しん》抱《ぼう》・忍耐強いです。

明知《めいち》（優れた知恵）に恵まれ、思慮深《しりょぶか》く（深く考え熟慮《じゅくりょ》する）、どんな艱難辛苦《かんなんしんく》（困難に合って苦しみ悩む）があってもめげることのない辛抱強《しんぼうづよ》い性格です。

技術・芸術的才能に恵まれています。

◆短所

外面は穏《おだ》やかに見えますが、内面は冷酷《れいこく》で薄情《はくじょう》で嫉妬深《ぶか》く、負けず嫌《ぎら》いです。

人情味に乏《とぼ》しく疑い深いため、人を信用せず、また自分の心を開くことがないので心友（心から理解し合っている友人）ができません。また人を秤《はかり》に掛ける傾向があります。
自分の知恵を誇《ほこ》り、傲慢《ごうまん》（威張《いば》って人を見下げる）な態度で人を見下《みくだ》し軽蔑《けいべつ》（軽く見下げる）し、理窟屋《りくつや》（自分の意見を言い張る）で、意地悪《いじわる》く小賢《こざか》（利口ぶって生意気《なまいき》）しく執念深《しゅうねんぶか》く（物事に捉《とら》われ、しつこく恨んで、いつまでも忘れられない）、人から敬遠されます。
多情（移り気、浮気）な面があり異性を泣かせます。

〈注釈〉「水水性」における「長所」「短所」も、197ページ「水性」の欄に詳しく述べてありますので参照してください。

【名前の例】

文明　邦明　繁夫　猛夫　武文　範文
邦夫　富夫　文夫　博文　豊明　芳夫
明美　富美　美保　麻美　博美　婦美
弥生　美弥　芳美　茂美　ふみ　マミ　その他

三字名の性格鑑定

例題④－8

真理子 の場合

金 火 金

「金・火・金性」です。

真＝金性を約六五パーセント、

理＝火性を約三〇パーセント、

子＝金性を約五パーセント弱の比率で鑑定してください。

（この場合は232ページ「金・火性」を参照。）

〈参考〉 三字名で、最後に「子」が付いている場合は、ほとんど性格鑑定には入れる必要はありません。

例題④-9

真由美 の場合

金 土 水

「金・土・水性」です。

真＝金性を約六〇パーセント、

由＝土性を約二五パーセント、

美＝金性を約一五パーセント弱の比率で鑑定してください。

（この場合は、２３４ページ「金・土性」を参照し、それにプラスして１９７ページ「水性」を参照。）

例題④-10

いおり の場合

土 土 火

「土・土・火性」です。
い・お＝土性を約七五パーセント、
り＝火性を約二五パーセント弱の比率で鑑定してください。
（この場合は、189ページ「土性」と224ページ「土・土性」を参照し、それにプラスして187ページ「火性」を参照。または、222ページ「土・火性」を参照。）

病気の原因の調べ方

病気の原因を調べるには「姓」は除き「名前」の部分だけで五行の条件（**木・火・土・金・水性**）によって鑑定します。

例題❹－11

山本正《セイ》
金

「金性」の**肺臓**が一〇〇パーセント**主因**となります。
次項記載の**「病気の原因」**の肺臓を参照してください。

例題❹－12

神戸春子

シュンシ

金　金

「金性」の**肺臓**が一〇〇パーセント**主因**となります。

次項記載の**「病気の原因」**の肺臓を参照してください。

例題❹－13

小松初美

シュンビ

金　水

「金性」の**肺臓**、「水性」の**腎臓**の二箇所が**主因**となります。

病気の占める比率は、「金性」が約七五パーセント、「水性」が二五パーセントの率で鑑定します。

次項記載の**「病気の原因」**の肺臓と腎臓を参照してください。

例題❹－14

「火・土性」（貞雄、隆雄、卓也、ちえ、とよ……）の場合

「火」＝心臓を約七五パーセント、「土」＝脾臓を約二五パーセントの確率で鑑定します。

「五行」に見る病気の原因

次に、病気の原因について見てみます。

①木性……主因・肝臓

急性肝炎・慢性肝炎・肝硬変・肝性昏睡・黄疸または、冷えからくる胃腸関係及び、風邪を引きやすい。疲労・睡眠不足・飲酒からくる肝臓関係など。

②火性……主因・心臓

・血液の循環器系、及び神経系の病気

頭痛・目眩・動悸・眼病・のぼせ症・貧血・狭心症・心筋梗塞・脳梗塞・心筋症・脳血栓・心弁膜症・低血圧症・高血圧症・動脈硬化症・脳動脈硬化症・脳出血・脳溢血・白血病・血友病・うっ血性心不全・心内膜炎心臓神経症・血栓性静脈炎・心臓麻痺・自律神経失調症(神経過敏・ノイローゼ及び神経性胃腸関係・特に神経過敏なため、自分で病気を作る傾向がある)。

③土性……主因・脾臓

・骨・筋肉・皮膚などの疾病、及び栄養不良による病気

慢性関節リウマチ・椎間板ヘルニア・大腿ヘルニア・ヘルニア因塞・変形性脊推症・節痛・神経痛・腰背痛・腰痛症・五十肩・坐骨神経・腱鞘炎・関節炎・神経炎・変形性関節症・進行性全身硬化症・皮膚筋炎・尋常性湿疹・湿疹様接触皮膚炎・細菌性湿疹・化膿性・頸椎腫瘍・腫瘍・肉腫・奇形・奇病など（医者に判らないような病気に罹《かか》りやすい）。

④金性……主因・肺臓

・呼吸器系、及び病気に罹《かか》る陰気で悲観的な性格のため、なかなか治りにくい

咽喉・口内炎・急性扁桃炎・虫歯・歯槽膿漏・蓄膿症・肺炎・慢性気管支炎・肺化膿症・胸膜炎・肺塞栓・肺梗塞・肺気腫・肺結核・敗血症・気管支喘息・気管支拡張症・咳嗽・喀痰・喀血・百日咳・鼻アレルギー・鼻炎・痔・その他

⑤水性……主因・腎臓

・冷症、及び冷えからくる胃腸関係、また腎疾患・排泄器系・生殖器系、及び女性は子宮病、その他の婦人科疾患

急性腎炎・慢性腎炎・腎盂腎炎・腎臓炎・膀胱炎・尿道炎・急性腎不全・慢性腎不全・腎性

高血圧症・腎臓脈硬化症・尿毒症・性病・痔・子宮筋腫・その他

二字名の病気の原因

二字名の場合の病気の原因は、次の通りです。

◎木・木性……木性＝肝臓が主因の欄を参照。
◎木・火性……木性＝肝臓が主因と火性＝心臓が主因の欄を参照。
◎木・土性……木性＝肝臓が主因と土性＝脾臓が主因の欄を参照。
◎木・金性……木性＝肝臓が主因と金性＝肺臓が主因の欄を参照。
◎木・水性……木性＝肝臓が主因と水性＝腎臓が主因の欄を参照。
◎火・木性……火性＝心臓が主因と木性＝肝臓が主因の欄を参照。
◎火・火性……火性＝心臓が主因の欄を参照。
◎火・土性……火性＝心臓が主因と土性＝脾臓が主因の欄を参照。
◎火・金性……火性＝心臓が主因と金性＝肺臓が主因の欄を参照。
◎火・水性……火性＝心臓が主因と水性＝腎臓が主因の欄を参照。
◎土・木性……土性＝脾臓が主因と木性＝肝臓が主因の欄を参照。

◎土・火性……土性＝脾臓が主因と火性＝心臓が主因の欄を参照。
◎土・土性……土性＝脾臓が主因の欄を参照。
◎土・金性……土性＝脾臓が主因と金性＝肺臓が主因の欄を参照。
◎土・水性……土性＝脾臓が主因と水性＝腎臓が主因の欄を参照。
◎金・木性……金性＝肺臓が主因と木性＝肝臓が主因の欄を参照。
◎金・火性……金性＝肺臓が主因と火性＝心臓が主因の欄を参照。
◎金・土性……金性＝肺臓が主因と土性＝脾臓が主因の欄を参照・
◎金・金性……金性＝肺臓が主因の欄を参照。
◎金・水性……金性＝肺臓が主因と水性＝腎臓が主因の欄を参照。
◎水・木性……水性＝腎臓が主因と木性＝肝臓が主因の欄を参照。
◎水・火性……水性＝腎臓が主因と火性＝心臓が主因の欄を参照
◎水・土性……水性＝腎臓が主因と土性＝脾臓が主因の欄を参照。
◎水・金性……水性＝腎臓が主因と金性＝肺臓が主因の欄を参照。
◎水・水性……水性＝腎臓が主因の欄を参照・

注意❶

「子」は、病気の原因を鑑定する時は入れて鑑定しますので注意。

注意❷

名前の条件と病気の原因が一致し、病気の欄に該当する場合は治り難《にく》く命取りになりかねないので、一刻も早く治療に専念してください。特に注意が必要です。

注意❸

名前の条件と病気の原因の欄に該当しない場合は、病気に罹《かか》っても治りが早く大病になることはありません。ただし、運命条件が悪ければ、一概《いちがい》にはいえません。

〈参考〉「注意②③」の場合は、**「改名」**することをおすすめします。ただし、先天性（神経系・その他）の疾患《しっかん》とか、曲がったものを真っすぐにすることは不可能です。

性格に適した職業の調べ方

性格に適した職業を調べるには、252ページ「病気の原因の調べ方」と同様ですので省略します。

例えば、人によっては細かな仕事に適する人と適さない人がいます。この項は自分自身に合う職業を選び出し、自分の持っている才能を引き出すためにあります。

一生、自分に合わない職業に就《つ》いた場合は、無気力のまま無意味な人生を歩まなければなりません。自分の性格に適した職業を選ぶことが立身出世の近道です。

なお、経営者及び管理職の方々は**「適材適所」**の言葉が示す通り、社員の性格（素質・才能）に合った部門に配属することにより仕事の能率が向上します。

性格に適した職業

五行で見た性格に適した職業を、具体的に見てみましょう。

①「木性」の適職

明るく素直な性格のため誰からも好かれ、対人関係も良く、どんな職業でも適します。また、どんな職業でも合わせることができます。

②「火性」の適職

無欲・淡泊でハッキリした性格のため、公《おおやけ》の職業が適します。

また神経質な性格のため、細かな職業は不適職です。精神を病む傾向が強いためです。ただし、感性が強く感覚的な職業は特に最適です。

【適職の例】芸術家・文芸家・演劇家・作曲家・作詞家・建築家・政治家・銀行家・弁護士・裁判官・公務員・教師・保母・神官・僧侶・ファッション・インテリア・ヘア・デザイナー関係・その他。

③「土性」の適職

誰に対しても親切・丁寧・優しい性格のため、対人関係・外交面などの職業に適します。ただし、骨・筋肉など虚弱なため、肉体労働などは適しません。

長期にわたる研究・開発などに携《たずさ》わり、事細かく地道にコツコツとする研究者などは最適です。

【適職の例】政治家・外交員・案内係・保母・看護師・サービス業・研究者・発明家・学者・その他。

④「金性」の適職

一本気で几帳面で曲がったことを嫌う性格のため、堅実な職業が適します。

【適職の例】警察官・公務員・銀行員・教員・会計士・計理士・税理士・弁護士・司法官・事

務員・職人（技術者・大工・左官・及び建築業など）・その他。

⑤「水性」の適職

頭脳明晰《ずのうめいせき》で社交性に富み、また頭・手先が巧みなので、手技を使う職業が最適です。

【適職の例】 教員・設計士・建築家・医師・看護師・技術者・美容師・理容師・書道家・華道家・茶道家・芸術家・技芸家・洋裁・和裁・セールス・サービス業・その他。

〈参考〉 「適材適所」の言葉が示す通り、誰もが自分の性格・精神に適した職種に就くことができたなら幸いだと思います。ところが、この世の中では、自分の性格・精神に合わない職種に就いている方がほとんどです。それに対し不平不満を吐《は》くのでなく、その与えられた仕事に自信を持ち、また、特に**『感謝』**する**『心』**により、嫌いな仕事でも日々楽しく生きていくことができるようになります。

第五章

相性鑑定

相性《そうしょう》と相克《そうこく》

「相性と相克」の調べ方

ここでは、「相性と相克」について述べていくことにしましょう。
「五行」の条件（**木・火・土・金・水性**）によって鑑定を行いますが、この条件に関しては「姓」は除き「名前」の頭部分だけで鑑定します。

例題❺－1

〈訓読み〉　の　はら　ひろ　みつ　　かわ　しま　のぶ　お
　　　　　野　原　㊪宏　光　　川　島　㊥伸　雄
〈音読み〉　ヤ　ゲン　コウ　コウ　　セン　トウ　シン　ユウ
〈五　行〉　　　　㊍　　　　　　　　　㊎

〈訓読み〉	はな	だ	ゆう	か	むら	やま	み	き
	花	田	㋟(夕)	香	村	山	(み)	き
〈音読み〉	カ	デン	セキ	コウ	シン	サン	ミ	キ
〈五　行〉			㊎				㊌	

以上、例題を掲げましたが、漢字には**「音読み」**と**「訓読み」**があります。「訓読み」すると「相性と相克」の正確な鑑定ができませんので、注意が必要です。

〈参考〉この「相性と相克」の性格の検出方法は、81ページ「五行」の調べ方の箇所を参照してください。また、巻末489ページに付した「正統姓名学辞典」で「名前」の頭部分だけを照合し、正確に**「五行」**を検出してください。

「相性《そうしょう》」とは何か

「相性」とは、古代中国から渡ってきた「五行説」の五行が、互いに他のものを生ずるという思想です。**「木」**から**「火」**を生じ、**「火」**から**「土」**を生じ**「土」**から**「金」**を生じ、**「金」**から**「水」**を生じ、**「水」**から**「木」**を生じるという関係を表す説です。

◎**「木」**は摩擦《まさつ》すると**「火」**を生じます。これは**「木↓火」**現象です。
◎**「火」**は燃え尽《つ》きると灰となり**「土」**となります。これは**「火↓土」**現象です。
◎**「土」**にはいろいろな鉱物（金属）が含まれます。これは**「土↓金」**現象です。
◎**「金」**は冷えると湿気を呼びます。これは**「金↓水」**現象です。
◎**「水」**がある所には植物が育ちます。これは**「水↓木」**現象です。

「相性《そうしょう》」を分かり易《やす》くたとえれば**「相性《あいしょう》」**の意味で、相性が良く気質が合うことです。

「相性図表《そうしょう》」を読み解く

次ページに掲げたのが「相性図表」です。**「木」**を主体に相性関係を見ると、**「木」**↓「火」、**「木」**↓「水」、反対に「火」↓**「木」**、「水」↓**「木」**とどちらの関係でも相性が合います。**「木」**を「主」とした場合、「火」にとっては「従」の主従の相性関係が成り立ち、**「水」**を「主」とした場合は、「木」にとっては「従」の主従の相性関係が成り立ちます。

例えば、「木性」が女性の方で「火性」が男性の方とすると、「主」は女性で「従」が男性となります。この二人が結婚した場合、あくまでも「主」が一家（家庭）での主導権を握る傾向が強く現れます。

相性図表

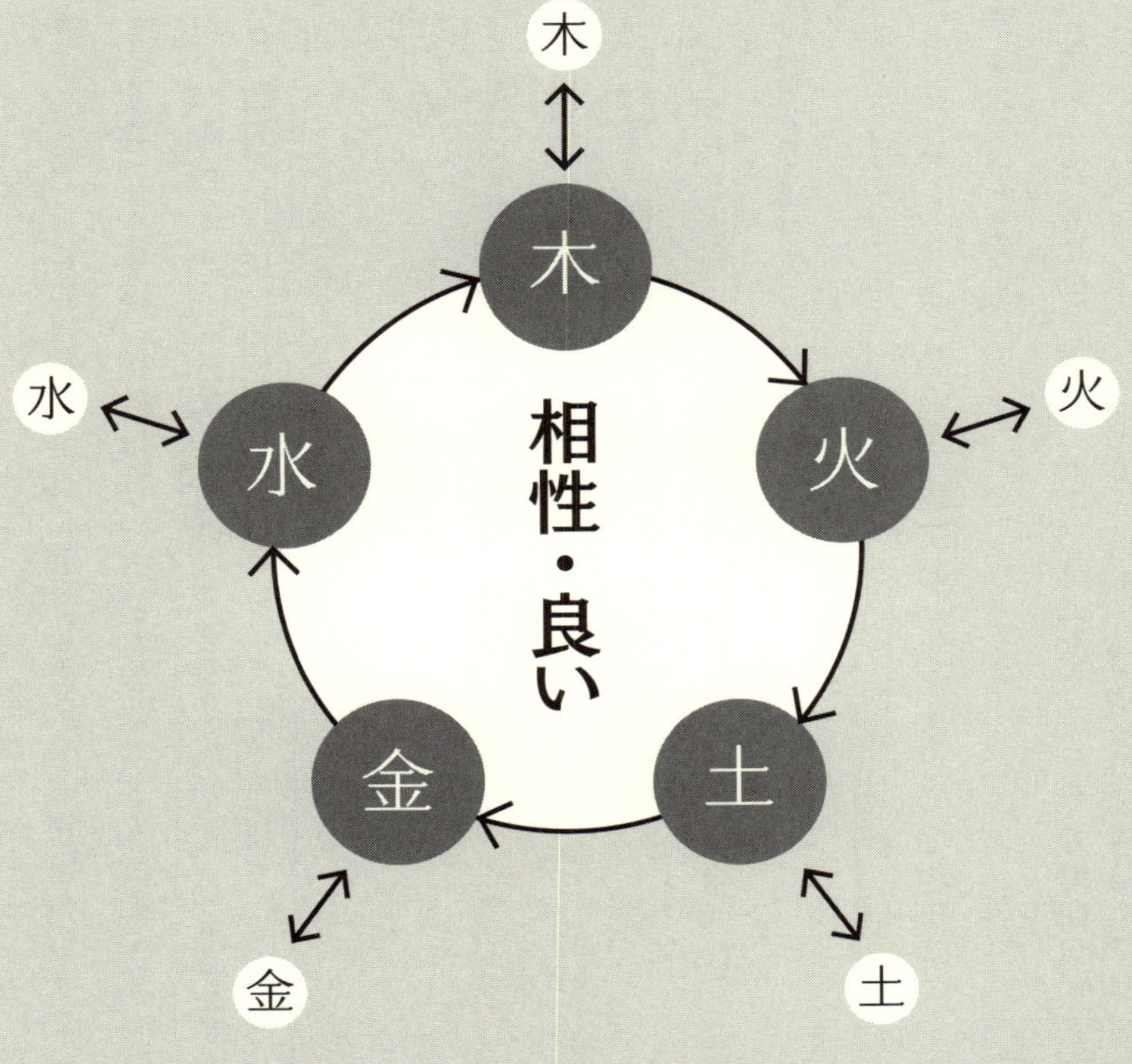

では、同じ性「木」と「木」、「火」と「火」、「土」と「土」、「金」と「金」、「水」と「水」の相性関係はどうかというと、これは相性が良く融合《ゆうごう》しますが、問題もあります。

例えば「金性」と「金性」の場合、相性は良いが、五つ（木・火・土・金・水）のなかでは極端であり、気が合う（融合する）ときは一心同体で非常に良いが、一歩間違いが生じると火花を散らし、凄《すさ》まじい喧嘩《けんか》を演《えん》じる場合があり、離婚率の高い傾向が現れています。

「相克《そうこく》」とは何か

「相克」とは、五行が相互に関係する時、一方が他方に「克《か》（勝）つ」という思想です。

または対立するものがお互いに「克（勝）つ」という説です。

「木」は**「土」**に、**「土」**は**「水」**に、**「水」**は**「火」**に、**「火」**は**「金」**に、**「金」**は**「木」**に「勝（克）つ」という関係を表す説です。

◎**「木」**は「土」からの栄養分を奪い取り、**「木」**は「土」にとって相克関係です。

これは**「木↓土」**現象です。

◎**「土」**は「水」の流れを塞《せ》き止め、濁《にご》し、**「土」**は「水」にとって相克関係です。

これは**「土↓水」**現象です。

◎**「水」**は「火」を一瞬で消すことができ、**「水」**は「火」にとって相克関係です。
これは**「水↓火」**現象です。
◎**「火」**は「金」を溶かし、原形を変えてしまう**「火」**は「金」にとって相克関係です。
これは**「火↓金」**現象です。
◎**「金」**は**「木」**を斧・鋸《のこぎり》で伐採（傷つけ）する、**「金」**は「木」にとって相克関係です。
これは**「金↓木」**現象です。

「相克」を分かり易く例えれば「相性」が合わないという意味です。

〈参考〉「克《こく》」とは、勝つとか打ち勝つという意味。

「相克図表」を読み解く

次ページに掲げたのが「相克図表」です。**「木」**を主体として相克関係を見ると**「木」**↓「土」、

「木」↓「金」、反対に「土」↓**「木」**、「金」↓**「木」**と、どちらの関係でも相克関係です。

「木」を「主」とした場合、「土」にとっては相克関係になります。

「金」を「主」とした場合、「木」にとっては相克関係になります。

相克図表

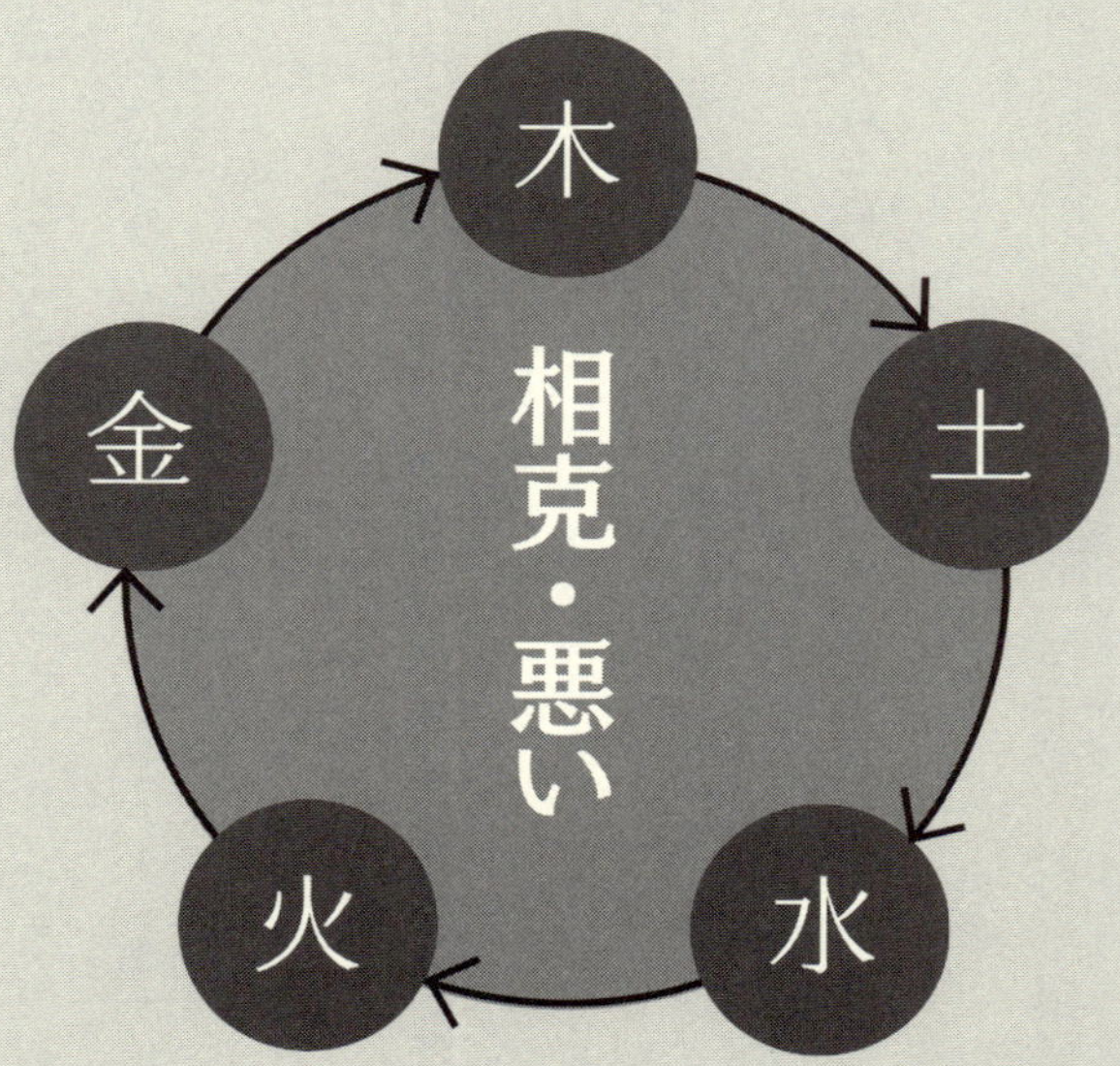

「相性《そうしょう》・相克《そうこく》」の見方

鑑定する人の名前と相手の名前の頭部分を巻末の「姓名学辞典」で正確に照合して「五行」を調べて検出し、「相性図表」と「相克図表」に当て嵌《は》めることで、「相性」であるか「相克」であるかを鑑定することができます。

〈参考①〉「相性図表」のところで、「『木』を『主』とした場合、『火』にとっては『従』の主従の相性関係が成り立ちます」と述べました。しかし、「木性」が女性で「火性」が男性の場合、「主」は女性で「従」が男性となり、この二人が結婚した場合、あくまでも「主」が家庭での主導権を握る傾向が強く現れます。

「水性」を「主」とした場合、「木性」にとっては「従」の「相性関係」になります。

〈参考②〉同じ「木性」と「木性」の場合、相性は良くなります。「金性」と「金性」の場合、相性は良いですが、五つ（木・火・土・金・水）のなかでは極端であり、気が合う（融合）ときは一心同体で非常に良いが、一歩間違いが生じると火花を散らす、凄《すさ》まじい喧嘩を演じる場合があります。

「金性」を「主」とした場合、「木性」にとっては「相克関係」になります。

〈参考③〉「相克図表」のところに、『『木』を『主』とした場合、『土』にとっては相克関係であり、『相性』が悪い」と述べました。しかし、「木性」が女性で「土性」が男性の場合、相克関係の条件で「主《しゅ》」は女性、「従《じゅう》」は男性になり、この二人が結婚した場合、あくまでも「主」が家庭での主導権を握る傾向が強く現れます。

その結果、「従」が男性であるが故に、常に家庭内の争いが絶えず、離婚に至る率が高いのですが、その反対に男性が女性に従った場合、その男性は腑抜《ふぬ》けでほとんど役に立ちません。「腑《ふ》抜《ぬ》け」とは意気地無《いくじな》しの意味ですが、亭主関白になることは全くなく、亭主とは名ばかりの「女の腐《くさ》ったよう」な人生を送ることになります。

愛情鑑定の方法

次に、「五行」が示す「愛情」について述べます。

木性、火性、土性、金性、水性と、個々の特徴を順番に見ていくことにしましょう。

木性の愛情面

【名前の例】 弘子　孝子　和子　紀子　晃子　その他

◎特徴：明朗・活発型……明るく素直な性格のため、誰からも好かれ、早婚のチャンスに恵まれます。

恋の芽生《めば》えが早く、早婚の傾向があります。想いを抱《いだ》くと、急激に愛情が高まっていきます。明るく素直な性格のために、良い縁談のチャンスに恵まれます。

「木性」本来の「短所」の剛情と見栄を捨てると、玉の輿《こし》に乗るチャンスや素晴らしい恋愛ができます。

この性格の条件は、他の性格条件（火・土・金・水性）よりも一番恋愛のパターンが良く、これが基本となります。

次ページに示したのが、**「木性の愛情度グラフ」**です。

五行（木・火・土・金・水性）のなかで一番無難《ぶなん》で、失恋のダメージが少ない最良のパター

木性の愛情度グラフ

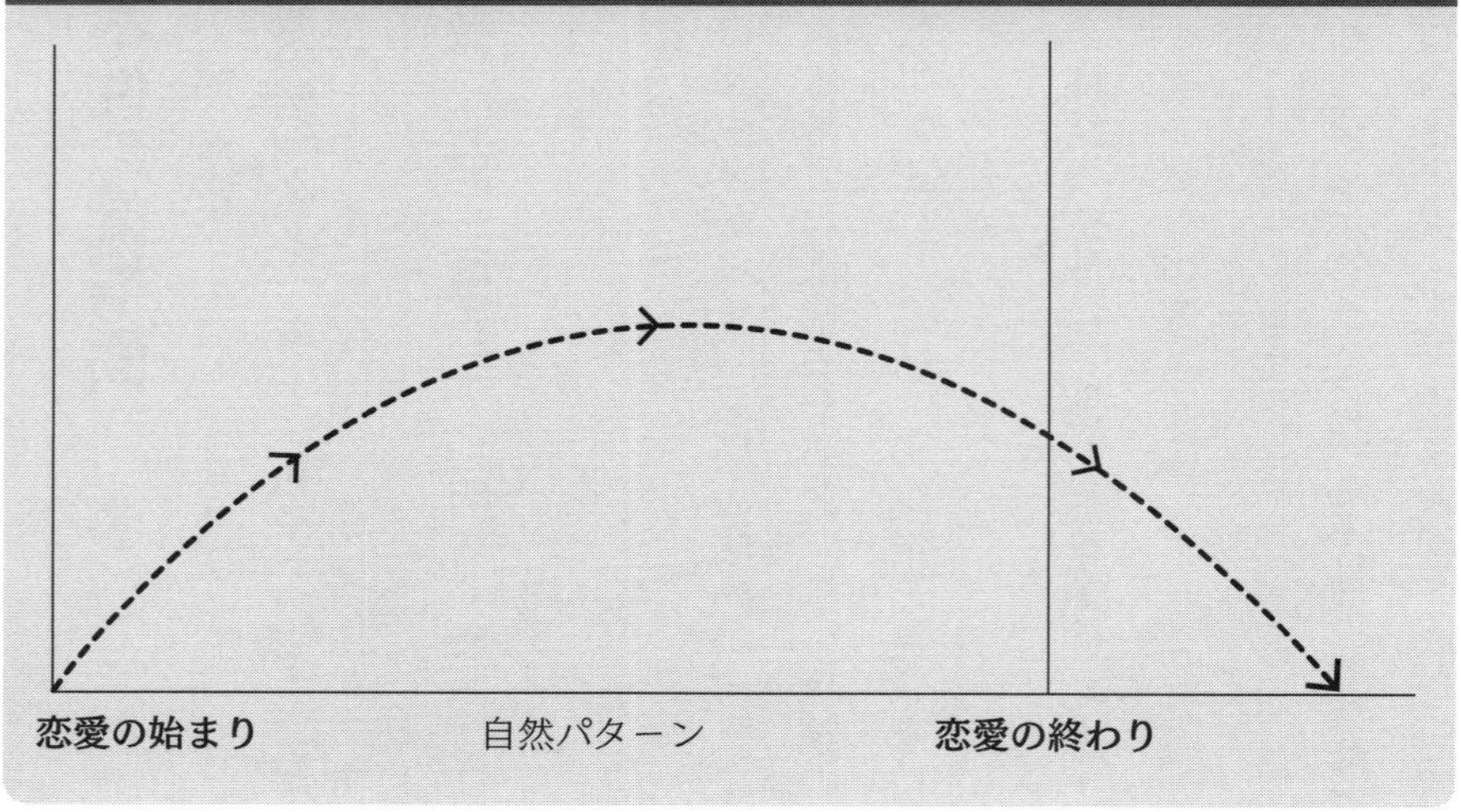

ンです。
始めも終わりも良く、また失恋しても自然に相手を忘れていきます。
幸福を順調に掴《つか》む、自然の流れに乗ったパターンです。
上記のグラフは恋愛における最も理想なパターンです。

◆木性の相性と婚期

相性は「火性」と「水性」及び「木性」の方が最適です。「婚期」は早ければ21才前後から24歳くらいまでには70～85％の確率で結婚します。ただし、剛情《ごうじょう》と見栄《みえ》のためにみすみす婚期を逃がす人がいますので注意してください。

重要注意

例として、弘子、孝子、和子、紀子、晃子などを挙げましたが、「名前」の下に「子」が付く場合、「子」は鑑定には含めませんので、注意が必要です。

以下、**火性から水性**まで鑑定しますが、やはり「子」は除き「名前」の頭部分だけを**「○性の愛情面」「○性の愛情度グラフ」「○性の相性と婚期」**で見ていきます。「名前」の頭部分を正確に照合して、**「五行」**を検出してください。

なお、「名前」の下に「子」が付かない場合は、200・250ページ「二字名・三字名の性格鑑定」を参考に、正確に鑑定してください。

火性の愛情面

【名前の例】令子　良子　道子　知子　亮子　その他

◎**特徴：理想・追求型**……感覚が鋭い性格のため、理想が高くなり、理想を追求していく傾向が強く、そのため婚期は遅れがちになります。

感情が激しく急激に燃え上がり、周囲の状況が見えず、盲目《もうもく》的な恋愛の傾向が強く示します。逆に自ら情熱が冷めてくるとキッパリ縁を切りますが、その反対に相手から先に縁を切られる

火性の愛情度グラフ

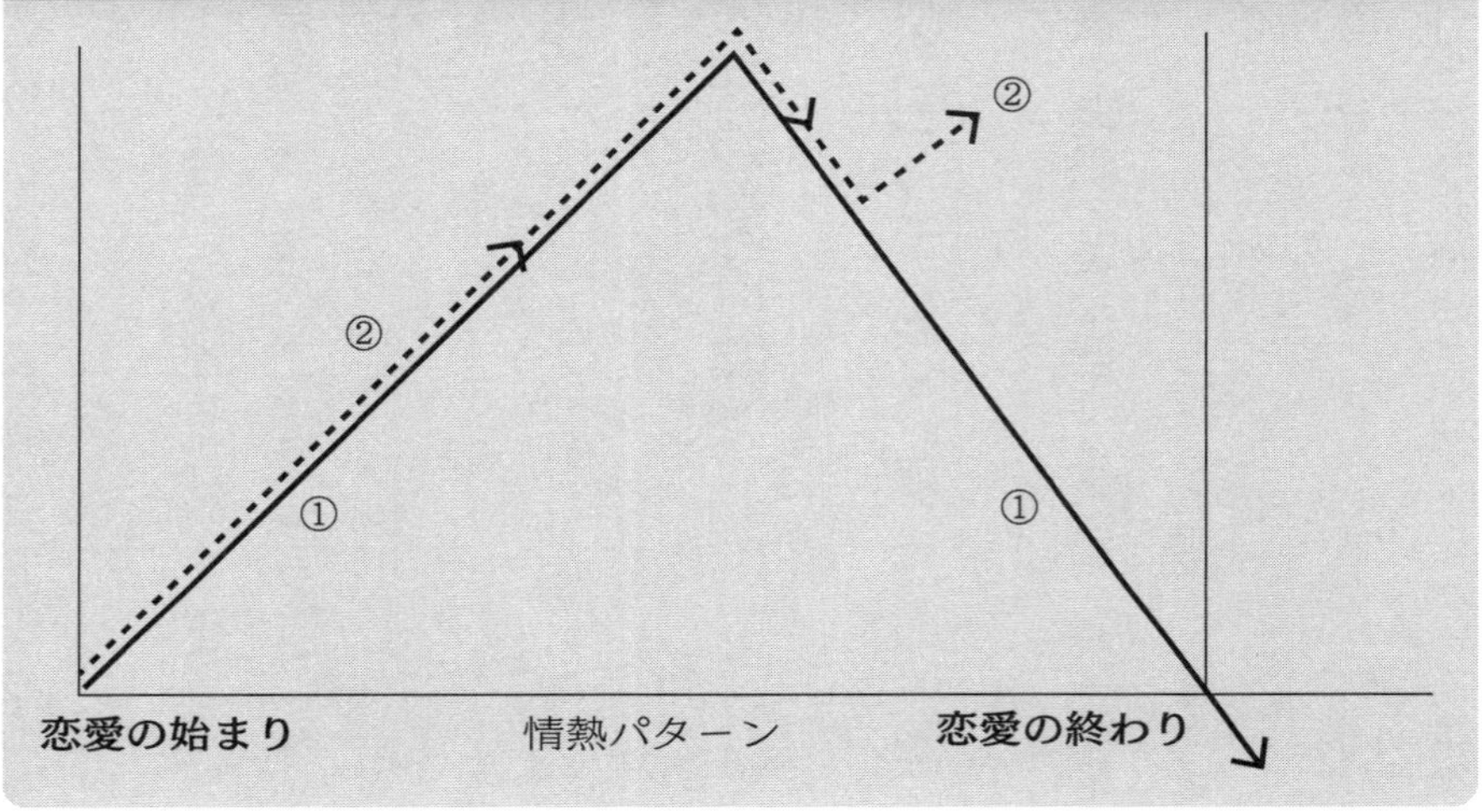

と、自分の情熱が冷めてきても再び燃え上がるか逆上《ぎゃくじょう》して、刃傷《にんじょう》沙汰を起しやすい傾向が見られます。

この性格は「熱し易《やす》く冷め易い」感情があり、好き嫌いがハッキリしています。また直感力に鋭いものがあり、将来のことなどを考え過ぎて、この人と付き合いを続けて「良いか？ 悪いか？」「幸福になるか？、ならないか？」というような先のことまで神経を使います。

理想が高く神経過敏な性格のため、結婚の条件に当て嵌《は》まる相手が五行（木・土・金・水性）の人の五分の一以下になる傾向があります。

上記に示したのが、**「火性の愛情度グラフ」**です。

情熱的で急激に燃え上がりますが、逆に冷めるのも早く、喜怒哀楽《きどあいらく》の激しいパターンです。

グラフの①は「熱し易く冷め易い」パターン

を示します。②は、自分の情熱が冷めてきても、相手から先に断わられると、再び燃え上がる傾向を示します。

①・②どちらのパターンでも、その時の条件により現れます。ただし、②場合、逆上して刃傷沙汰《にんじょうざた》を起しやすい傾向が見られます。

◆火性の相性と婚期

相性は「土性」と「木性」、及び「火性」の方が最適です。

「婚期」は急激的な恋愛のため、早ければ二十歳前後で、遅ければ三十六歳前後となり、早いか遅いかで中間がありません。

理想家で神経過敏な性格のため、なかなか最適な結婚相手の条件は少なく晩婚《ばんこん》型です。

また独身で生涯を通す人も多い性格ですから、見合い結婚の方面も考えてください。早婚の場合、性格が「熱し易く冷め易い」ため離婚率が高いので、特に注意が必要です。

土性の愛情面

【名前の例】悦子　栄子　英子　郁子　葉子　その他

◎特徴：温厚・八方美人型……意志が弱く、また優《やさ》しさ、親切さがあるため、強引に口説《くど》かれると断わることができない傾向があります。

誰に対しても優《やさ》しく・親切ですが、意志が弱く、迷いが多く、決断力に欠けるため、恋愛は押しの一手で口説かれると簡単にしかも無条件で心を傾けるタイプです。

また「ダメ」とハッキリ断われない性格で、人情脆《にんじょうもろ》い面があり、無益《むえき》な同情心や甘い言葉に乗せられる傾向が強く現れます。

恋愛相手がいるにも拘《かかわ》らず、他の相手から強引に口説かれると断ることができない性格のため、同時に付き合い始めてしまいます。いわゆる、八方美人タイプです。

最終的には昔の諺《ことわざ》にある「二兎《にと》追う者は一兎《いっと》を得《え》ず」の通り、二人共失う結果となりますので注意が必要です。

また、寂《さみ》しがり屋で常に愛情に包まれていたいという願望が強いため、結婚は必ずします。

ただし、中には結婚できない人（不倫、妾《めかけ》）もいます。「土性」は結婚相手がしっかりしているとどこまでも尽《つ》くし、妻としては最適です。

しかし、相手が弱々しければ、細かなことに愚痴《ぐち》をこぼしヒステリックになる傾向があります。

次ページに示したのが、**「土性の愛情度グラフ」**です。

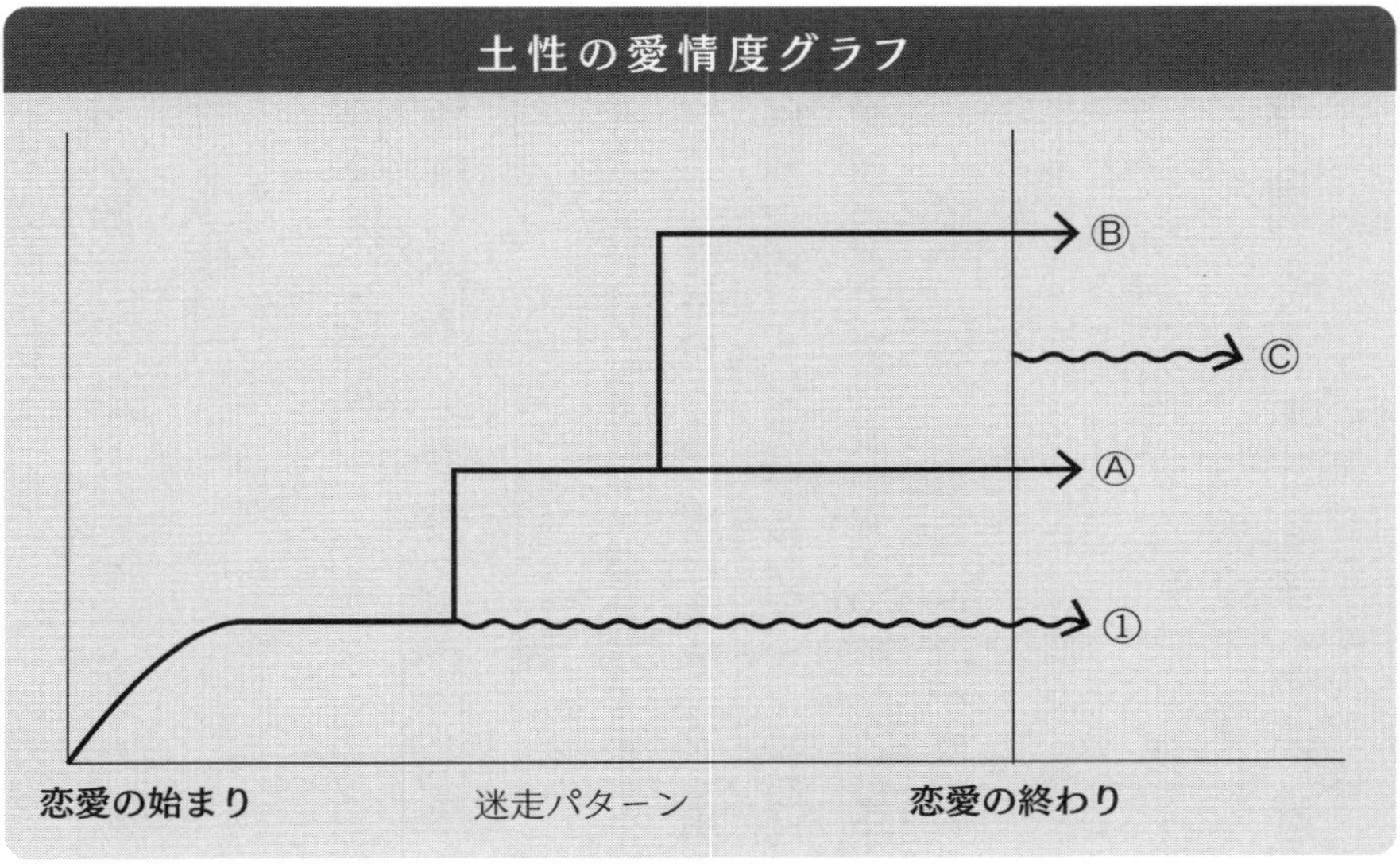

誰に対しても優しく、親切で、慈愛心があるため、「ダメ」とハッキリ言えず、八方美人的になります。

上記の①は、迷いが多く決断力が弱いため、相手に飛び込めず、そのまま行く傾向を示します。これが本来の「土性」のパターンです。

Ⓐは、相手に強引に口説かれると迷いがあるにも拘《かか》わらず、急激に心が傾いていくパターンを示します。

土性の愛情グラフⒷは、Ⓐの恋愛相手がいるにも拘らず断わり切れない性格のため、Ⓑとの交際を始めてしまうパターンを示します。

「土性」以外の方ですと、ⒶとⒷの恋愛相手が二人いる場合、愛情をⒶの方に七〇～八〇パーセント、Ⓑに対しては二〇～三〇パーセントと愛情の比率があるのに対して、「土性」の人はⒶ・Ⓑ共に五〇パーセント、五〇パーセントの比率で愛情を注ぎ、Ⓒのように「二兎《にと》追う者は一兎《いっと》を得《え》ず」の諺《ことわざ》の通り、Ⓐ・Ⓑどちらの人も、決断力が弱いため選ぶことができません。　また過去にこだわり、愚痴《ぐち》が多く（悔《くや》み、悩み）、発展性に欠けます。

◆土性の相性と婚期

相性は「金性」と「火性」及び「土性」の方が最適です。

「婚期」は、相手から強引に口説かれると急激に心が傾いていきます。そのような場合は、早婚ですが長続きしないため離婚率が高いでしょう。

　またこの性格の人は一度に多数の人を想う気持ちがある故に、結局、決断力が弱く迷いが生じ、婚期が遅れる傾向があります。婚期は二十四歳前後に集中していますが、迷い悩むと三十二歳前後と遅れてしまいます。もしくはそのまま独身を通す人もいます。故に、迷い、悩みを捨て、自信を持って決断しなければなりません。

金性の愛情面

【名前の例】昌子　順子　秀子　淑子　春子　その他

金性の愛情度グラフ

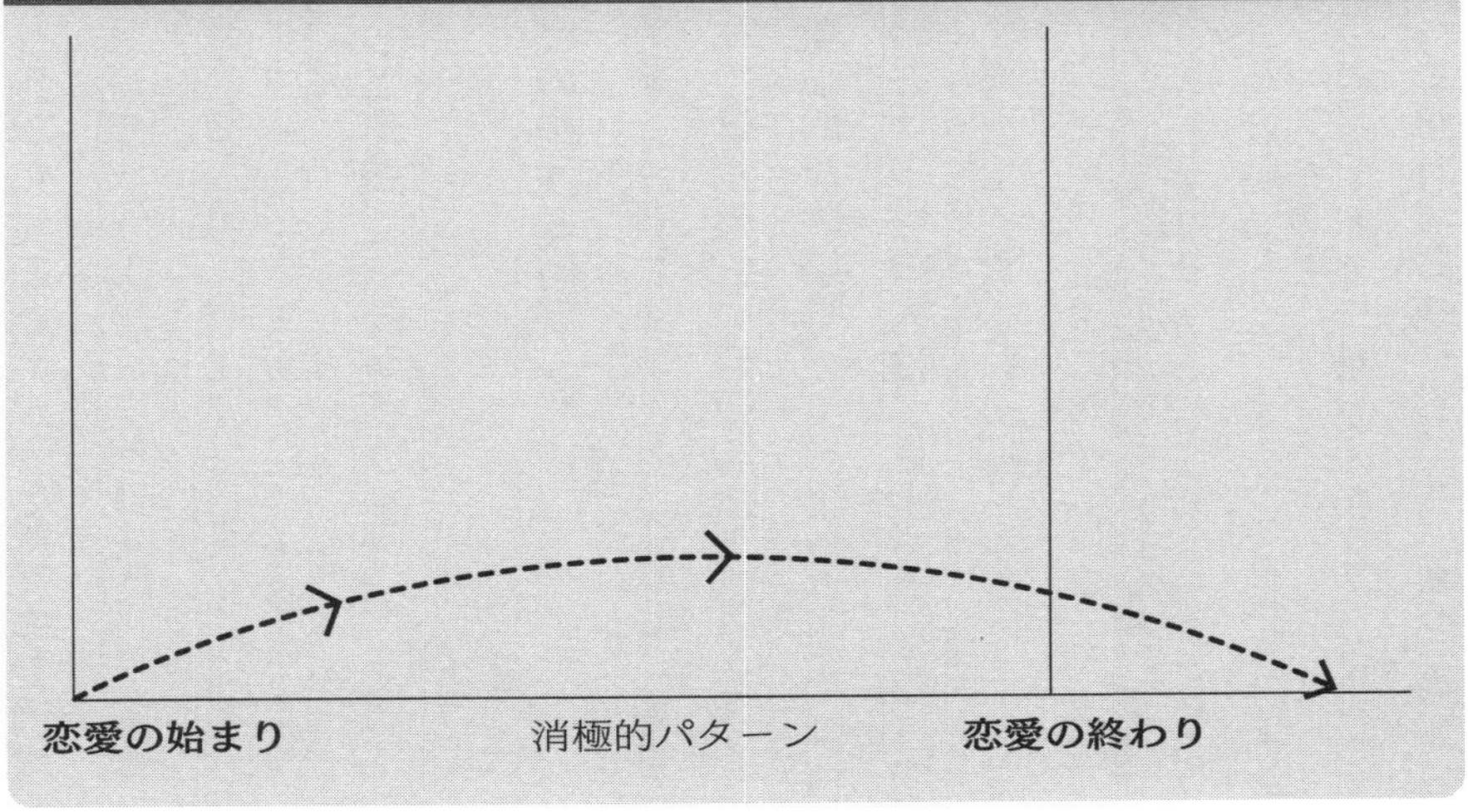

◎特徴：慎重・消極型……消極的な性格のため、掴《つか》むことのできる良いチャンスをみすみす逃し、悲観的に物事を考え、婚期が遅くなる傾向があります。

恋愛関係は消極的で、糞真面目《くそまじめ》で控《ひか》え目な態度から、一転して**独占欲**《どくせんよく》が強くなり、恋人には身を擦《す》り減《へ》らすような愛情を示しますが、しかし相手から徐々に敬遠《けいえん》されてしまう傾向があります。

陰気で消極的で表現力に乏しい性格なのでなかなか異性を得ることができません。

心で想う気持ちは誰よりも人一倍強いのですが、好きになればなるほど相手に対して、想いと全く逆の言動（言葉や態度）を取るので、相手から誤解を受け敬遠されます。自分の心に素直になり、明るい心を持って積極的に進むことが特に必要です。

前ページに示したのが、**「金性の愛情度グラフ」**です。

相手を想う心は人一倍ですが、消極的で悲観的な性格のため、想いが相手に伝わらず裏目裏目《うらめ》に受け取られ、なかなか恋愛は進展を示しません。いわゆる、片思いのパターンです。

前ページのグラフは、心の内面では燃えているが、外面に感情が出てこなく不完全燃焼で、失恋しても長く未練が燻《くすぶ》り続けているパターンを示します。

◆金性の相性と婚期

相性は「水性」と「土性」、及び「金性」の方が最適です。

「婚期」は消極的で悲観的に物事を見るため、遅くなる傾向があります。早くとも二十七歳前後で典型的な晩婚型です。また、この性格の人は一生涯独身で通す人もいます。

このパターンの人は、目上の人や知己朋友《ちきほうゆう》の援助を受けて、お見合い及び結婚を進めていくことを考えてください。

注意

恋愛及び結婚してしまうと、特に**独占欲**《どくせんよく》が強いため**焼餅焼き**《やきもちや》で、「彼氏↓彼女」と立場が反対に入れ替われば「彼女↓彼氏」、また「夫↓妻」の場合は「妻↓夫」に立場が入れ替わり、嫌われる傾向があります。この件に関しての独占欲は、特に注意が必要です。

水性の愛情面

【名前の例】 保子　紋子　敏子　邦子　妙子　その他

◎特徴：愛情・溺没型《できぼつ》……恋愛に関しては理性を失いやすく、ズルズルと深みに溺《おぼ》れていく傾向が強くあります。

外見《がいけん》は柔和で柔順そうに見えますが、内面は頭脳明晰《めいせき》なため、猜疑心《さいぎしん》が強く、冷たく、相手に対してつれない素振《そぶり》をします。

ただし、好きになり心が打ち解けると愛情や性的に弱い面が現れ、ズルズルと深みにはまり溺《おぼ》れていきます。情熱的な恋愛ではないが執着の強い愛情を示します。

頭脳明晰《めいせき》で判断力と理性を兼備《けんび》しているにもかかわらず、愛情面に弱く溺れていく傾向があります。

この性格は、恋愛で一生涯を左右するような失敗が多いので、特に注意が必要です。

なお、猜疑心《さいぎしん》を取り除き、すべての物事に素直な心になることが幸福への近道です。

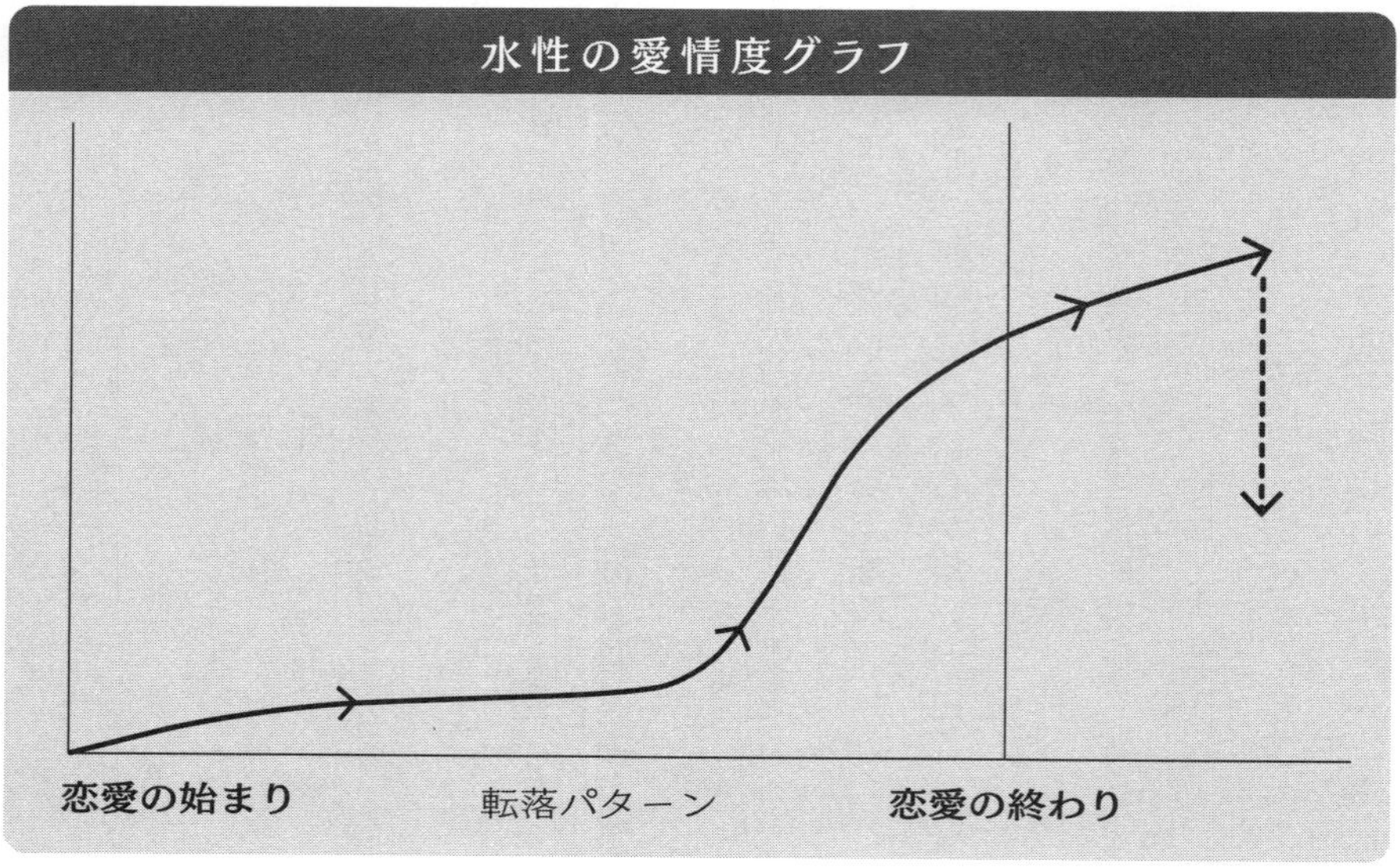

上記に示したのが、**「水性の愛情度グラフ」**です。

疑《うたが》い深く、心から打ち解けないため、普通のパターンよりもスタートが遅く時間がかかりますが、相手に心及びすべてを許すと執着《しゅうちゃく》の強い愛情に変貌《へんぼう》します。

しかし、感情の一番高まった時に失恋することがあり、また高い位置から転落するのでダメージが大きく、未練が強く残り冷静さを失い、人生の道を踏《ふ》み外す傾向があります。中には理性を失わない人もいますが少数です。

しかし、自分の感情を圧《お》し殺《ころ》してしまうので、本来の姿を失い魅力に欠けます。

このグラフのパターンが示す通り、感情が最高に高まった時に高い位置から転落する危険性があります。

◆**水性の相性と婚期**

相性は「木性」と「金性」及び、「水性」の方が最適です。

「婚期」に関しては、いつでもチャンスが多いのですが、特に二十四歳前後に集中しています。

しかし、一度恋愛で失敗し懲《こ》りると、猜疑心《さいぎしん》が特に強くなり、恋愛や結婚がなかなか進展しなくなります。

失恋した時は、慎重な行動を必要とします。しっかりした行動をとらないと悪い誘惑《ゆうわく》に乗りやすいので、注意が必要です。

なお、この性格は恋愛運が強いので、失恋してもすぐに恋愛チャンスに恵まれます。

注意

再確認ですが、木性から水性の愛情面の「名前の例」として、「子」の付いているものも挙《あ》げていますが、鑑定に含める必要はありません。

二字名の鑑定(名前に「子」が付かない場合)

◆**火・水性の愛情面：【名前の例】**直美　奈美　智美　留美　その他

「火性の愛情面」を七〇～七五パーセント、「水性の愛情面」を二五～三〇パーセントの確率

水・火・金性の愛情度グラフ

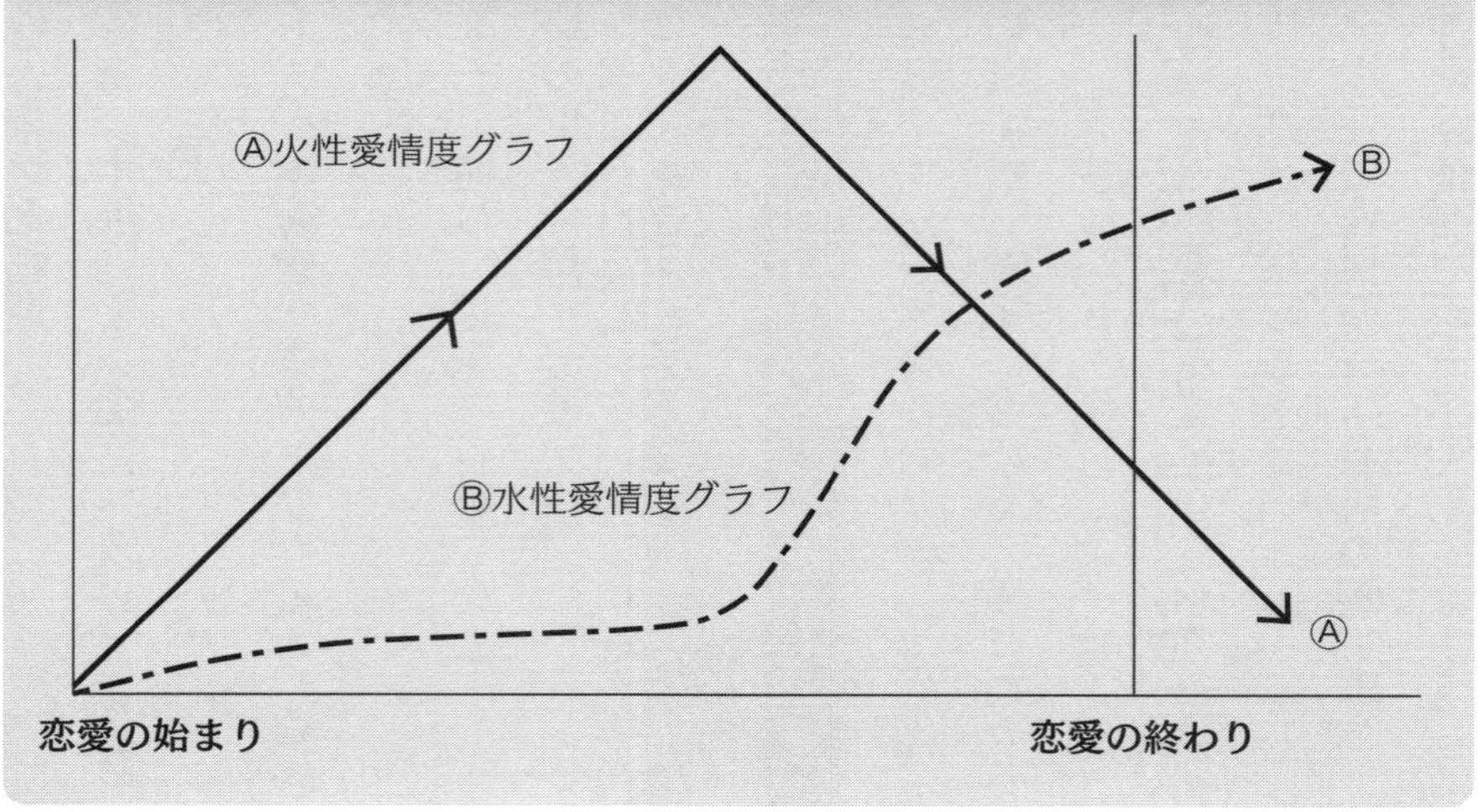

で鑑定すると、「火・水性の愛情面」が分かります。

上記に示したのが、**「火・水性の愛情度グラフ」**です。

「火性の愛情度グラフ」と「水性の愛情度グラフ」を組み合わせて鑑定します。

Ⓐ（火性）とⒷ（水性）の二通りあり、交際相手及び自分の感情により**Ⓐ**（火性）・**Ⓑ**（水性）どちらのパターンでも使い分けます。

ただし、本当に情熱を傾けると**Ⓐ**（火性）の条件が強く現れます。

・火・水性の相性と婚期

相性は「土性」「木性」、及び「火性」が最適です。

「水性」は相性鑑定には入れません。あくまでも「名前」の頭の部分だけを検出します。間違いやすいので注意が必要です。

「婚期」は、「火性」を約七〇パーセント、「水性」を約三〇パーセントの率で鑑定します。

三字名の鑑定

◆水・火・金性の愛情面：【名前の例】美智子　美代子　その他
「水性の愛情面」を約七〇パーセント、「火性の愛情面」を約二五パーセント、「金性の愛情面」を約五パーセント弱の率で鑑定すると「水・火・金性の愛情面」が分かります。

注意

例として挙げた名前の下に**「子」**が付いていますが、この場合、「愛情面」「愛情度グラフ」、及び「相性と結婚期」はほとんど鑑定の必要ありません。

次ページに示したのが、**「水・火・金性の愛情度グラフ」**です。

「水性の愛情度グラフ」と「火性の愛情度グラフ」と「金性の愛情度グラフ」を組み合わせて鑑定します。

Ⓐ（水性）とⒷ（火性）とⒸ（金性）の三通りあり、交際相手、及び自分の感情によりⒶ・

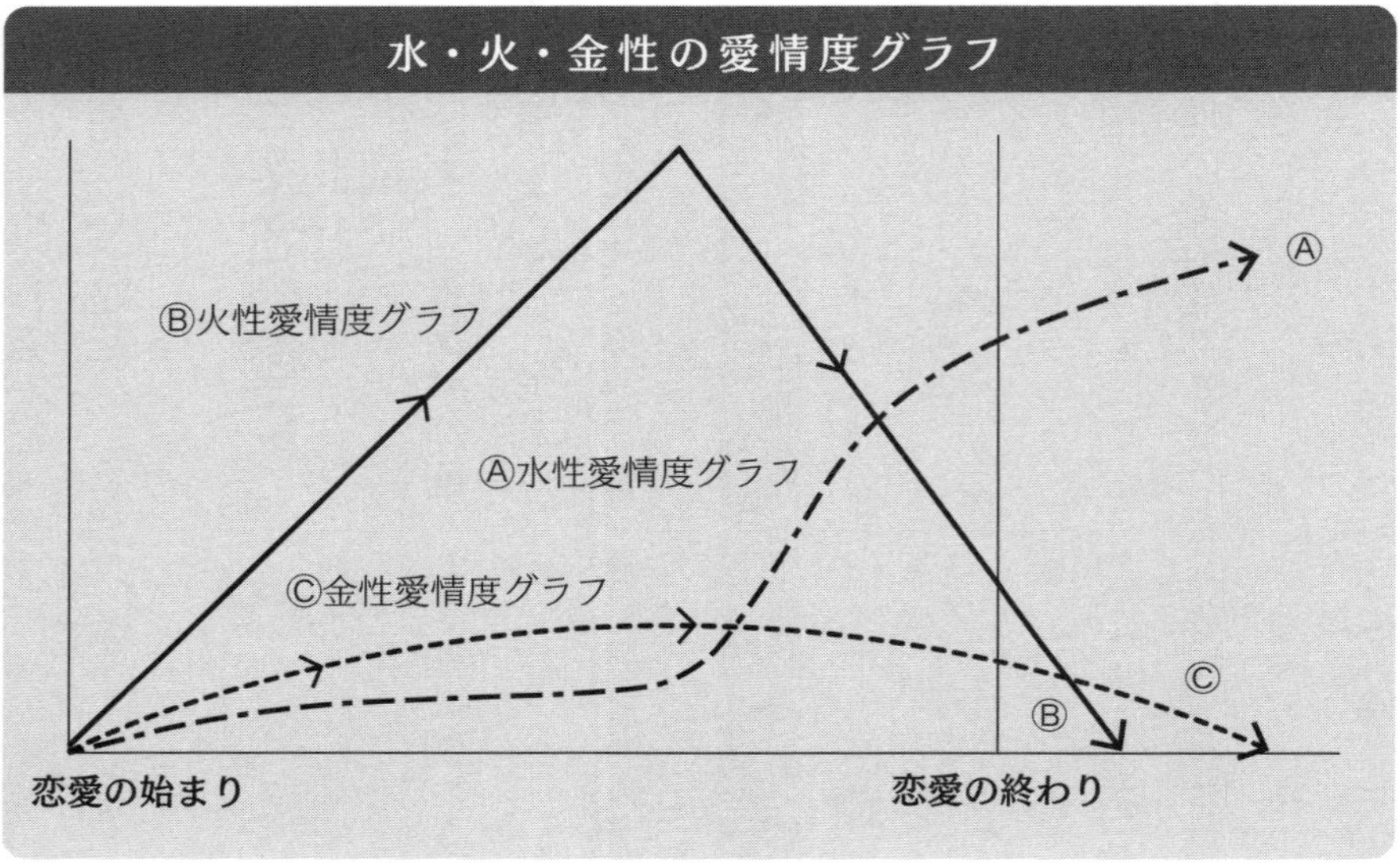

Ⓑ・Ⓒどちらのパターンでも使い分けます。ただし、本当に情熱を傾けるとⒶ（水性）の条件が強く現れます。Ⓒのパターンは愛情面にも、ほとんど表面に現れてきません。

・水・火・金性の相性と婚期

相性は「木性」と「金性」、及び「水性」が最適です。「婚期」は「水性」を約七〇パーセント、「火性」を約二五パーセント、「金性」を約五パーセント弱の率で鑑定します。

注意❶

「火・水性の愛情度グラフ」と**「水・火・金性の愛情度グラフ」**については前述しましたが、両者を比較してもパターンは全く同じになっています。そのため疑問が湧いてくると思いますが、グラフ上では同じパターンですが、内容は

木・金性の愛情度グラフ

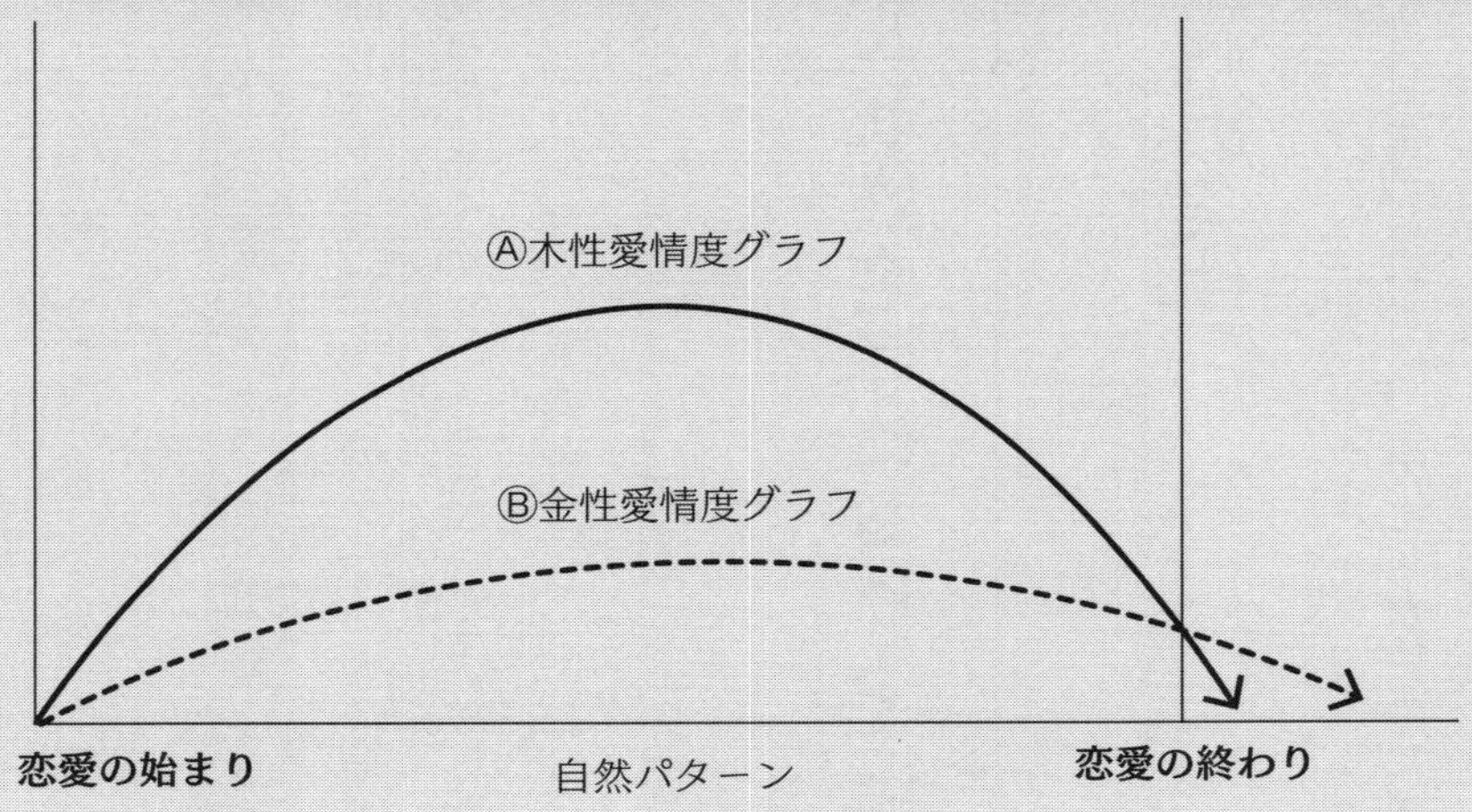

全く違います。

具体的にいうと、頭の**「火性」**と**「水性」**とでは正反対で、**「火・水性」**の**「火性」**が約七〇パーセントと、**「水・火・金性」**の**「水性」**が約七〇の率では、グラフの主軸が違います。

注意❷

名前が二字または三字（例：公子・秀子・喜代子・美智子・美佐子）名で最後に**「子」**が付く場合、「愛情面」「愛情度グラフ」、及び「相性と結婚期」はほとんど鑑定の必要ありません。「木・金性の愛情度グラフ」

注意❸

名前が光子、貴子、佳子、京子、その他「木・金性」の人の場合、**「愛情度グラフ」**は上記のようになりますが、Ⓐ（木性）のグラフを以上で鑑定しますので⒝（金性）の「金性の愛情度グラフ」は鑑定の必要はありません。
また「愛情面」「愛情度グラフ」、及び「相性と結婚期」も鑑定の必要はありません。

注意④

名前が三字で「子」が付かない場合（例：みどり、あけみ、その他）、「みどり」では「水・火・火性」ですので、「水性」を七〇パーセント、「火性」を三〇パーセントの率で鑑定すると分かります。また、「あけみ」では、「土・木・水性」なので、「土性」を七〇パーセント、「木性」を二〇パーセント、「水性」を一〇パーセントの率で鑑定すると分かります。

正統姓名学における「結婚の条件」

結婚の条件

結婚の条件によって、男性・女性共に運命が変わっていきます。特に女性の場合、結婚により「天」と「地」の差が出てきます。なぜならば「姓」が変わり、結婚前は健康でしたが、その後病弱になり、また幸福な人が不幸になるのは「姓」に対して名前が合わないためです。

したがって、顔・形にかかわらず、相手の運命・性格をよく把握《はあく》し、相手の「姓」に対して自分の名前が「合うか?」「合わないか?」まで考えて結婚すべきです。

提案

女性の場合、結婚相手が決まっていて、自分の運命がどうなるのか鑑定したい時は、相手の「姓」と自分の名前を組み合わせて鑑定してください。

例題❺－2

「吉田美智子」という名前の人が「田中」家に嫁ぐと「田中美智子」になりますので、その名前を鑑定すれば結婚後の運命が分かります。

● 吉 6
　　　　11
○ 田 5
　　　　14
○ 美 9
　　　　21
● 智 12
○ 子（3）

32

↓

○ 田 5
　　　　9
● 中 4
　　　　13
○ 美 9
　　　　21
● 智 12
○ 子（3）

30

「地格」の美智子の条件は変わりませんが、「天格・中格・総格」は全く違います。結婚後、「中格」13画数の大吉数の運命作用が働き、晩年は「総格」30画数の吉数の運命作用が働きます。陰陽構成も「弱圧迫陰陽」から**「完全陰陽」**となり、幸せを掴むことができます。

夫になる「田中○男」の姓名も、一緒に鑑定してください。夫婦両方の運命を鑑定しなければ、完全な運命鑑定はできません。後述する「夫婦の運命支配率」を参照してください。

結婚相手に対する陰陽構成の条件

結婚（再婚）する人にとって、この条件は一番必要で、その人の生涯を左右します。慎重に鑑定し、自分と相手の条件を照らし合わせて判断してください。

例題❺－3　……Aパターン

● 圭 6
○ 子（3）

● 和 8
○ 子（3）

● 幸 8
○ 子（3）

● 芳 8
○ 子（3）

● 雅 12
○ 子（3）

●博　12
○子（3）

●憲　16
○子（3）

●静　16
○子（3）

●友　4
○美　9

●和　8
○美　9

●寿　14
○美　9

●あ　2
○き　3

●な　2
○み　3

●ユ　2
○キ　3

その他

右に挙げた名前はすべて偶数・奇数の**「陰」「陽」**の構成です（偶数を●、奇数を○で表します）。

この構成の「名前」と「姓」の調和する条件の「姓」は（●○）または（○○）の陰陽が最適です。これが前述した**「完全陰陽」**です。

例題の「圭子」さんが、「内山家」・「田中家」・「山川家」・「安井家」の四家より縁談があったと仮定し、「どの家に嫁ぐと幸せになるか？」を正統姓名学に基づいて鑑定してみます。

注意

鑑定するときは、「子」は画数計算には入れませんが、陰陽構成には使用します。

〈例①〉

（小　吉）　●内 4　○山 3　●圭 6　○子（3）　（完全陰陽です）

（大凶悪）　○田 5　●中 4　●圭 6　○子（3）　（圧迫陰陽です）

（小　凶）　○山 3　○川 3　●圭 6　○子（3）　⑥　⑥　（完全陰陽ですが、「天地総同数」の衝突因縁がある）

（大　凶）　●安 ⑥　●井 4　●圭 ⑥　○子（3）　（蒔直《まきなおし》陰陽ですが、「天地同数」の衝突因縁がある）

以上、四家の中で「姓」の条件と調和するのは「内山家」と「山川家」です。

ただし、山川家に嫁いだ場合「山川」の合計数⑥と圭子の「圭」の数⑥が同数で「天地総同数」の「衝突因縁」であり、「衝突因縁」のなかでは最も衝突が激しくなります。完全陰陽ですが小凶となります。

田中家に嫁ぐ場合は「圧迫陰陽」の大凶悪陰陽になりますので、注意が必要です。しかしどうしても結婚したい場合は、必ず**「改名」**し「姓」との調和をはかってください。

また安井家に嫁いだ場合、安井の「安」の⑥と圭子の「圭」の⑥が両方とも⑥画数で、「天地同数」の「衝突因縁」であり、すべての物と衝突する傾向の暗示があり、人と異なった運命支配を辿《たど》るため大凶となります。

詳細は134ページ「衝突因縁」の箇所を参照してください。

例題⑤－4 ……**Bパターン**

○ 久 3
● 江 6

○ 弘 5
● 枝 8

○ 君 7
● 恵 12

○ 春 9
● 江 6

○ 康 11
● 恵 12

○ 絹 13
● 枝 8

○ え 3
● り 2

○ み 3
● か 2

○ ち 3
● か 2

○ つ 3
● や 2

○ ミ 3
● ナ 2

○ ミ 3
● ネ 4

○ ケ 3
● イ 2

○ ミ 3
● ユ 2

その他

ここに挙げた名前はすべて奇数・偶数の**「陽」「陰」**の構成です（奇数を○、偶数を●で表します）。

この構成の名前と調和する「姓」の条件は、「○●」または「●●」の陰陽が最適です。これが前述しました**「完全陰陽」**です。

例題冒頭の「久江」さんが、「内山」家・「田中」家・「山川」家・「安井」家の四家より縁談があったと仮定し、どの家に嫁ぐと幸せになるか、鑑定してみましょう。

〈例②〉

（大凶悪）
● 内 4
○ 山 3
○ 久 3
● 江 6
（圧迫《あっぱく》陰陽です）

（小凶）
○ 田 5
● 中 4　⑨
○ 久 3
● 江 6　⑨
（完全陰陽ですが「天地総同数」の衝突因縁がある）

（大凶）
○ 山 ③
○ 川 3
○ 久 ③
● 江 6
（蒔直《まきなおし》陰陽ですが「天地同数」の衝突因縁がある）

（小吉）
● 安 6
● 井 4
○ 久 3
● 江 6
（完全陰陽です）

以上、掲げました四家の中で「姓」の条件と調和するのは、田中家と安井家です。このパターンが「完全陰陽」です。

ただし田中家に嫁いだ場合、「田中」の合計数⑨と「久江」の合計数⑨が同数で「天地総同数」で「衝突因縁」のなかでは最も衝突が激しくなります。完全陰陽ですが小凶となります。

内山家に嫁ぐ場合は「圧迫陰陽」の大凶悪陰陽になりますので、しかしどうしても結婚したい場合は、必ず**「改名」**し「姓」との調和をはかってください。

また山川家に嫁いだ場合、山川の「山」の③と久江の「久」の③が両方とも3画数で「天地同数」の「衝突因縁」となりますので、すべての物と衝突する傾向のある暗示があり、人と異なった運命支配を辿《たど》るため大凶となります。

詳細は134ページ「衝突因縁」を参照してください。

例題❺－5　……Cパターン

○ 正 5
○ 子（3）

○ 町 7
○ 子（3）

○ 信 9
○ 子（3）

○ 章 11
○ 子（3）

○ 敬 13
○ 子（3）

○ 輝 15
○ 子（3）

○ 弘 5
○ 美 9

○ 秀 7
○ 美 9

○ ミ 3
○ キ 3

○ チ 3
○ ヅ 5

○ フ 1
○ ミ 3

○ さ 3
○ ち 3

○ た 3
○ き 3

○ き 3
○ よ 3

その他

ここに記した名前はすべて奇数・奇数の**「陽」「陽」**の構成です（奇数を○、偶数を●で表します）。

この構成の名前と調和する「姓」の条件はありませんが、「●●」構成の「姓」は絶対に避けてください。なぜならば、「中断陰陽」の大凶悪陰陽の条件になりますので、必ず**「改名」**し「姓」との調和をはかってください。

「●●」構成以外であっても、完全陰陽には絶対なりません。

〈例③〉

「正子」さんが、「内山家」・「田中家」・「山川家」・「安井家」の四家より縁談があったと仮定し、どの家に嫁ぐと幸せになるか、鑑定してみましょう。

（凶）
● 内 4
○ 山 3
○ 正 5
○ 子（3）
（蒔直《まきなおし》陰陽です）

（小凶）
○ 田 ⑤
● 中 4
○ 正 ⑤
○ 子（3）
（弱圧迫陰陽ですが「天地同数」の衝突因縁がある）

（中凶）
○ 山 3
○ 川 3
○ 正 5
○ 子（3）
（片寄陰陽です）

（大凶悪）
● 安 6
● 井 4
○ 正 5
○ 子（3）
（中断《ちゅうだん》陰陽です）

以上、例示した四家のなかで完全調和する「姓」の条件はありませんが、安井家に嫁ぐ場合は「中断陰陽」の大凶悪陰陽になりますので、必ず**「改名」**し「姓」との調和をはかってください。

内山家に嫁いだ場合、蒔直陰陽で凶となります。

山川家に嫁いだ場合、片寄陰陽で中凶となります。

田中家に嫁いだ場合、田中の「田」の⑤と正子の「正」の⑤が両方とも5画数で「天地同数」の「衝突因縁」で、すべての物と衝突する傾向の案じがあり、人と異なった運命支配を辿《たど》るため小凶となります。

詳細は134ページ「衝突因縁」の箇所を参照してください。

例題⑤－6　……Dパターン

● 友　4
● 江　6

● 安　6
● 江　6

● 幸　8
● 江　6

● 純　10
● 恵　12

● 裕　12
● 江　6

● 福 14
● 枝 8

● あ 2
● や 2

● か 2
● な 2

● は 2
● る 2

● く 2
● に 2

● マ 2
● リ 2

● ア 2
● イ 2

● マ 2
● コ 2

● ル 2
● リ 2

その他

ここに挙げた名前はすべて偶数・偶数の**「陰」「陰」**の構成です（奇数を○、偶数を●で表します）。

この構成の名前と調和する「姓」の条件はありませんが、「○○」構成の「姓」は絶対に避けてください。なぜならば、「中断陰陽」の大凶悪陰陽の条件になりますので、必ず**「改名」**し「姓」との調和をはかってください。

「○○」以外の構成であっても、「完全陰陽」には絶対なりません。

〈例④〉

「友江」さんが、「内山家」・「田中家」・「山川家」・「安井家」の四家より縁談があったと仮定し、どの家に嫁ぐと幸せになるか、鑑定をしてみましょう。

（小　凶）

●	内	④
○	山	3
●	友	④
●	江	6

（弱圧迫陰陽ですが「天地同数」の衝突因縁がある）

（　凶　）

○	田	5
●	中	4
●	友	4
●	江	6

（蒔直《まきなおし》陰陽です）

（大凶悪）

○	山	3
○	川	3
●	友	4
●	江	6

（中断陰陽です）

（片寄陰陽ですが「天地総同数」の衝突因縁があります）

⑩ ⑩

6 4 4 6

安 井 友 江

● ● ● ●

（大凶悪）

以上、例示した四家のなかで完全調和する「姓」の条件はありませんが、山川家に嫁ぐ場合は「中断陰陽」の大凶悪陰陽になりますので、必ず**「改名」**し「姓」との調和をはかってください。

ただし、内山家に嫁いだ場合、内山の「内」の④と友子の「友」の④が両方とも4画数で「天地同数」の「衝突因縁」で、すべての物と衝突する傾向の暗示があり、人と異なった運命支配を辿《たど》るため小凶となります。

また安井家に嫁いだ場合、「安井」の合計数⑩と「友江」の合計数⑩が同数で、「天地総同数」で「衝突因縁」の中では最も衝突が激しいく大凶悪となります。

詳細は134ページ「衝突因縁」の箇所を参照してください。

〈参考〉A・B・C・Dパターンは「二字姓二字名」の条件を挙げましたが、「二字姓三字名」「三字姓二字名」でもすべて同じ条件です。

〈例⑤〉

○ 加 5
● 奈 8
● あ 2
● や 2
○ 子（3）

「圧迫陰陽」

● 夏 10
○ 山 3
○ 千 3
○ 代 5
● 江 6

「圧迫陰陽」

○ 浅 11
○ 町 7
● わ 2
● か 2
● ば 4

「中断陰陽」

○ 矢 5
● 留 10
● 百 6
● 合 6
○ 子（3）

「圧迫陰陽」

● 熊 14
○ 咲 9
○ 久 3
○ 美 9
● 枝 8

「圧迫陰陽」

○ 梅 11
○ 里 7
● あ 2
● す 2
● か 2

「中断陰陽」

「中断陰陽」
●岩　8
●岸　8
○加　5
○代　5
○子（3）

「中断陰陽」
●海　10
●月　4
○き　3
○よ　3
○子（3）

ここに挙げた名前の例は、**「圧迫陰陽」「中断陰陽」**の大凶悪陰陽の「二字姓三字名」の条件です。これも、〈例①～④〉のなかの凶・小凶・中凶・大凶・大凶悪と同様、絶対に**「改名」**の必要があります。

以上〈例題①～⑤〉のなかの凶・小凶・中凶・大凶・大凶悪の条件にならないように、特に注意して慎重に相手「姓」を選ぶことです。

重要注意

【例題5－3～6】に示したA・B・C・Dパターン、及び〈例①～⑤〉は、どの家に嫁ぐと幸せになるかの条件を示したものです。

この例は**重要項目**であるが故、特に**「陰陽構成」**と**「衝突因縁」**の二つを主として繰り返し解説しました。その理由は、ほとんどの方々は「画数」条件だけで「良《よ》し悪《あ》し」を判断しているため、姓名学にとって特に**重要項目**の**「陰陽構成」**と**「衝突因縁」**の2つを忘れないために強調しました。
しかしこの例は、この二つの項目の他に**「画数」「五行」「意義」「天地」**の鑑定条件は含まれていません。

注意

〈例①～⑤〉は「画数」条件・他を重要視せず、「大吉」～「大凶悪」の振り分けをして表現をしました。

故に、運命を鑑定するには**「五大条件」**と**「衝突因縁」**の確認を怠《おこた》ることなく、実践・鑑定を行ってください。

結婚により一生涯の人生がかかっていますので、あくまでも鑑定する時は、慎重に厳しい状態で鑑定するべきです。

鑑定結果が「大凶悪」「大凶」「凶」と出ても、悲観的になることはありません。それを防ぐ解決方法があります。「姓」に「名前」を調和させることにより、凶悪な運命支配から逃れることができます。

それは「姓」に合った「名前」に「改名」することです。戸籍まで変更する必要はありません。

結婚後の運命鑑定

結婚によって「姓」が変更（改姓）している人を鑑定する場合、結婚により「姓」が変わることで運命も変わっていきます。

女性が結婚によって相手の男性の「姓」に変更する場合がほとんどですが、その一家の運命鑑定する場合、男性の運命作用が主導となり、女性の運命作用は極端に現れてはきません。

〈参考〉 ただし、共稼ぎの家庭の場合は、運命作用の比率が大きく変わります。

一家の運命条件を鑑定する場合は、あくまでも男性（夫）を七〇パーセント以上、女性（妻）を三〇パーセント位の比率で鑑定すると、その一家の運命の流れが分かります。

しかし重大問題が起きる場合、女性の持つ本来の運命作用が極端に現れ《あらわ》、影響を及ぼします。

夫婦の運命支配率

現代は「男女同権」と言われます。はたして運命も男女がすべて平等かといいますと、それは全く違っています。運命の大半は夫婦の場合、夫が握っています。

例えば、妻の運命（姓名）が良くても、夫の運命（姓名）が悪ければ、必ず夫の悪い運命に引き降ろされて苦労しますが、その反対に夫の運命が良くて妻の運命が悪い場合は、妻の運命に関係なく運命を引き上げ幸福な条件を作り出すのですが……。

ただし、夫の運命が最高に良くても「内助《ないじょ》の功《こう》」といわれている通り、夫に従い、助け、一致協力しなければ、その運命を生かすことができません。

夫婦の運命（姓名）が共に良い条件の家庭は、百組中一パーセント弱に過ぎません。夫が良く妻の条件が悪いパターンは二～五パーセント位で、残りの九五パーセント以上は悪い運命に支配されています。

注意

家庭の支配率は、夫が約六五～八五パーセント、妻が約一五～三五パーセントの確率です。

しかし「男女同権」という言葉があり、この支配率は「五〇パーセント対五〇パーセントではないか?」と疑問視されますが、一家の主はあくまでもご主人にあります。しかし共稼ぎの家庭では、この支配率が大きく変わってきます。

支配率が逆転し妻の運命条件が夫より良い場合は、夫自体「腑抜《ふぬ》け」になるか、離婚率が高くなります。また亭主関白になることは全くなく、亭主とは名ばかりで「女の腐ったよう」な人生を送ることになる。

〈参考〉腑抜《ふぬ》け……腸《はらわた》を抜き取られたような状態・意気地無しの意味。

後家相《ごけそう》

「後家相」になる場合、次の二通りのパターンがあります。

①夫婦共々運命条件が悪く、夫に先立たれた時、残された妻は苦労が絶えません。

②夫の運命が最悪で、妻の運命条件が、男ならば出世・成功などできる運命(姓名)のなかで最高に強い頭領数《とうりょうすう》が支配している場合、十人中八~九人までが、「後家相」という運命支配を受けます。

しかしこの場合は、後家になっても苦労せず、世間で俗《ぞく》にいう「食うには困らず」の条件になります。

前者の①の場合は、運命（姓名）が悪いため、残されて苦労し、後者の②の場合は、姓名学上で鑑定する**「後家相」**です。

この条件は、夫人の「地格・中格・総格」のどれか一つに**「頭領数《とうりょうすう》」**という強烈な運命作用があります。

注意

ただし「頭領数」が妻にあり、夫の運命が悪い条件であるけれど健在している場合は、苦労が絶えず、すべての物事が順調に進みません。

この場合、妻は常に不平不満が鬱積《うっせき》し、家庭内は騒然《そうぜん》とし諸問題が生じ、波瀾万丈《はらんばんじょう》の人生を歩まなければなりません。

このような場合は、ちょっとしたキッカケで離婚する確率が高くなります。

〈参考〉「頭領数」は⑪画数、⑮画数、㉑画数、㉓画数、㉛画数、㊶画数、51画数、及び⑥画数、⑯画数があります。ただし、⑥・⑯画数は波瀾万丈の「頭領数」です。

詳細は456ページ「正統姓名学画数運命表」を参照してください。

命名は赤子《あかご》の運命を左右

両親は、自分達の「命名」した名前が、我が子の運命を一生涯左右することを自覚し、責任を持たなければなりません。しかしながら、現在では犬や猫の名前を付けるように簡単に子供の「命名」をしてしまうのが現状です。

昔からいわれている諺《ことわざ》の中に**「名は体を表《あらわ》す」**という言葉があり、その意味は、「人の名前や物の名称は、その実体を表す」ということです。**赤子の運命**を左右するばかりでなく、**夫婦の運命も左右**される故、**「命名」**は男女に拘《かか》わらず、一生涯の運命作用を及ぼすことを留意しなければなりません。

「命名」は「一生涯の宝」にもなれば「一生涯の災いの元」にもなるということです。

故に**「命名」**とは、**「命」**に**「名」**を付けることであると、肝《きも》に銘《めい》じてください。

「家庭環境」による捩《ねじ》れ

「家庭環境」による捩《ねじ》れの解説は、姓名学とは全く関係ありませんが「男か？　女か？」分からない名前を使用することと同様に、家庭環境による捩れは家庭の崩壊の要因となり進行していく傾向があります。左記にあげる例題は、よく世間に見受けられる「男か？　女か？」という問題と同様の事柄であります。

例題❺－7

兄弟姉妹がいて、姉が着ていた古い衣類を「捨てるのはもったいない」と、弟に着せている光景がよく見受けられますが、その幼児・少年期の環境が、大人になっても抜け切らず、必然と女性が好む衣類を着る傾向が出てきます。

その逆に兄が着ていた古い衣類を妹に着せることも、その妹は男性が好む衣類を着る傾向があります。

また両親が男の子より女の子の誕生を望んでいた場合、誕生した男の子に対し、女の子の衣類を着せ、自己満足している両親が多い昨今です。

「男か？　女か？」分からない名前を付けるのと同様に、「男か？　女か？」分からない衣類を着せる行為は、幼児・少年期の**「精神」「肉体」**を蝕《むしば》み、その環境（「三つ子の魂《たましい》百まで」という諺がある）による捩《ねじ》れが、社会に出てから必ず精神的・肉体的影響を及ぼしてきます。

家を継《つ》ぐ条件

昔は、家を継ぐのは長男（男子がいない場合は、長女）という風習がありました。

現在では全く違い、徐々に家を継ぐ（先祖代々伝わってきた「姓」を名乗り、親と一緒に住み面倒をみるという意味）人が少なくなる傾向があります。

反対に養老院・老人ホーム・老人の一人暮らしなどが多くなる傾向があり、それは、そもそも我が子に「命名」する際、家を継ぐことのできる「姓名」を付けていないからなのです。

これは自業自得ともいえるでしょう。

ですから、家を継ぎ・両親の面倒をみること、家名を上げることのできる良い「姓名」を付けることです。

「家を継ぐ条件」は中格（「姓」の下と「名」の上の連結部分）の陰陽構成が**「陰」「陽」**（●○）または、**「陽」「陰」**（○●）の条件しかありません。

なぜかというと、大自然の構成は「陰」「陽」の調和から成り立っているからです。

では、「○○」または「●●」ではなぜ、継ぐことができないのでしょうか？

例えば、先祖代々伝わってきた「姓」の下の文字が＋（プラス）で名前の上の頭の文字が＋（プラス）であるということは、電流や磁石でたとえると、＋（プラス）と＋（プラス）または、

－（マイナス）と－（マイナス）のように反発し合って、磁気が上から下に流れないということになります。

例題❺－8　……**完全陰陽構成**

「完全陰陽」

魚	11	○	
元	4	●	－
重	9	○	＋
夫	4	●	

「完全陰陽」

花	8	●	
里	7	○	＋
昌	8	●	－
正	5	○	

「完全陰陽」

良	7	○	
桐	10	●	－
計	9	○	＋
人	2	●	

「完全陰陽」

松	8	●	
杉	7	○	＋
六	4	●	－
朗	11	○	

「完全陰陽」

7 呂 ○
11 野 ○ ＋
12 富 ● －
5 生 ○

「完全陰陽」

5 市 ○
7 町 ○ ＋
4 元 ● －
3 也 ○

「完全陰陽」

4 月 ●
6 光 ● －
5 史 ○ ＋
4 文 ●

「完全陰陽」

6 西 ●
4 日 ● －
7 良 ○ ＋
8 和 ●

ここに挙げた八名の例は、「家を継ぐ」ことのできる「陰陽構成」です。
では、次に「不完全陰陽構成」の場合を見てみましょう。

例題❺－9……不完全陰陽構成

「蒔直《まきなおし》陰陽」

○ 貞 9
+ ○ 保 9
+ ○ 宏 7
● 夫 4

「蒔直陰陽」

● 向 6
+ ○ 形 7
+ ○ 久 3
○ 造 11

「片寄陰陽」

○ 白 5
+ ○ 星 9
+ ○ 健 11
○ 吾 7

「蒔直陰陽」

● 沼 8
− ● 江 6
− ● 人 2
○ 志 7

「蒔直陰陽」

○ 石 5
− ● 和 8
− ● 好 6
● 雄 12

「片寄陰陽」

● 圭 6
− ● 納 10
− ● 時 10
● 定 8

「圧迫陰陽」

7	角	○	
8	長	●	−
10	高	●	−
5	司	○	

「圧迫陰陽」

4	丹	●	
5	平	○	+
11	将	○	+
16	憲	●	

ここに挙げた八名の例は、「家を継ぐ」ことができにくい「不完全陰陽構成」です。

家を継《つ》ぐことのできない条件

「家を継ぐことのできない条件」としては、主に**「精神、肉親、物質の不安定な世界」**の支配を受けます。その際、次のような状況が考えられます。

①このような条件下で無理して「家を継ぐ」場合、必ず何らかの障害を受け、その志《こころざし》は中断します。

②家を継ぐことのできない人が無理に継いだ場合、必ず嫁・姑の問題が発生します。

③常に「家を継がなければならない」と強迫観念にとらわれ、婚期を逸《いっ》する人々も多くいます。

④相続人に関して苦労があります。
⑤財産相続等で訴訟問題に発展する傾向が強くなります（骨肉の争いが激化する）。
⑥その他、信仰心に欠けます。いわゆる、不信心《ふしんじん》（神仏を信じる気持ちがない）です。読者のなかには、「自分は信仰心が強いのに」「先祖・両親を大切にしているのに」と反発する方もおられると思いますが、それはあくまでも「形」だけであり、**「心」**ではありません。
⑦前述しました「家を継ぐ条件」と重複しますが、「中格」の部分が「〇〇」または「●●」では不信心なのでしょうか？　陰陽構成から見ても「〇〇」または「●●」では、先祖代々伝わってきた「姓」の下の文字が**＋**（プラス）で名前の上の頭の文字が**＋**（プラス）であるということは、電流や磁石でたとえると、**＋**（プラス）と**＋**（プラス）または、**－**（マイナス）と**－**（マイナス）のように反発し合って磁気が上から下に流れず、先祖の**「徳」**が流れず伝わらないからです。
⑧「〇〇」または「●●」の条件の大部分の方々は、無理矢理（不本意ながら）に先祖・親を大切にしなければならない条件下にあります。
前述しました大自然の構成は**「陰」「陽」**の調和から成り立っている故に「中格」（「姓」の下と「名」の上の連結部分）の陰陽構成が**「陰」「陽」**（●〇）、または**「陽」「陰」**（〇●）の条件しかありません。これが大宇宙・大自然の真理です。

運命を変えるさまざまな要素

「同姓同名《どうせいどうめい》」の場合

世の中には「同姓同名」の方が多くいます。

「同姓同名」の人であれば「すべての運命は同じではないか?」という疑問が生じてきます。確かに体質・性格・運命は本書の中では同じ条件でありますが、その人その人の育った環境・時代・両親・兄弟・対人関係により同じ条件ではありません。

例えば、その人の持っている枠《わく》の大きさ(例　一合の枡《ます》に酒を注ぐ場合、最高に注いでも一合しか注げません。それ以上だと溢《あふ》れてしまいます。また一升枡のような大きな枠をもつと、一合以上注いでも酒は溢れません。このように人それぞれの枠の大小があります)によっても全く違います。

同姓同名でも、家族までそっくり同じということはありません。前述したように、自分の運命だけでなく家族の運命条件も大きく影響するため、同じ運命にはなりません。

例えば、和子という同じ名前の女性が二人いた場合、性格判断しますと、やはり同じ答えになります。二人の短所の条件は強情《ごうじょう》でありますが、Aの和子さんは強情が少なく二〇パーセント位しか現れていないのに対し、Bの和子さんは強情が七〇パーセント以上現れている場合、同じ条件の性格でも強情が現れている確率で、全く同じ性格とはとても思えないほど、かけ離れてしまいます。

短所が少ない性格と短所が多く出ている性格とでは雲泥《うんでい》の差が生じます。

なぜ、本書では「同姓同名」が同じ条件になるかという疑問に対し、その意味を説明します。前述しました枡のたとえのように大きな枠を持っているなら、同じ人の上に立つ（頭領運）でも、従業員千人の社長となり、その枠が小さければ従業員四～五人の社長となります。このように大きさの違いこそありますが、人の上に立つ（頭領運）＝社長という意味での条件は全く同じです。

「同じ生年月日」の場合

同姓同名とは異質なものですが、同じ日に生まれた人は「同じ運命を辿《たど》る」といわれていますが、これも違います。それはなぜでしょうか？

まず、男と女では全く違います。

同じ日に誕生したということは大宇宙・大自然界の「気」に触れる条件は同じであっても、家庭環境・姓名により変わってしまいます。

諺《ことわざ》の中に「三つ子の魂《たましい》百まで」という諺があり、この意味するところは、この世に生を受け、その子の名前を付け、また両親・家庭環境により人格を形成していく3歳までの環境は人が歩んで行く一番重要な時期で、その時期に形成された**「心」**は、その人の一生涯に大きく影響するという意味です。

このように**「同姓同名」「同じ生年月日」**でも、すべて条件が同一でない故に、その運命の流れも、その人の条件により差が出てきます。

名前負け

世間では、運命が悪く、名前がよければすぐに「名前負け」といいます。姓名学上、本来の「名前負け」とは、完全な姓名を持ちながら、運命を生かせない人を指していう言葉です。

なぜ、完全な姓名を持ちながら運命が悪いのか？　それは心（性格）または、努力不足か、自分自身の運命枠を知らなく、自分自身の運命が悪いと決めつけているため、その力を十分発揮できないのです。

しかし完全なる姓名を持っている人の場合、心掛け、努力、自分自身の運命枠、良い運命ということを知ることにより、本来の運命を歩むことが簡単にできます。

ただし、凶名の場合、努力しても心掛けを正しても、なかなか良い運命を歩むことはできません。

実際、良い姓名の人で「名前負け」といわれる人はほとんどいません。

出世する条件

出世とは、世に出て人に知られる良い地位・身分に就くことで、その九五〜九七パーセント以上が名前の条件（天格・中格・地格・総格）のなかに**「頭領数」**が必ずあります。「頭領数」がない人の場合、なかなか出世することは困難ですが、残りの三〜五パーセント弱の中には「頭領数」がなくても、人の上に立ち社長と呼ばれている人がいます。

「親の光は七光」という諺《ことわざ》があります。前記三〜五パーセント弱のなかの例に、この条件があります。親の地位・財産等を継げば、確かに出世したように見えますが、その例のように、人の上に立つ（頭領数）枠がないために、徐々にその地位・財産等などを失っていきます。

光り輝く期間は一時的で長続きしません。

姓名のなかに「頭領数」があれば必ず出世するのかというと、そうではありません。

この「頭領数」も姓名が完全陰陽条件でない限り、その力を一〇〇パーセント発揮することはできません。

姓名が完全陰陽条件ならば相乗効果により、それが持つ力の二〜三倍の強さを発揮しますので、一般の人々と同じ努力で、その二〜三倍の伸びを示し、多くのチャンスに恵まれ、またそれを生かすことができるため、出世や成功するのです。

人は「一生涯の内に三度のチャンスがある」と昔からいわれてきましたが、姓名の悪い人にはチャンスがあっても分からないか、生かすことができず、なかなか良くならないのが現状です。

それは悪い運命（目先が利かず大局が見えない）につながっているからです。

姓名の良い人は、チャンスは一生涯に三回でなく無限に近くチャンスがあり、それを生かし血肉とし、すべてのやること成すこと、無理・無駄がなく順調に躍進します。

「運命周期」について

季節にも春夏秋冬の一定した周期があるように、運命にも周期があります。この期間は三年周期の繰《く》り返《かえ》しで運命作用が現れます。

大きく分類すると人の運命周期は〇〜二十七歳**「地格」**（少年期）、二十七〜五十四歳**「中格」**（中年期）、五十四歳以後**「総格」**（晩年期）で現します。

大きい運命周期は九年ごとに訪れますが、細かく分けると三年周期で本命期が訪れます。本命期に失敗すると必ず3年間は沈み、それが長く続くと九年間沈み続けます。

反対に本命期から良くなると、それに相乗して運勢が上がっていきます。「一事が万事」という諺通り、チャンスがチャンスを生み出す結果となります。

ただし「中断陰陽・圧迫陰陽・蒔直《まきなおし》陰陽」の人の場合、すべて駄目《だめ》かということはありません。

これらの陰陽構成の人の運勢はチャンスに乗ると急激に上がり、飛ぶ鳥を落とす勢《いきお》いとなりますが、その期間は短く一生涯のうち九年間が峠で、それ以降は落ち込みが急激です。

注意

「運命周期」については、次のような説があります。①運命周期は三年ごと。②運命周期は九年ごと。③運命周期は二十七年ごと。④運命周期は五十四年ごと。⑤運命周期は百八年ごと。

「正統姓名学」においては、③の「二十七年ごと」を使っています。

「運命周期」とは――。

①**地格**（少年期）……〇歳～二十七歳前後

②**中格**（中年期）……二十七歳前後～五十四歳前後

③総格（晩年期）……五十四歳前後～以後

「正統姓名学」においては、このように**「地格」「中格」「総格」**を鑑定の基準としています。

注　意

「運命周期」が二十七年では大雑把《おおざっぱ》ではないかという批判がありますが、この「二十七年間」の中に人間の運命が**凝縮**されています。この凝縮されている「意味」また「疑問」は、この**『秘傳《ひでん》』**を読誦《どくじゅ》して「実践」していただければよく理解することができます。

〈参考〉「中格」（中年期）二十七～五十四歳を基準とし記しましたが、人の運は条件により**二十七歳前後～五十四歳前後**としますので留意してください。「地格(少年期)」「総格(晩年期)」も同じことです。

◇参考資料

次に掲げる参考資料は、「正統姓名学」の「二十七年周期」ではありません。日々生活していく上で非常に細かく周期分けした、前述「注意」の①に挙げた「三年ごと」（三十六ヵ月）について表わすものです。

本書では、その「運命周期」を詳細に説明することはできませんが、次に掲げる「運命周期表」の「本命期」には慎重に、また確実に、良いチャンスが到来したら自分自身の運命とよく照らし合わせ、それを生かすことが大切です。

「本命期」は三年、三十六ヵ月間中で九ヵ月間であります。

運命周期表

運命表	運命の状態	四季	動物の状況	期間
低迷期	努力空転	盛冬《せいとう》〜晩冬《ばんとう》	冬眠期	六カ月間
助走期	自力開運《じりょくかいうん》	晩冬〜初春	覚醒期	三カ月間
本命《ほんめい》期	旭日昇天《きょくじつしょうてん》	初春《しょしゅん》〜初夏《しょか》	活動《かつどう》期	九カ月間
注意《ちゅうい》期	一歩後退《いっぽこうたい》	初夏《しょか》〜晩夏《ばんか》	減退《げんたい》期	三カ月間
安定期	平穏無事	晩夏〜仲秋	安楽期	六カ月間
要注意《ようちゅうい》期	不慮災難《ふりょさいなん》	仲秋《ちゅうしゅう》〜晩秋《ばんしゅう》	忙殺《ぼうさつ》期	三カ月間
厄災《やくさい》期	障害激化《しょうがいげきか》	晩秋《ばんしゅう》〜盛冬《せいとう》	冬眠《とうみん》期	六カ月間

計三十六カ月間

〈注釈〉右に掲げた**「運命周期表」**の「動物の状況」の箇所ですが、この項目は分かりやすく「動物」にたとえて解説しています。「動物」は一年間の周期を通し、〇〇期が一期ずれても生命に関《かか》わる重大な死活問題になります。

例えば、冬眠する動物が極寒の時期に穴倉から這《は》い出した場合、確実に死をもたらします。これは人間にも当てはまり、この運命周期は○○期が一期ずれても、運命の流れが変わってしまいます。

完全陰陽で運命が良い方の場合、**本命期**が分からなくても本能的に、また自然と**本命期**に大業《たいぎょう》を成し遂げることができます。

完全陰陽で運命が良い未婚の方の場合、やはり、**本命期**に縁談話や結婚に至る動きや流れがあり、その**本命期**の条件には良縁があります。

その**本命期**の時期は、自然と本人にも分かる**「心」**の動きがあります……。

注意

「運命が良い方の場合、自然と本人にも分かる**『心』**の動きがありますが……」と記しましたが、運命の悪い方が、この文を読み「私にも**『心』**の動きが……」と捉《とら》えたならば、それは大きな間違いの始まりに拍車《はくしゃ》を駆《か》ける結果になります。注意が必要です。

しかし運命の悪い方（男女）は、わざわざ悪い**要注意期・厄災《やくさい》期・低迷期**の時期に動き出す傾向が強く現れ、それは「何とかしなければならない」「動かねばならなければならない」「早く結婚しなければならない」という精神的な焦《あせ》りが生じ、運命の歯車を狂わす結果となります。

運命の悪い方々は、特に人生で一番行動を差し控えなければならない大事な時期の枢要《すうよう》に「結婚」「新築」「転職」「移転」「開店」などを慌《あわ》てて執《と》り行うことが多く、その事が引き金となり、人生を狂わす結果をもたらします。

ただし、運命が良い方であっても、この**「運命周期」**のことを理解したならば、やはり、**本命期**を確実に知り、大業《たいぎょう》を成《な》し遂《と》げることを進言します。

「知らぬが仏」という諺《ことわざ》がある通り、今までは「運が良かった！」と考えているなら大きな間違いを起こす結果となります故……。

また病気の時も**本命期**には、大病にならず回復傾向が見受けられますが、**要注意期・厄災期・低迷期**には、病気が悪化する傾向があり、なかなか治りにくいため、この状況下からしても特に細心の注意が必要です。

◇追記

「運命周期」について詳細に書き始めたら、それだけで一冊の本が必要になるほどです。したがって、本書ではこの程度に留《とど》め、あらためて後日、**『運命周期の本』**を出版したいと考えております。そのとき、詳しく解説・説明することにします。

〈参考〉枢要《すうよう》……大切なところ。かなめ。

第六章

究極の運命鑑定

正統姓名学が教える「鑑定方法」

「姓名」を鑑定する場合

世間一般、姓名による占いをする場合、ほとんど画数条件だけを用いていますが、それだけでは正確に運命鑑定を行うことはできず、姓名学を極めることはできません。

「究極の運命鑑定」では、画数条件による鑑定が約二〇パーセントなのに対し、残りの約八〇パーセントは「陰陽構成」などの他の条件が重要な要因となっています。

また一人の人を鑑定する場合、その人の家族全員を鑑定しない限り、正確な答えは出ません。

① **「陰陽《いんよう》」**（44ページを参照）
② **「五行《ごぎょう》」**（80ページを参照）
③ **「画数《かくすう》」**（34ページを参照）
④ **「意義《いぎ》」**（119ページを参照）

⑤**「天地《てんち》」**（90ページを参照）
⑥**「両親・兄弟の運命」**……その人を取り巻く、両親・兄弟の運命の吉凶の状況・状態。
⑦**「状況・状態」**……その人が現在置かれている環境・職業や立場の状況・状態。
⑧**「天・地・中・総」の「四格」の見極め方法**……この**「四格」**の画数条件は、どの「一格」を除いて鑑定した場合、答えに矛盾を生じるので、しっかりと「天・地・中・総」の「四格」を把握して鑑定しなければなりません。

一人の人に対し、①・②・③・④・⑤・⑥・⑦・⑧の順に鑑定していくと、九〇パーセント以上の確率で正確な鑑定ができます。

「性格」の鑑定方法

性格の「長所・短所」を完全に見極めることは、人相・手相などのあらゆる易学において必須条件ですが、それを極めることは困難です。

しかし、**『秘傳《ひでん》』**に書かれている性格の「長所・短所」を基に鑑定すれば、七五パーセント以上の確率で、相手の性格の「長所・短所」を正確に判断することができます。

なぜ、一〇〇パーセントといわず七五パーセント以上の確率であるかというと、その人間を取り巻く家庭環境などが大きく影響を及ぼしているからです。

性格の「長所・短所」は表裏一体《ひょうりいったい》であり、例えば、同じ条件の性格を持っている人間同士を比べた場合、それぞれが置かれた環境に応じて、長所が八〇パーセント、短所が二〇パーセントの率で現れる人もいれば、反対に長所が二〇パーセント、短所が八〇パーセントの率で現れる人もいるからです。

このように同じ性格を持つ条件の場合でも、運命の善《よ》し悪《あ》しによっても、またその人を取り巻く家庭環境などによっても、長所がより良く現れる人もあれば、短所が必要以上に現れる人もいて、二者を比べても、それは全く異なった性格のように感じられます。

故に運命鑑定においては、単純に個人の運命（陰陽・五行・画数・意義・天地）の条件だけでなく、その人を取り巻く家庭環境などの運命作用を十分に考慮《こうりょ》しなければならないのです。

「一蓮托生《いちれんたくしょう》」とは何か

正確な鑑定するには、家族全員の運命を把握《はあく》し鑑定しなければなりません。運命は家族全員「一蓮托生《いちれんたくしょう》」であり、また様々なパターンがあります。

〈参考〉一蓮托生……一枚の蓮華《れんげ》の上に、共に生を託《たく》すること。仲間が皆運命を共にすること。

例題⑥－1

四人家族がいたとします。両親・子供（兄・妹の二人兄弟）の場合――。

父親の運命が＝吉
≠
母親の運命が＝凶
⇔
兄の運命が＝凶
⇔
妹の運命が＝凶

〈注釈〉

上記のケースでは、大きな災難は父親がすべて背負うことになります。また、この家族全員が何事もなく平穏に生活していた場合、どんなに父親の運命が良くても、出世もままならず本来の運命通りにはなりません。

その理由は、凶の運命を持った三人が父親の吉の運命を引き下ろすからです。

こうした家族条件の場合、父親が亡くなると三人に凶の共通点（イコール関係）が現れます。

◇解説

この条件の場合、父親の運命だけを鑑定すると、本来備わっている運命と全く違った運命の答えが出てきます。そして、「なぜ吉なのに亡くなったのか？」、矛盾が出てきて「この鑑定は間違っている」と結論付けるはずです。これは、父親一人だけを鑑定した結果だからです。

こうした鑑定方法ですと、間違いが間違いを呼び、**「罪」**をつくることになりかねません。

鑑定は、その人の家族の運命を正確に鑑定すると、その矛盾《むじゅん》を払拭《ふっしょく》できるのです。

つまり、母親の運命が↓凶、兄の運命が↓凶、妹の運命が↓凶であり、三人の凶の「死」の共通点（イコール関係）が、父親の鑑定に関わっていることに気が付くのです。

その結果として「正統姓名学」の恐ろしさがよく分かってくるはずです。

この「正統姓名学」を学び、実践に実践を重ねてくると、苦しみや恐怖だけでなく、自らの姓名が吉ならば、未来の楽しみも、喜びも、夢までもが正確に分かってきます。

例題❻－2

四人家族がいたとします。両親・子供（兄・妹の二人兄弟）の場合——。

父親の運命が＝吉
⇔
兄の運　命が＝吉
≠
母親の運命が＝凶
⇔
妹の運　命が＝凶

このような条件の場合、父親と兄は↓吉、母親と妹は↓凶で、離婚の確率が非常に高くなり、父親は兄を引き取り、母親は妹を引き取る結果となっていきます。

例題❻－3

【例題6－2】のケースで、兄まで母親が引き取ったとした場合——。

兄の運　命が＝吉
≠
母親の運命が＝凶
⇔
妹の運　命が＝凶

【例題6－1】のケースの場合と同じく、兄が亡くなると母親と妹の凶の共通点が出てきます。例えば、その兄が亡くならない場合もありますが、その兄の運命は母親と妹の凶悪な運命作用を受け、取り返しのつかない凶の運命を歩まなければならなくなります。

◇解説

一家に一人「凶」の人間がいる限り、一家は破滅への一途《いっと》を辿《たど》り崩壊し、再生不可能な状態となって苦労は一生涯付きまといます。分かりやすくたとえれば、一家に出来の悪い息子が一人いるだけで、両親は一生涯苦しまなくてはならず、また、その兄弟までも、やはり家族全員、艱難辛苦《かんなんしんく》の同じ凶の運命を辿らなくてはなりません。

◇**結論**

個人一人を鑑定するだけでは、見えてこない家族構成の部分があり、**「一蓮托生《いちれんたくしょう》」**にかかる運命のキーワードを見つけることができません。

また家族の一人一人の運命が作用していることを理解することができません。

故に、その人一人だけでなく家族全員の鑑定をしなければ、正確な鑑定はできません。

6画数絡《がら》みの強烈な運命作用

6画数・16画数・26画数・36画数・46画数・56画数

姓名鑑定に用いる字画数には、**1画〜60画数**までありますが「6画数・16画数・26画数・36

画数・46画数・56画数＝**「6画数」**絡みの画数条件は、生死に関わる強烈な運命作用をもたらします。

また、人生の流れを一瞬で奈落《ならく》の底《そこ》に落としめる**「波瀾万丈《はらんばんじょう》」**の運命作用が常に孕《はら》んでおり、人生の浮き沈みが激しく、生命も常に危険と隣り合わせです。

この画数条件は非常に恐ろしく**「災難の巣」**＝剣難《けんなん》・病難・金難・遭難・困難・苦難・犯罪・刑罰・孤独・自殺・短命など、不慮の「災難」を被《こうむ》ることが多く、突発的な「災難」に遭遇しやすいのです。

「6画数・16画数・26画数・36画数・46画数・56画数」の6画絡みの画数条件は、**「物質・精神的葛藤」**があり、運命作用の影響及び、常に不安定な運命を辿《たど》り、波乱や浮き沈みが多いのです。

◇**解説**

・姓名学上、「衝突因縁」と並び、これほど強烈に運命作用する画数条件はない。
・これらは強烈な条件であり、一瞬にして生命を失いやすく、孤独・自殺・短命など、不慮《ふりょ》の災難を被《こうむ》ることが多く、突発的な「災難」に遭遇しやすい。
・生死に関わる非常に恐ろしい画数条件であり、その運命作用は強烈である。
・1画〜60画数に及ぶ字画数のなかで、これほど強烈で恐ろしい画数条件はない。

「画数条件」と「衝突因縁」の類似

6画数絡《がら》みの**「画数条件」**と**「衝突因縁」**は、よく類似しています。

「衝突因縁」のところで、「災難は一度に限らず、次から次へと怒涛《どとう》の如《ごと》く押し寄せて、また自ら問題を引き起こし、衝突していく恐れがある」「剣難・病難・金難・遭難・苦難・困難・犯罪・刑罰・孤独・自殺・短命など、様々な災難に遇《あ》いやすく、この条件の人の人生には常に艱難辛苦《かんなんしんく》が、潜《ひそ》んでいる」と説明しましたが、6画数絡みについても同様です。

また「第三者から危害などを受ける」が、自らも「第三者に対し危害などを加える」傾向があります。

〈参照〉詳細は134ページ「衝突因縁」の箇所を参照してください。

6画数絡みの解説

「6画数・16画数・26画数・36画数・46画数・56画数」の画数条件には、生死に関わる強烈な運命作用があると述べましたが、その中身をそれぞれの6画数ごとに具体的に見ていきましょう。

なお、次に示す6画数～56画数は、末尾の「姓名学画数表」に記載してある画数条件から抜粋し、解説を加えたものです。また、6画数～56画数絡みの項目の**内容条件はほとんど同様**ですが、6・16画数に関しては条件が違います。

◆6【波瀾万丈《はらんばんじょう》の中凶数】

・運命が上昇期にある時は物心《ぶっしん》両面に恵まれ、頭領《とうりょう》となるが波乱含みの「頭領数《とうりょうすう》」である。

・陰陽構成の条件が凶ならば、一代で財産を築くチャンスもあるが、努力した甲斐《かい》がなく、物質・精神的に不安定な運命を辿《たど》る凶数である。

・人生の流れを一瞬で奈落《ならく》の底《そこ》に落としめる艱難辛苦《かんなんしんく》が常に孕《はら》んでおり危険と隣り合わせである。また事件・事故などに巻き込まれ、不慮の「災難」を被《こうむ》ることが多く、生死に関わる強烈な運命作用がある。

・この画数条件は「災難の巣」＝剣難《けんなん》・病難・金難・遭難・困難・苦難・犯罪・刑罰・孤独・自殺・短命など極端な運命支配を受け、常に不安定な衰退《すいたい》する凶数である。

◆16【波瀾万丈の中凶数】

・運命が上昇期にあるならば物心《ぶっしん》両面に恵まれ、頭領《とうりょう》となるが常に波乱含みの「頭領数《とうりょうすう》」である。一代で財産を築くチャンスもあるが、一時的な運である。

・陰陽構成の条件が凶ならば、極端な運命支配を受け、波瀾万丈《はらんばんじょう》で浮き沈み多く、一瞬で奈《な》落《らく》の底《そこ》に落ち生命を脅かす危険と常に隣り合わせであり、突発的な「災難」に遭遇しやすく、また事件・事故などに巻き込まれ、生命を失う傾向がある。この画数条件は「災難の巣」＝病難・金難・剣難・遭難・困難・苦難・犯罪・刑罰・孤独・自殺・短命など、不慮の「災難」を被《こうむ》ることが多く、常に不安定な衰退《すいたい》する凶数である。

◆26〔波瀾万丈の大凶数〕

・極端な運命支配を受け、波乱浮き沈み多く、病難・金難・険難・遭難・困難・苦難・犯罪・刑罰・孤独・自殺・短命など、不慮の「災難」を被ることが多く、生命を脅《おびや》かす傾向があり、また事件・事故などに巻き込まれ、危険と隣り合わせであり、常に不安定な大凶数であり、極端な運命支配を受ける。

・陰陽構成の条件が吉ならば、貧しい境遇から一代で財産を築くチャンスもあるが、一時的で四苦八苦し末路は悪い。

◆36〔波瀾万丈の大凶数〕

・波乱浮き沈み多く病難・金難・剣難・遭難・困難・苦難・犯罪・刑罰・孤独・自殺・短命な

ど、生命を脅かす傾向があり、また事件・事故などに巻き込まれ、危険と隣り合わせであり、不慮《ふりょ》の「災難」を被ることが多く、常に不安定な大凶数で極端な運命支配を受け末路は悪い。

・陰陽構成が完全ならば、諸々の才能・知恵や行動力に富み、一代で財産を築くチャンスもあるが、一時的な運である。

◆46〔波瀾万丈の大凶数〕

・極端な運命支配を受け、波瀾万丈《はらんばんじょう》で浮き沈み多く常に不安定で、病難・金難・剣難・遭難・困難・苦難・犯罪・刑罰・孤独・自殺・短命など、生命を脅《おびや》かす傾向があり、また事件・事故などに巻き込まれ、危険と隣り合わせであり、不慮の「災難」を被《こうむ》ることが多く、常に不安定な大凶数であり、極端な運命支配を受ける。

・陰陽構成が完全ならば、諸々の才能・知恵や行動力に富み、一代で財産を築くチャンスもあるが一時的な運勢である。反対に、裕福な家に生まれた人は、一代で財産を失いやすく、やはり末路は悪い。

◆56〔波瀾万丈の大凶数〕

・大きな希望を持って努力しても甲斐なく衰退する大凶数である。貧しい境遇から一代で財産を築くチャンスもあるが一時的で、末路は悪く、病難・金難・剣難・遭難・困難・苦難・犯罪・刑罰・孤独・自殺・短命など、不慮の「災難」を被ることが多く、生命を脅かす傾向がある。また事件・事故などに巻き込まれ、危険と隣り合わせであり、波瀾《はらんばんじょう》万丈で浮き沈み多く、常に不安定な大凶数であり、極端な運命支配を受ける。

「6画・16画」の「頭領運《とうりょううん》」

前項の「6画数絡《がら》みの解説」のなかで、「6画数〜56画数絡みの項目の内容条件はほとんど同様ですが、6・16画数に関しては条件が違います」と書きました。

具体的には、次のような違いがあります。

・「6画」・「16画」の条件の中には「頭領運」という強烈な運命作用を示す場合があり、それは「⑪画・⑮画・㉑画・㉓画・㉛画・㊶画・51画」のもたらす本来の「頭領運」とは内容が全く異なる。

・「6画」「16画」の「頭領運」の場合には、陰陽構成が「完全陰陽ならば」という条件付きであるが、この画数が「天格」に使用されている場合に限って、陰陽構成を「完全陰陽」の条件にすることができる。

・やはり「6画」「16画」のもたらす「頭領運」は波乱含みであり、常に成功と失脚の運命が表裏一体となって付きまとう。

・「26画・36画・46画・56画」の中には、「頭領運」の運命作用はない。6画数の共通条件には、裸一貫より努力して一代で財産・名誉を築きあげる万に一つのチャンスがあるが、同時に一代で財産を失う傾向の暗示もある。裕福な家に生まれた人は、その財産を一代で失う傾向の暗示がある。

〈参考〉頭領《とうりょう》……「かしら」の意。現在では、経営者・指導者などと呼ばれ、社会的地位が上位の者をいう。

◆波瀾万丈《はらんばんじょう》

6画絡《がら》みの「画数条件」は、吉と凶が表裏一体《ひょうりいったい》で「波瀾万丈」の波が強烈で、極端な運命支配を受けています。したがって、突発的な「災難」に遭遇しやすいと出ています。

この画数条件は**「物質・精神的葛藤《かっとう》」**があり、常に不安定な運命を辿《たど》ります。

6画数条件だけは、物質・精神的に運命作用の影響が及び、波乱・浮き沈みが多くなります。

◇解説

「波瀾万丈《はらんばんじょう》」と一言で表現しましたが、具体的には次のような状態です。

・単調でなく、大小の波。変化・曲折《きょくせつ》のある一生。

・色々と事件が起きて、激しい変化に富むこと。
・事件などの局面が激しく変化し、解決・対応などが困難であること。
・「波が万丈《ばんじょう》と、非常に高い」の意。

◆生命の危機

6画絡みの「画数条件」は、事件・事故などの突発的な災難に巻き込まれたり、遭難しやすく、常に危険と隣り合わせで、吉と凶が表裏一体《ひょうりいったい》であり、自らの「生命」を失ったり、また他者の「生命」までも奪う傾向があり、極端な運命支配が孕《はら》んでいる。

◆災難の巣

6画絡みの「画数条件」には病難・金難・剣難・災難・遭難・犯罪・刑罰・孤独・自殺・短命・などの「災難」が多く「災難の巣」である。

「総格」に関しての矛盾

「総格」の計算式

巷《ちまた》に出版されているほとんどの「名前の本」等は「総格（総画などと呼ばれている）」に関して、同じような答えしかありません。

その答えとは「総格が一番重要で、総格に吉数及び、特に大吉数を用いると良い」と唱《とな》えています。

そのように唱《とな》えている姓名占い・判断が多く、そのような「本」等を購入し、自分の大切な赤子に対し「総格が何画数だから良い」などと思い込み「命名」する方が大半を占めています。

しかし、総格が何画数だから大吉数という鑑定であれば、命名計算式など簡単にできます。

また「総画の大吉数」から「姓」の画数を引き算し、出てきた答えの画数に対し、漢字を見つける方々がほとんどです。

このような引き算・足し算ができるのであれば、幼稚園・小学生の子供でも名前を付けることが簡単にできてしまいます。

例題❻－4

「総格の大吉数」－「姓（苗字）の画数」＝「命名」の画数

例えば、「元村《もとむら》」という「姓」の場合——。

㉛画数は大吉数）—（元村は4画と7画でそれを加えると11画数）＝20画数

20画数の答えが出てきました。

二字名を命名する場合、20画数にする条件は——。

1＋19、2＋18、3＋17、4＋16、5＋15、6＋14、7＋13、8＋12、9＋11、10＋10、11＋9、12＋8、13＋7、14＋6、15＋5、16＋4、17＋3、18＋2、19＋1、の19通りの組み合わせの条件があります。

漢和辞典から拾い出した場合、漢字の組み合わせの数は膨大な数（何百万通り）になり、そのなかから一つの漢字の組み合わせた条件の名前を「命名」するわけです。ましで、三字名を付ける場合、二字名より数は遥かに膨大《ぼうだい》な数になります。

このような計算式を使用し「（総格）が㉛画数だから大吉数」と、唱えている方々は、本当の姓名学を全く知らないばかりでなく、**「罪」**をつくる結果となることの恐ろしさを全く知らないといえます。

なぜならば、**「地格**（少年期）**」「中格**（中年期）**」**の運命条件を無視しなければ、総格に大吉数を「命名」することはできないからです。

重要

【例題６－４】の結果、**「地格**（少年期）**」**に20画数の答えが出てきましたが、その20画数の意味する内容は、巷《ちまた》で出版されているほとんどの「名前の本」でも、20画数は大凶と記されているかと思われます。

「正統姓名学画数表」の20画数の箇所を参照していただくと――。

〈**参照**〉20〔零《ぜろ》の大凶悪数〕４６６ページを参照してください。

・零数《ぜろすう》といい、一生懸命努力しても報《むく》われず志《こころざし》も中断する。一時的には良い運命の波に乗るが、途中で土台が崩《くず》れ失敗し零《ぜろ》になり、それを繰り返す。

・陰陽構成の条件が凶ならば、肉親の縁薄く、結婚運も弱く、家庭も不和・不幸で、離婚・生死別などがあり、金難・病難・災難・剣難・その他、難絶えず、また財産のある家に生まれても一代でその財産を失う傾向がある。また分裂《ぶんれつ》と離反《りはん》を繰り返し、すべての努力が水の泡となる大凶悪数である。

20画数には、右記のような答えがあります。

「総格が㉛画数だから大吉数」だからと、可愛いい我が子の**「地格（少年期）」**に20画数の大凶悪数条件の名前を「命名しますか?」「できますか?」。

例題❻－5

【例題6－4】では**「地格（少年期）」**の運命条件を記しましたが、ここでは**「中格（中年期）」**の運命条件の解説をします。

「元村」という「姓」に対し**【例題6－4】**から抜粋した「名」の「3＋17」の組み合せを使用した場合――。

（凶）●	元	4	11	
○	村	7	10	（凶）
○	三	3	20	（凶）
○	繁	17		
		31		（大吉）

「姓（苗字）の末尾の画数」＋名前の頭文字の画数＝中年期の運命の画数

（元村の**村**の画数⑦画数）＋（3＋17の組み合わせ頭文字の画数③画数）＝10画数

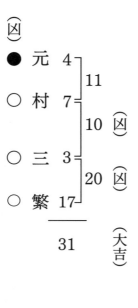

重要

計算をして**「中格（中年期）」**10画数の答えが出てきましたが、その10画数の意味する内容は、巷に出版されているほとんどの「名前の本」等でも大凶と記されていると思われます。

「正統姓名学画数表」の10画数の箇所を参照していただくと――。

〈参照〉 10〔零《ぜろ》の大凶悪数〕461ページを参照してください。

・零数《ぜろすう》といい、一生懸命努力しても報われず、分裂《ぶんれつ》と離反《りはん》を繰り返し零になる。
・不遜《ふそん》な心を抱き志も中断し、すべての努力が水の泡となる大凶悪数である。
・陰陽構成の条件が凶ならば、家庭も不和・不幸で、肉親の縁薄く、結婚運が弱く、生死別などがあり、金難・病難・災難・剣難・その他難絶えず、財産のある家に生まれても一代でその財産を失う。また悪い事が繰り返し起きる大凶悪数である。

――といった、10画数の答えがあります。

「総格が㉛画数だから大吉数」だからといって、可愛いい我が子の**「中格（中年期）」**の運命の画数に10画数の大凶悪数条件の名前を「命名しますか？」「できますか？」。

例題❻－6

「元村」という「姓」に対し【例題6－4】から抜粋した「名」の「13＋7」の組み合わせを使用した場合――。

（凶）				
●	元	4	11	
○	村	7	20	（凶）
○	義	13	20	（凶）
○	秀	7		
		31		（大吉）

（元村の**村**の末尾の画数⑦画数）＋（13＋7の組み合わせ頭文字の画数⑬画数）＝20画数

前述の【例題6－4】の、20画数の箇所を参照していただくと分かります。

例題❻－7

「2＋18」の組み合わせと、「12＋8」の組み合わせも、「元村」の**「村」**の画数⑦画数と名前の頭文字の画数②画数を加えると9画数になり、また末尾の画数⑦画数と名前の頭文字の画数

⑫画数を加えると19画数になり、9画数も19画数も「艱難辛苦の大凶数」となります。

例題❻－8

「5＋15」の組み合わせと、「15＋5」の組み合わせも、「元村」の**「村」**の画数⑦画数と名前の頭文字の画数⑤画数を加えると12画数になり、また末尾の画数⑦画数と名前の頭文字の画数⑮画数を加えると22画数になり、12画数も22画数も「分裂・離反の大凶数」です。

例題❻－9

「7＋13」の組み合わせと、「17＋3」の組み合わせも、「元村」の**「村」**の画数⑦画数と名前の頭文字の画数⑦画数を加えると14画数になり、また、末尾の画数⑦画数と名前の頭文字の画数⑰画数を加えると24画数になり、特に14画数は「難境の大凶数」ですが、24画数も「難境の吉・凶数」です。

例題❻－10

「9＋11」の組み合わせと、「19＋1」の組み合わせも、「元村」の**「村」**の画数⑦画数と名前の頭文字の画数⑨画数を加えると16画数になり、また、末尾の画数⑦画数と名前の頭文字の画数⑲画数を加えると26画数になり、16画数も26画数も波瀾万丈の凶・大凶数です。

注　意

「9＋11」の組み合わせを使用した場合、⑨は「衝突因縁」の①の条件になります。

以上【例題6－4】から【例題6－10】までを簡単に解説しましたが、詳しい内容は456ページ「正統姓名学画数運命表」と134ページ「衝突因縁」の①の箇所を参照していただけば、理解されると思います。

◇**結果**

十九通りの条件がありますが、十九通りのなかで使用することのできる条件の組み合わせは一つもありません。

まして漢和辞典から拾い出した場合、漢字の組み合わせの数は膨大な数になり、その中から一つの漢字の組み合わせた条件の名前を「命名」することになりますが、その「命名」した名前が、万一とんでもない名前であったなら……。

膨大な数の中からやっと選んだ漢字の組み合わせで「命名」したというのに、結果的に万分の一のチャンスにも該当しない大凶数の名前を「命名」することにもなりかねないのです。

重要

「地格（少年期）」「中格（中年期）」の運命条件を無視しなければ、**「総格（晩年期）」**に大吉数を「命名」することはできません。

３３３ページ「究極の運命鑑定」のなかの「天・地・中・総格画数条件の見極め方法」を熟読していただけたなら、総格に「㉛画数は大吉数」を使用することは、十九通りの組み合わせすべての条件において合致することはなく、絶対に「命名・改名」に使用できないことが理解されたと思います。

「地格（少年期）」の運命条件

「少年期の運命作用は、両親の中格（中年期）の運命条件に比例」するという「親子比例」の法則があります。

両親の中年期＝子どもの少年期

この「地格」の持つ本人の運命作用が現れてくるのは、ほんのわずかのパーセントであり、実際は両親の**「中格（中年期）」**の運命条件の占める割合がほとんどです。両親の**「中格（中年期）」**が吉数であれば、子供の「地格」の運命条件も吉数の条件の名前が「命名」される可能性が高く、逆に両親の**「中格（中年期）」**が凶数であれば、子供の少年期の運命条件も凶数の条件の名前が「命名」され、親子一心同体の如《ごと》く一致します。

注意

少年期の運命条件は、両親の**「中格（中年期）」**の運命条件と合わせて鑑定すると解明することができます。

ただし、少年期の画数条件が顕著に現れる場合があり、次の【例題6－11】【例題6－12】で簡単に説明します。

例題❻－11

「水性」の名前が付けられて、なお且つ頭領数《とうりょうすう》という15画数という大吉数の条件の「地格」の運命条件を持った子供の少年期の条件がある場合――。

・「正統姓名学画数運命表」463ページの15画数を参照。

15画〔才能・知恵・人徳・頭領の大吉数〕

・緻密《ちみつ》な計画性をもって才能・知恵・人徳《じんとく》を生かし、すべて順調な発展に恵まれ、成功運が強く、また人望厚く、人の頭領・指導者・経営者となり、権力・財力を得て名誉をあげ立身出世し大業を成《な》し遂《と》げ、最高の幸福を掴《つか》み、大成功する大吉数である。物心両面に恵まれ、家庭も円満である。

◇鑑定結果

「水性」＝頭脳明晰で人の上に立つ＝頭領数《とうりょうすう》であり、答えは少年期、頭が良く、優秀で、人気もので、物事が順調に流れる……という結論に達する。

例題⑥―12

「水性」の名前が付けられて、なお且つ14画数という大凶数の条件の「地格」の運命条件を持った子供の少年期の条件がある場合――。

・「正統姓名学画数運命表」462ページの14画数を参照。

【14画〔難境《なんきょう》の大凶数〕】

・才能・知恵があるにも拘《かか》わらず、好機や金銭に恵まれず、また思い通りにはならず困窮《こんきゅう》し失敗を招き日影の苦しみを味わい、不平・不満・不安・不和・不徳《ふとく》が付きまとい、努力が徒《と》労《ろう》に終わる大凶数である。

・陰陽構成の条件が凶ならば、家庭的にも不和・不幸で病難・災難・金難・剣難・その他難に遭いやすい。肉親の縁薄く、結婚運が弱く、離婚しやすい。また精神・肉体的に苦労がある大凶数である。

・陰陽構成の条件により極端な波乱含みの人生を送る。

◇**鑑定結果**

このような運命条件がある場合、答えは「水性」＝頭脳明晰《めいせき》であるが、14画数の内容条件が含まれている通り、波乱含みの人生で、徒労《とろう》に終わる……という結論に達します。

以上、「地格は少年期の運命条件で、両親の**中格**（中年期）の運命条件に比例」と解説してきましたが、運命条件に反比例する場合、**「親子反比例」**という法則もあります。

例題❻－12

例えば、少年期の運命条件は吉数であるが両親の**「中格**（中年期）**」**の運命条件は凶数という、相反《そうはん》する条件の運命条件があり、またその逆もあります。

◇**鑑定結果**

この場合の答えは、両親の離婚か生死別の傾向の運命作用が強く現れます。

例えば、両親の運命条件が、父親が吉数、母親が凶数、二人の子供の四人家族の場合です。やはりこの場合の答えも、離婚か生死別の傾向の運命作用が強く現れ、二人の子供もそれぞれが持つ吉数・凶数の運命条件が引き金となり、父親が吉数＝子供（兄）も吉数、母親が凶数＝子供（妹）も凶数と、自然に吉＝吉、凶＝凶というようにイコール関係が成立、父親が吉数の子供（兄）を引き取り、母親が凶数の子供（妹）を引き取る結果となります。

故に、このような反比例する場合の運命条件が一部あります。

詳しくは、３３４ページの「一蓮托生《いちれんたくしょう》」に載せてありますので参照してください。

注意

鑑定する場合において、少年期の運命条件を解明するのは非常に難しく、両親の**「中格（中年期）」**の運命条件と合わせて鑑定しなければ解明することができません。

重要

この**「地格」**は、「天格・中格・地格・総格」の中で一番重要性を帯び、「中格」及び「総格」の運命にまで強い影響力をもち、重大時に現れてくる。

運命条件によっては、「地格」の少年期の「凶数」が80歳以上まで及ぶこともある。

「外格」に関しての矛盾

ここで述べる「外格」に関しては、必ず「陰陽構成・五行・画数・意義・天地」を解読してからお読みください。**極めて注意すべきこと**を、述べます。

この「外格」に関しては、多くの出版物はほとんど「社交運」などというような言葉で表現しています。

例題❻－13

③ 5 9 ④
丸 本 信 夫
○ ○ ○ ●

「外格」とは、「丸の3画」と「夫の4画」を加えた画数7画の大吉を表しますが「正統姓名学」では、全く無意味です。なぜなら、この例題の条件は、蒔直《まきなおし》陰陽構成で凶。信の⑨画は「衝突因縁」で大凶であるためです。

◆矛盾その①……完全陰陽構成で表すと「姓」によっては、良い外格画数になる場合もあるが、悪い外格画数になる場合も出てくる。

例題❻―14 **完全陰陽構成の場合**

9	香	○
16	沢	●
13	照	○
10	晃	●

（完全陰陽）

外格は19画数

8	岸	●
11	部	○
6	好	●
（3）	子	○

（完全陰陽）

外格は11画数

3	千	○
19	藤	○
6	年	●
9	秋	○

（完全陰陽）

外格は12画数

4	中	●
10	納	●
5	正	○
6	江	●

（完全陰陽）

外格は10画数

この四人のうち三人は「外格」が大凶悪・大凶・凶の条件ですが、完全陰陽構成です。故に、凶作用はありません。

〈注意〉 右の例題の「岸部好子」の場合のように、「子」は陰陽構成を鑑定する時のみ3画とするが、画数鑑定においては女性を表す形容詞のため、画数には入れない。

例題⑥—15 **不完全陰陽構成の場合**

7	村	○
8	岡	●
9	春	○
1	一	○

（弱圧迫《じゃくあっぱく》陰陽）

外格は8画数

5	石	○
7	呂	○
7	秀	○
6	行	●

（蒔直《まきなおし》陰陽）

外格は11画数

12	菊	●
5	田	○
8	昌	●
6	江	●

（弱圧迫陰陽）

外格は18画数

12	黒	●
8	河	●
8	房	●
（3）	子	○

（蒔直陰陽）

外格は15画数

○ 里 7
● 井 4
● 哲 10
○ 章 11
（圧迫《あっぱく》陰陽）
外格は18画数

○ 三 3
○ 星 9
○ 保 9
○ 弘 5
（片寄《かたより》陰陽）
外格は8画数

○ 宏 7
○ 山 3
● 文 4
● 夫 4
（中断《ちゅうだん》陰陽）
外格は11画数

● 夏 10
○ 山 3
○ 史 5
● 枝 8
（圧迫陰陽）
外格は18画数

● 中 4
● 戸 4
● 五 4
● 月 4
（片寄陰陽）
外格は8画数

● 西 6
● 橋 16
○ 良 7
○ 美 9
（中断陰陽）
外格は15画数

この十人の例は「外格」は大吉・中凶・吉の条件でありますが、不完全陰陽構成（弱圧迫《じゃくあっぱく》陰陽・蒔直《まきなおし》陰陽・圧迫《あっぱく》陰陽・片寄《かたより》陰陽・中断《ちゅうだん》陰陽）であります故に、大凶悪・大凶・凶となります。

◇矛盾その二……「姓」の頭文字が奇数の場合、名前の一番下の文字を偶数にすると「外格」は大吉・吉数を付けることができるが、「陰陽構成」を完全条件にできない場合がある。「陰陽構成」は、正統姓名学において第一条件である。

◇矛盾その三……「外格」の社交運（交際運）とは「外格」の画数の吉凶で、人間関係を判断するが、それは不可能。　なぜならば、たとえ「外格」が良くても、性格及び運命が悪ければ、人間関係において円滑に物事が運ぶことはない。人間関係のすべてが最終的には**「心」**と**「心」**のつながりで結ばれているのであり**「心」**とは前述した**性格**の**長所・短所**の現れであり、画数の吉凶で**「心」**の変化を掴《つか》むことはできないはずである。

◇矛盾その四……「社交運（交際運）」は、自分自身、自ら作り上げるものであり**「外格」**の画数の吉凶で作るものではない。

なお、「外格」を重んじると「地格・中格・総格」及び「陰陽」「五行」「画数」「意義」「天地」など、必ず何かの条件を欠く結果となり、大凶の条件になりやすく、完全な姓名学からはかけ離れてしまいます故に、「外格」は「正統姓名学」においては全く**無意味**です。

「画数」に関しての矛盾

画数を数える場合、一画数違うだけで、その運命は「天」と「地」のように雲泥《うんでい》の差が生じてきますので、確実に巻末《かんまつ》の「正統姓名学辞典」を参照し、絶対に間違わないように鑑定してください。

ある姓名判断では「氵　サンズイ」は「水《みず》」で4画・「冫　ニスイ」は「氷《こおり》」で5画・「艹　クサカンムリ」は「艸《くさ》」で6画・「忄　リッシンベン」は「心《こころ》」で4画・「辶　シンニュウ」は「辵《ちゃく》」で7画と唱えています。

また、1画から10画までは、その数と同じ画数であると説いて「八」は8画・「十」は10画と唱えていながら、「百」は何画かと思えば6画と、また「千」は何画かと思えば3画です。

しかし、これには**矛盾**があります。「八」が8画・「十」が10画ならば「百」は100画、「千」は1000画でなければなりません。

このように**矛盾**が生じてしまっては、本来の姓名学からかけ離れてしまいます。

また、字画数だけで「善《よ》し悪《あ》し」を判断するため、鑑定内容が姓名学の真理からもかけ離れてしまいます。

現在市販されている漢和辞典には画数が記載してありますが、「江」の字の画数を調べても、どの漢和辞典でも**6**画数であり、**7**画数という**漢和辞典**はありません。また「八」の字の画数を調べても、どの漢和辞典でも**2**画数であり、**8**画数という**漢和辞典**はありません。

字画数だけでよければ小学生でも「命名・改名」「姓名判断」までも簡単にできます。

この字画数判断の占める割合は一〇〇パーセントですが、「正統姓名学」では、その占める割合は一五〜二〇パーセント弱です。これだけでもお分かりになると思いますが、字画数だけでは**「真の鑑定」**には遠く及ばないということです。

〈参考〉矛盾とは、一般に、理屈として二つの事柄のつじつまが一致しないこと。

「三字名」の例

まずは、「三字名」の具体例を列挙してみます。

二三子　三恵子　百合子　千恵子　久美子　婦美子　美千子　美知子　美智子　美江子　美栄子　由利子　由貴子　由美子　加津子　真喜子　智江子

三代子　三智子　千代美　千鶴子　江美子　都美子　美千代　美砂子　美智江　美知代　美恵子　由里子　由喜子　加代子　江津子　真紀子　智枝子

三枝子　三重子　千代子　千寿子　枝美子　恵美子　美佐子　美津江　美智枝　美奈子　美穂子　由希子　由紀江　佳代子　志津江　真貴子　知恵子

三奈子　三津子　千枝子　千栄子　芙美子　栄美子　美佐世　美津枝　美智代　美枝子　喜代美　由紀子　由香里　佳世子　奈津江　真樹子　智恵子

三千子　八千代　千津子　万里子　笑美子　優美子　美佐緒　美津子　美智恵　美保子　紀代美　由起子　由加里　香代子　恵津子　真理子　智恵美

三千代　八重子　千恵美　満里子　英美子　絵美子　美沙子　美津恵　美代子　美都子　貴代美　由記子　由香利　嘉代子　喜久子　真利子　紀久子

多喜子　多賀子　多加子　多佳子　多美子　登美子
麻理子　麻里子　麻利子　麻紀子　登喜子　登志子
小百合　友紀子　実千代　佳穂利　佐和子　有希子
富美子　富美恵　富貴子　富美江　裕見子　裕美子
祐美子　有紀子　有美子　喜美子　貴美子　貴世子
あいこ　あかね　あきこ　あけみ　あすか　あつこ
あやこ　あゆみ　ありさ　ありす　いくえ　いおり
いをり　いずみ　えつこ　えみこ　えりか　えりこ
かおり　かずこ　かよこ　かおる　きみえ　きみこ
きよこ　きよみ　きくえ　こずえ　けいこ　さきこ
さくら　さちこ　さつき　さとみ　さなえ　さやか
さゆり　さかえ　しづえ　しずか　しのぶ　すみこ
すみれ　ちはる　せつこ　そのこ　たえこ　たかこ
たまき　ちえこ　ちづこ　てるみ　としこ　ともえ
とよみ　なおこ　なおみ　ななみ　のりこ　はるみ
はるか　はるな　はるの　ひでこ　ひとみ　ひろこ
ひろみ　ひさこ　ふみこ　ふじえ　まきこ　まさこ

まさみ　まちこ　まゆみ　まみこ　まりこ　みえこ
みさき　みさこ　みさよ　みちこ　みちよ　みちる
みつこ　みづき　みずほ　みづえ　みどり　みゆき
みよこ　むつみ　むつこ　めぐみ　もとこ　やえこ
やすこ　やよい　ゆうこ　ゆかり　ゆきえ　ゆきこ
ゆきの　ゆみこ　ゆりえ　ゆりこ　ようこ　よしえ
よしこ　よしみ　よしの　りえこ　るみこ　れいこ　その他

重要注意

右に「三字名」の例として列挙した名前に**「命名・改名」**すると、**病気の主因三通り**となる場合があることを自覚してください。

254ページ**「病気の原因（木・火・土・金・水性）」**を参照してください。

「現在流行名」の例

昨今、いろいろな暗いイメージの名前や突拍子もないような名前、当て字の名前が多くなっていく傾向があります。

親がどのような気持ちや理由で「命名」したのか知りませんが、夜の世界に多用され、その世界に適合するような名前（源氏名《げんじめい》）が多くなってきました。

世の中も性的氾濫《はんらん》の時代になり、婦女子の貞操観念《ていそうかんねん》の低下が見受けられます。その原因は、そのような条件を生み出す名前が多くなってきたためです。

そのような名前には、必ず**「水性」**が入っています。

「水性」とは、頭脳明晰《ずのうめいせき》であるけれど愛情面に脆《もろ》く、色情に走りやすい。また健康・家庭運が悪く、すべての条件に恵まれ難いのが「水性」であります。

今日では女子学生の名前約五〇パーセント以上に、必ず「水性」が入っていますが、それがそのような時代の背景を示しています。「水性」は、自然の恵みを受け難い条件などがあるため、名前の中には絶対に入れるべきではありません。

なお、「流行名」に捉《とら》われたのであれば取り返しのつかない結果を招くことになります。

注意❶

次に抜粋した名前は、画数条件だけは良いのですが、80ページ「五行」の箇所と254ページ「病気の原因（木・火・土・金・水性）」を参照していただければ分かる通り、「命名・改名」には使用を避けるべきです。

友美　仁美　江美　好美　朱美　尚美　明美　和美　奈美
直美　佳美　治美　幸美　昌美　芳美　政美　晴美　雅美
智美　裕美　勝美　博美　富美　恵美　その他

注意❷

次に抜粋した名前は、巻末の「正統姓名学画数表」の10画数・19画数・20画数・22画数を参照していただければ、「命名・改名」には使用を避けるべきだと分かります。

真美　一美　浩美　珠美　清美　麻美　淑美　麻耶　睦美
照美　その他

注意❸

次に抜粋した名前は、巻末の「正統姓名学画数表」の12画数・14画数・16画数を参照していただければ、「命名・改名」には使用を避けるべきだと分かります。

久美　由美　正美　弘美　冬美　令美　克美　宏美
希美　秀美　那美　利美　里美　良美　初美　その他

注意④

次に抜粋した名前は、画数条件の善し悪しに関係なく、134ページ「衝突因縁」の箇所を参照していただければ、「命名・改名」には使用することを**絶対**に避けるべきであることが分かります。

美那　美里　美佳　美幸　美治　美紀　美江　美奈
美穂　美代　美恵　美春　美和　春美　洋美　紀美
重美　英美　俊美　昭美　茂美　厚美　恒美　玲美
秋代　咲美　映美　苗美　香美　律美　泉美　則美
保美　耶美　音美　その他

以上「注意①〜④」に示した条件の名前は、現代ならどこにでもいる女性に見受けられる名前です。確かに現代的ではありますが、**「美」**という綺麗で美しい漢字には、さまざまな「凶条件」が入り混じっています。
「改名・命名」する時に、この「美」という漢字を使えるならば、いとも簡単にできます。この**『秘傳《ひでん》』**を熟読された方なら、私の言っていることがお分かりになっていただけると思います。

第七章

運命は変えられるか

「姓名学」との相違

運命を変えることができるもの（後天運）

◆方位・家相・姓名学

易学のなかでも、運命、その他が悪くても「変えることができるもの」があります。第一に「方位学」、第二に「家相学」、第三に「姓名学」です。

第一の「方位学」と第二の「家相学」は、すべてを変えることができるかというと、そうではありません。条件により変えることができない場合もあります。

①方位学

「方位学」では、吉方《きっぽう》及び凶方《きょうほう》があり、凶方を避《さ》けて、吉方を選ぶことはできますが、全てに吉方だけを用いることは不可能です。

例えばセールスマンの場合、重要な契約や集金をするのに、凶方からのお客様に対して「凶方だから、後日お伺いします」というわけにはいかないはずです。

吉方だから良い・凶方だから悪いと判断して、日常使い分けることは難しいわけです。

また、その年（月日）によって辰巳《たつみ》（東南）の方位が吉方であると分かっていても、病気で緊急入院するとき、吉方に病院があるとは限らず、また救急車がその方向に運んでくれるとも限りません。また移転・移動する場合、最高の方位であるにも拘《かか》わらず、地域によって辰巳の方向が海や山であったならば、最高の吉方方向には入院・移転・移動は不可能です。しかしながら他の吉方を選べば、入院・移転・移動することも可能になります。

「方位学」は、その年・地域によっては、吉方を用いることができますが、全てというわけにはいかないのです。

〈参考〉　移転しようとする場所が凶方の場合、一時吉方に仮移転し、そこから目的地に、吉方の時期が来たら移転することができます。

②家相学

「家相学」では、第一の「方位学」と同じく変えることができる場合もあれば、変えることのできない場合もあります。

門・玄関・風呂場・居間・便所・その他、「家相学」上、凶相《きょうそう》なところは改造できますが、条件によって凶相なところがあっても改造することのできない場合があります。

例えば、道路が東西に走っている場合、道路よりも南側の土地と家を持っている人は、どうしても門が北向きにならざるをえず、この場合、絶対に変えることはできません。「家相学」では、門及び玄関は東南・東方か南方向きが大吉ですが、公団住宅やマンションやアパートではすべて北面側が玄関になっています。

これはあまり良い条件ではありませんが、東面側及び南面側に玄関を改造することは不可能です。

③姓名学

「姓名学」では悪い名前であっても、変えることができます。これは「改名」という条件があるからです。例えば「姓」が悪い条件を持っている場合、養子に入るか、婿養子《むこようし》になるかして、妻の「姓」に籍を移すことによって「姓」を変えることができます。

しかし、もっと簡単な方法があります。それは自然界の法則に法《のっと》って、「姓」に対して調和する「名前」を付けることです。それこそが、自らの意志で運命を変えていくことに繋《つな》がるのです。それが「改名」です。

「改名」の条件で特に知っていただきたいのは、たとえ「姓」の条件が大凶であっても、下にくる名前の条件で、その大凶を取り除くことができ、強い運命に変えることができるということです。

運命を変えることができないもの

現在、易学《えきがく》の中には、運命を変えることの難しいものが八〇パーセント以上を占めています。人相、手相、十二支《じゅうにし》、生年月日、血液型などは先天運であるため、自分の意志では変えることが非常に難しいです。

〈参考〉先天……人が生まれる前から持っているもの。

◆人相学

「人相が悪い！」と言われても、生まれもった顔を変えるわけにはいきません。美容整形で顔を美しく変えることはできますが、人相学上良い顔になるわけではありません。

ただし、美しい顔になった場合、日常生活においては優位な条件になります。しかしながら、結婚して子供が生まれた場合、整形後の良い人相の子供が生まれることはありません。

◆**手相学**

「手相学」では、生命線が途中で切れている場合、または生命線が薄く短い場合、生命線を鉛筆で太く長く書くわけにはいかず、また彫刻刀で彫るわけにもいきません。

〈**参考**〉昨今《さっこん》では、手相も整形手術により変えることがあるようだ。ただし、その手術の結果・効果は発表されていない。

◆**十二支**

「十二支」の場合、丙午《ひのえうま》の年に生まれた女の子は「夫を殺す」という迷信で大凶となっていますが、現代医学であれば胎児が「男であるか?」「女であるか?」は簡単に見分けられます。仮に女の子だとした場合、縁起が悪いからといって堕胎する人はいないと思います。

女の子が生まれた場合、丙午《ひのえうま》だから一生駄目《だめ》と決めつけられたのであれば、その暗示を背負って日々を生きていかなくてはなりません。

◆**生年月日**

「生年月日」の場合、これは絶対的に変えることはできません。

大安の日は縁起が良いからその日に「生みたい!」、仏滅の日は縁起が悪いから「避《さ》けたい！」、また、四と九の付く日は縁起が悪いから「避けたい！」、というわけにはなかなかいきません。

◆血液型占い
「血液型占い」は今日流行《はや》りのもので「A型が良い、悪い」といっても、B型からA型に血液を変更することは不可能であり、これも変えることはできないものです。

重要注意
「先天運」とは人が生まれる前から持っているもので、先祖・両親から受け継いだものです。自分の意志ではどうすることもできず、また自分が望んだものでもありません。

道を究《きわ》める

「道」を究めた権威者（人相・手相・観想・姓名）が一人の人間を鑑定した場合、手法は違えど鑑定結果は一致するはずだと思います。
どの分野においても、「道」を究めるには強い信念を持ち、長い年月の努力と実践を繰り返すことが必要になります。究極を求めなければ、「道」を究めることはできません。

しかし、この**「正統姓名学」**を追究すればするほど、厳しく、恐ろしいものはありません。また逆に心強い味方でもあります。

強い意志

「手相」「人相」は前述した通り、先天運であるため、自分の意志では変えることが非常に難しいのです。

「手相・人相」は自然に変わっていくものであり、例えば「手相」の場合、一年ごとにコピーして比較すると、「手相」が変わっていることが分かります。

「姓名学」は、悪い条件の名前であっても**自分の「強い意志」**で変える（改名）ことができます。しかし「姓名」は「手相・人相」のようには自然に変わっていくことはありません。例えば、結婚し「姓」は変わっても「名前」が変わることは絶対にありません。

易学（手相・人相・その他）の中で完全に**自分の「強い意志」**で運命を変えることができるのは**「姓名学」**をおいて他はありません。

「改名」することにより、運命を変えていくことができるということです。

次ページの**「運命図」**は、人間の運命を分かりやすく図表にしたものです。

運命図

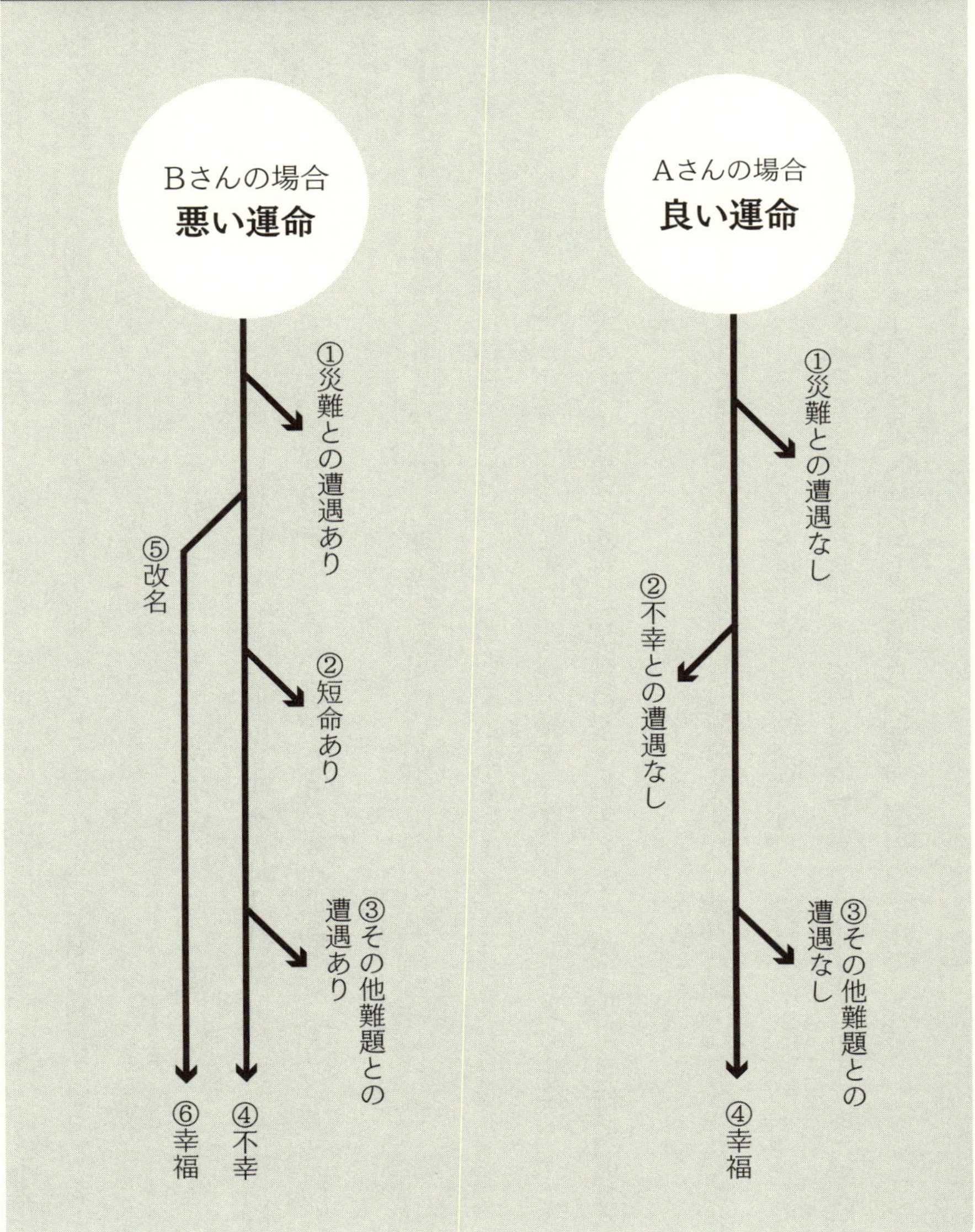
Aさんの場合
良い運命
①災難との遭遇なし
②不幸との遭遇なし
③その他難題との遭遇なし
④幸福
Bさんの場合
悪い運命
①災難との遭遇あり
②短命あり
③その他難題との遭遇あり
④不幸
⑤改名
⑥幸福

Aさんは姓名の条件（陰陽・五行・画数・意義・天地）が完全な場合です。①難、②不幸、③その他の難題《なんだい》などの問題が、自然に解決し、遭遇《そうぐう》することがなく、幸福を掴《つか》むことのできる運命です。

Bさんは姓名の条件（陰陽・五行・画数・意義・天地）が不完全で、凶悪の場合です。常に①災難、②諸問題、③その他の「難《なん》」に遭遇し、身の回りに平和がなく、最終的に④不幸に終わります。しかし⑤改名によって、自分自身の運命を選択し⑥の幸福を掴《つか》むことができる運命に変わります。

Bさんほか、姓名の条件（陰陽・五行・画数・意義・天地）が不完全で凶悪の場合、常に①②③④の運命を知らず災難に遭遇し苦しみ、死と遭遇する人もいます。

また最終まで行き着くことができたとしても、やはり艱難辛苦《かんなんしんく》の人生しかありません。

Aさんも Bさんも運命の道（①②③④⑤⑥……）はたくさんありますが、歩んで行く道はたった**「一本」**しかありません。

人々は、なかなか図表のように明確には分かりませんが、Aさんの姓名条件の完全な人は迷うことなく、本来の「幸福への道」を簡単に歩むことができます。

Bさんの姓名条件が凶悪の場合、大局が見えず、災難に遭遇しやすく不幸へ不幸へと進んで行きます。**「改名」**により、大局を見て迷うことなく良い運命の道を歩んでください。

人の運命は山登りと同じ

人の運命をたとえれば、山登りと同じです。

「険《けわ》しい危険のある近道を選《えら》ぶか？」「傾斜の少ない安全な道を選《えら》ぶか？」、二つに一つです。どちらも最終目的の頂上は同じですが、前者は険しい危険率の高い道故に、いつ「転落するか？」「遭難するか？」全く分かりません。また、頂上に到達することはなかなか容易ではありません。

頂上に辿《たど》り着くにはいくつかの手段があり、脚《あし》を使って登るか、ケーブルカーで頂上を目指すか、ロープウエーの手段もあり、残りのもう一つはヘリコプターで一気に頂上に飛び上がるという方法もあります。

誰でもが苦労せず**「安全な道」**を選びたいと思いますが、その**「安全な道」**が目の前にあることが分からないというのが、大半の人々の現状です。

これも運命の一環なのです。その**「安全な道」**を見つけ出し、順調に進むことができるようになるのが姓名学でいう**「改名」**であり、また正しい**「命名」**です。

運命の選択

「運命」とは、人間の意志に拘《かかわ》らず課せられた、「人生」という吉凶禍福《かふく》の道程《みちのり》だということがいえます。

人が誕生し、死ぬまでの運命は、生まれ出る時に定められた条件の流れに過ぎません。幸福になる人、不幸になる人、すべて定められた運命なのです。

例えば「幸福になりたい！」と思い、努力して幸福を掴《つか》んだ場合、その努力をすること自体、運命の一環に過ぎないのです。

その反対に「幸福になりたい！」と努力しても、それを掴むことのできない人はたくさんいます。これも運命の一環なのです。

また「改名」して「運命が変わった！」「良くなった！」と、この人の運命は途中で**「改名」**し、そして良くなっていく、これも運命の一環なのです。

仮に「改名しなさい」と言っても「改名」しない人、また、人に反対され「改名」できない人が多く、これも、「改名」せず、本人の持っている凶悪な条件を背負って人生を歩むという運命の一環なのです。

さらに、短命の人も長命の人もすべての人間は、「運命」という二文字の言葉に支配されています。

けれども「運命を変えることができない」と悲観することはありません。

そして人生をより良い方向に変えようと努力することです。それは自らの**「強い意志」**で**「運命」**を選択するということです。

人の運命は木と同じ

木には、大きな木もあれば小さな木もあります。それは、あたかも「人間の枠《わく》」と同じようです。

新芽がすくすく伸びる枝もあれば、途中で伸びが止まる枝、風のため折れる枝や枯れる枝もあり、また実が全く生《な》らない木もあれば、実がたくさん生る木もあります。

素直に真っすぐ伸びた木は多くの使い道があるのに対し、曲がって捻《ひね》くれている木は使い道がありません。

人間も片意地《かたいじ》を張るのではなく、素直な生き方をしてこそ、自分を生かすことができます。

「木」は人間の**「運命」**そのものを表わしています。

命名とは何か

私たちが案外簡単に使ってしまっている**「命名する」**とは、一体どういうことなのでしょうか。

「命名」――それは**意義**（字義《じぎ》）の通りで、**「命《いのち》」**に**「名《な》」**を付けるということです。

この「命名」が、その子の一生涯を支配します。故に、「姓」に対してすべての五大条件（陰陽・五行・画数・意義・天地）を調和させてこそ、自然の恵みを受けることのできる良い名前が付くのです。

なお、「正統姓名学」を無視して名前を付けるということは、重大な過失を招く結果となります。

また「命名」する時は、子供の一生涯がかかっていますので、慎重に熟慮《じゅくりょ》し、良い名前を付けることで、それは両親が子供に対する愛情であり、義務です。

その義務を怠《おこた》り、悪い名前を付けたのであれば、両親及び名付け親自体、大きな**「罪」**をつくる結果となり、その結果は必ず子供及び両親に降りかかってきますので、特に**「命名」**するときには細心の注意が必要です。

重要

命名とは、人間が自分の意志で運命を想像できる唯一の手段です。

命名する場合

親にとっては、我が子の誕生は最高の喜びであり、また不安なことでもあります。

まず一番に考えなければならないことは「名前を何と付けようか？」ということで、その心境はその子が「健康で真面目《まじめ》で良い子になり、立派に成長し、立身出世《りっしんしゅっせ》する」というような願いが一瞬の間に脳裏を駆《か》け巡《めぐ》るはずです。

人にはそれぞれの宿命《しゅくめい》があり、例えば子の立場から親を選ぶ権利も自由もなければ、親が子を選ぶ自由もありません。

それは**「先天運」**（宿命）**」**であり、それを変えることは不可能です。けれども**「後天運」**によって、親の立場からその子を良い人生の方向に導くことはできます。

その原点が正統姓名学の**「命名」**です。

よく世の中には「名前なんか、どうでもよい」と言う親や「名前の付け方で運命の吉凶・死活など左右されるわけがない」などと鼻であしらっている親がいますが、またそれは一知半解《いっちはんかい》（なまかじりで知識が十分に自分のものになっていないこと）の学問を鼻にかけた人々の言う言葉です。

そのような人の言うことを鵜呑《うの》みにする親は、愛しい子の人生の第一歩（原点）を踏《ふ》み外《はず》させてしまう結果となります。

現在では、子の名前をいとも簡単に付ける傾向があります。

親や仲人《なこうど》及び神社・寺、または姓名（占い）判断を少し噛《かじ》った人などに「命名」してもらうことが多く見受けられます。

特に神社・寺で「命名」していただいたから良い名前だと考えている親がいますが、これは大きな間違いなのです。神社は「神」を祀《まつ》るところであり、寺は仏、及び先祖霊を供養《くよう》するところで名前を付ける場所ではありません。

なぜか、鑑定してもらった多くの人が「神社・寺で命名していただいた」と言います。ところが「命名」した名前を鑑定してみると、同じ神社・寺で命名してもらっているにも拘《かかわ》らず、兄弟で兄は大吉、弟は大凶というような「天」と「地」の差のある名前が「命名」されているのです。

その「命名」した時の状態を親御さんに聞いてみたところ、「名前を三つ拾い出し、そのなかから気に入った名前を一つ選択《せんたく》する方法でした」とのことでした。そのようなやり方では宝くじが当たるのと、何ら変わりありません。

また姓名（占い）判断を少しかじった人などは、諺《ことわざ》にある「生兵法《なまびょうほう》は大怪我《おおけが》のもと」のように、本当は危険極まりない名付けをしているのです。

親自身、いろいろな姓名判断の本を読みあさり、暗中模索《あんちゅうもさく》のままになんとなく親自身の好みによって「命名」する方がほとんどでしょう。しかしそのようなことでは、自分の一番大切な子の人生を、大きく狂わせる結果となり、また、そのように簡単に名前を付けたのであれば、犬や猫に名前を付けるのと同様、子に対する親の愛情の一片も感じられません。

重要注意

特に留意・注意していただきたい点は、たとえ親の好みで付けた簡単な名前であったとしても、付けた親の「運命」同様に、我が子にもその**「運命に相応《そうおう》の名前」**を付けてしまうのです。

特に幼年期から少年期にかけては、その子自身の姓名（運命）の吉凶よりも、両親の姓名（運命）の吉凶によってより大きく左右されます。

例えば、両親の姓名（運命）のなかに、肉親に縁薄く、家庭も不和・不幸、その他大凶悪の運命条件がある場合、自然と我が子にも、両親と同様な大凶悪の運命条件の名前を付けてしまうものなのです。

また、子に大凶悪の運命条件の名前を付けたのであれば、それが悪い運命の起爆装置となり、両親自身も大きく左右され、離婚、家庭不和、その他さまざまな諸問題が生じてきます。

なお、両親がもともと良い姓名の条件にある場合は、必然と子に対し良い名前を「命名する」確率が高くなります。

より良い幸せな家庭をつくるためには、我が子に良い名前を付けると共に、両親の姓名が悪い場合、両親自ら**「改名」**して姓名を良くしなければならないのです。

〈参考〉
・一知半解《いっちはんかい》の学問……生噛《なまかじ》りの知識。
・生兵法《なまびょうほう》は大怪我のもと……中途半端な生噛りの知識を元にして、物事をすると大失敗をするということ。
・暗中模索《あんちゅうもさく》……暗闇の中を手探りで物を探すこと。

「改名」とは

姓名学的にいう**「改名」**とは、姓（苗字）に対して合う名前を改めて付け直すことをいいます。

姓（苗字）に合う名前とは**「陰陽」「五行」「画数」「意義」「天地」**の五大条件の調和が完全にとれているものをいいます。

現在では、ほとんどの人が何らかの形で「姓名判断の本」などを読みます。今、「姓名判断の本」と言いましたが、ここで是非言わなければならない重要な事柄があります。

それは、巷《ちまた》には姓名判断等の書物がたくさん出回っていますが、その本を書いた著者自身の名前を鑑定すると、著者の名前が凶か大凶の運命を持っている方々が多く、おそらくペンネームだから良いと思われている傾向が感じられます。しかし、これが仮にペンネームではなく著者自身の名前であるならば、自分自身の姓名さえ判断できていないことになり、大変な**「罪」**をつくる結果となります。またペンネームであろうとも、「姓名判断の本」に関わっている以上、しっかりとしたペンネームを使用すべきです。

実際「正統姓名学」を読んで、ご理解いただいた方なら、私の言っていることが「本当か？」「嘘なのか？」がお分かりになると思います。

ここに書かれている文面は、非常識に感じられると思いますが、これは私事《わたくしごと》で言っているのではありません。「改名」はその人の一生涯の運命に作用を及ぼす故に、また「命名」にしても同じことであり、何も知らない読者に対し、何の根拠もない著者たちが持論を吹聴《ふいちょう》し、**「罪」**をつくることに加担《かたん》してはならないとの一心で言っているのです。

「改名」とは、簡単で生易《なまやさ》しいものでなく、姓名学の条件等を**「究《きわ》め」**てくると、ここではまだ言えませんが、**非常に恐ろしいものであり、また非常に尊《とうと》く重要なものでもあります。**

注意

自称姓名鑑定家という、町でよく見かける方々などに判断してもらい「名前が悪い！」とか「短命だ！」とか「後家相だ！」とか言われている方がいます。

「改名しなさい！　そうすればあなたの運命が良くなります」などとよく耳にすることですが、「改名」の場合、鑑定家自身、基本のしっかりした人（基本が確実な鑑定家は二パーセントもいない）でなければ「改名」しても良くなることはなく、反対に基本が間違っていれば凶作用が出ます。

後述する、戦国時代を代表する武将である織田信長にしても武田信玄にしても、幼・少年期の「姓名」条件は良かったわけですが、その後、大凶悪の名前に「改名」したことにより、凶作用条件の波に呑《の》み込まれてしまいました。

この過去の戦国武将二名の例を取り上げてみても分かるように、本人たちは「良かれ」と思い「改名」したのにも拘《かか》わらず、天下統一の夢も幻《まぼろし》に終わってしまったのです。

故に、危険窮《きわま》りないのです。

私共の所に鑑定に来られる方々のなかには、実際、他で「改名」した名前よりも、元の名前のが方が遥《はる》かに良い人がいます。

「改名」しても、その名前自体「姓名学五大条件」に法《のっと》っていなければ、良くなることは決してないのです。

鑑定家のなかには、「改名」した名前を「一万回書くと良くなる」とか、「恵」という文字（姓名鑑定は旧漢字を使用）は12画数なのに、「恵」（新漢字の10画数）を多く使用していれば「その文字の作用の方が強く出る」など、とても鑑定家とは思えない素人に毛が生えたようなことを言う方もいます。

また、まるで根本を知らず分からず、「改名すれば良くなる！」と一つ覚えのようなことを言う鑑定家や、「名前の方は良いが、**姓**の方が悪い」などと「名前」が基で「姓」が後から付くようなことをいう鑑定家（本来、姓＝苗字に対して名前を調和させるのが基本）なども多いのです。

このような方々に「改名」して頂いた場合、「改名」本来の吉作用は出ず、凶作用だけが多く出ますので大変危険です。

最重要

「改名」とは生易《なまやさし》いものではなく、「姓名学五大条件」に法《のっと》たものであり、さらに本人が根本を理解、把握《はあく》し、努力を重ね、反省し、悟らなければ、運命は変わっていくことは決してありません。

「改名」しても心が伴わなければ、「仏作って魂《たましい》入れず」の諺《ことわざ》通り、一番大切なことを見落

とす結果となり、これも「改名」した運命通り順調には進みません。

すべてこれらの条件が満されて初めて、良い運命の第一歩を踏み出すことができるのです。

これが本当の姓名学上「改名」と呼ばれる条件なのです。

「改名」とは「命名」と同じく、人間が自分の意思で運命を創造できる唯一の手段です。

心とは何か

「心はどこにあるのか?」という問に対して、「ここにある」という答えを出すことは誰にもできないでしょう。

しかし**『心』**を具体的に表現するならば、**『心』**とは表面に出てくる**性格（長所・短所）**の現れであり**「性格」**とは**『心』**の作用の一環です。

次ページの図に表わしたように、**『心』**は**「知性」「理性」「感情」「本能」**の四つの条件と、**「意志」**とが一体となって形成されています。

四つの条件のうち、一つ欠けても**『心』**は完全ではありません。

また四つ（知性・理性・感情・本能）の条件が備わっていても、それを支配している**「意志」**が弱ければ、本来持っている四つの条件が生かせなくなり、運命も生かすことができません。

すべて**「知性・理性・感情・本能と意志」**の条件が一致しなければ健全な**『心』**とはいえな

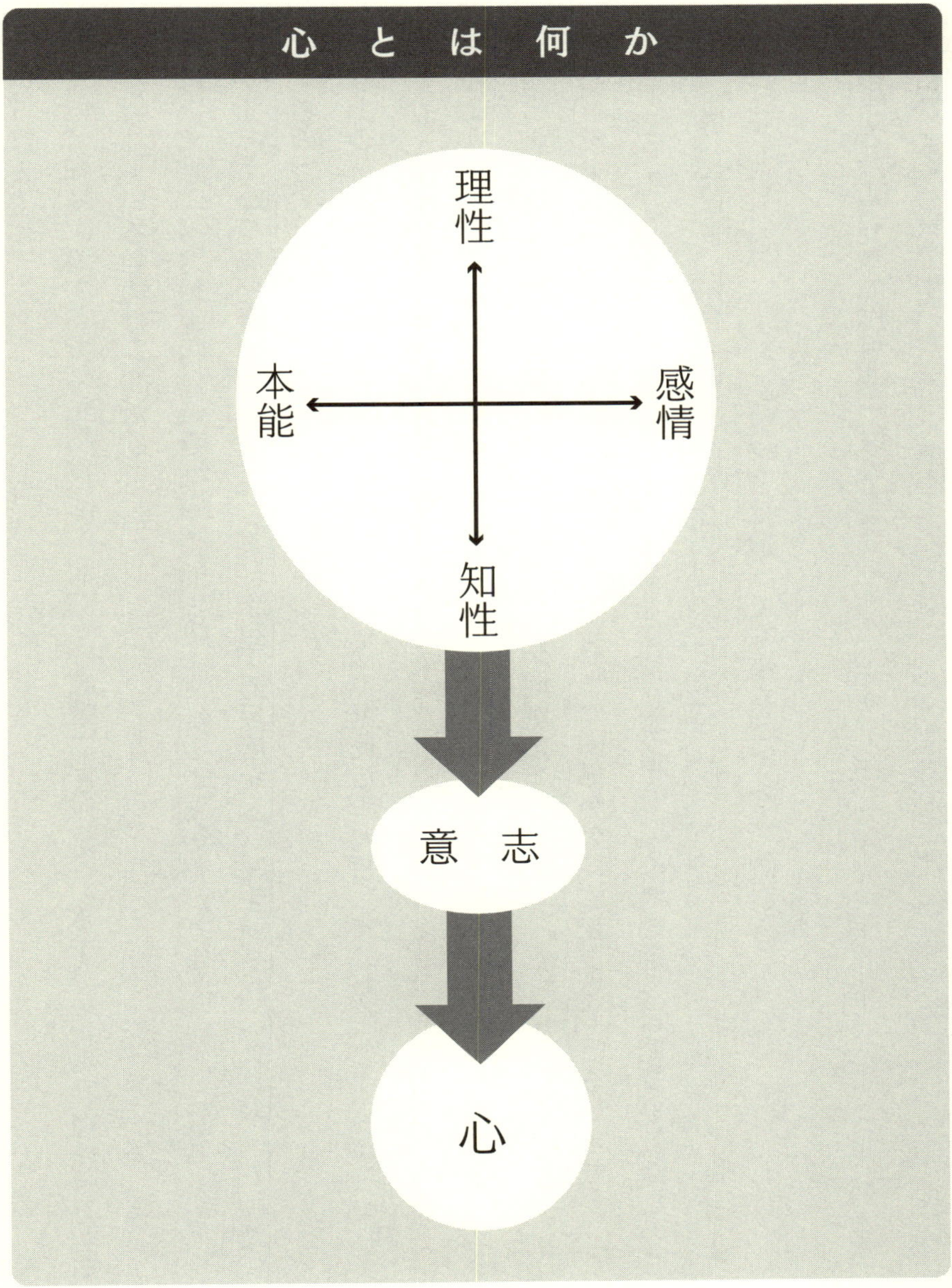
心とは何か
理性
本能
感情
知性
意志
心

いということです。

例えば、地球上のすべての生物は、「本能」と「感情」を持っています。そして「理性」と「知性」を持っている動物は人間だけです。

とはいえ、すべての生物は『心』の一部を持っていることが分かります。

人がすべての生物に愛情を注《そそ》ぐと、それに対する反応を示します。それはテレパシーにより反応するのです。

地球上のどんな生物にも感情があるのに、万物の霊長《れいちょう》たる人間には、現在では『心』というものがなくなっていく傾向が見られます。

そのようなことでは、人間社会は崩壊《ほうかい》の一途《いっと》を辿《たど》ってしまうでしょう。人間性に欠け、自分勝手で、他人のことなど無関心な人々が増える傾向があるのです。

では、それはなぜかというと、一人一人の『心』の一部が欠けてしまっているからです。
・『心』を正しく持ち、自分自身の本来の姿を素直に見直し、『心』の通う家庭及び社会をつくるということが、我々に与えられた使命なのである。
・『心』正しければ、どんな艱難辛苦《かんなんしんく》に遭ってても乗り超えることができる。
「性格」とは『**心**』の作用の一環です。

『性格』＝『**心**』です。

「名は体を現す」の項と重複しますが、**「名」**は**「体」**を現し、**「体」**は**「性格」**を形成し、**「性格」**は**「運命」**を支配し、名前を見るだけで、その人の「体質」や「性格」や「運命」までの実体が分かるということです。

それを次に図示してみました。

名前＝体（体質）＝性格（心）＝運命

「名前」→「体」→「性格」→「運命」の相互関係から成り立っています。

「姓名」を鑑定するだけで「性格」の長所・短所までも明確に鑑定し、その「性格」の顕在《けんざい》・潜在《せんざい》してくる『心』の動きを顕著《けんちょ》に捉《とら》えることができます。

心の豊かな人間になるには！

その人間を取り巻く環境（家庭・社会）により性格が変化していく傾向があります。

これは性格の本質が変化するのではなく、潜在《せんざい》（性格には「顕在《けんざい》」「潜在」しているものがあります）している性格の「長所・短所」が顕在してくるのであり、環境が悪ければ顕在・潜在の短所が多く現れ、反対にそれが良いと顕在・潜在の長所が多く出てきます。

「心の豊かな人間になる」には、素直な**『心』**になり、環境の善し悪しに拘《かか》わらず自分自身を熟知し、己の行いを正し、反省し、悟り、また将来に向かっての**「夢」**を持ち続け、長所を伸ばして短所を抑えることが、主条件となります。

第八章

実例・姓名判断

実例集〈I〉

戦国武将三名の比較

戦国時代を代表する武将である、織田信長、豊臣秀吉、徳川家康の三名の武将の性格を、「鳴かないほととぎす」への対処の仕方にたとえた俳句があります。

- 「鳴かぬなら、**殺してしまえ**、ほととぎす」………織田信長
- 「鳴かぬなら**鳴かしてみせよう**、ほととぎす」……豊臣秀吉
- 「鳴かぬなら、**鳴くまで待とう**、ほととぎす」……徳川家康

昔から「諺《ことわざ》」のように言い伝えられてきた句です。「正統姓名学」ではこの三名の武将を取り上げ、詳しく鑑定していますが、「性格鑑定」の各箇所を参照していただければ、この句の意味することが理解できます。

このように昔から「ほととぎす」にたとえ、三名の武将の「性格（心）」を的確に捉《とら》えているのです。

〈参照〉・織田信長は、２３２ページ「金火性」の長所・短所を参照。
・豊臣秀吉は、２３０ページ「金木性」の長所・短所を参照。
・徳川家康は、２００ページ「木木性」の長所・短所を参照。

〈参考〉この運命鑑定においては、例えば「地格」を「少年期」、「中格」を「中年期」、「総格」を「晩年期」、「天格」を「先祖」と、分かりやすく解説したいと思います。

天格……「先　祖」の運数（「姓」の画数だけを加えた数）
地格……「少年期」の運数（「名」の画数だけを加えた数）
中格……「中年期」の運数（「姓」の下の画数と「名」の頭の画数を加えた数）
総格……「晩年期」の運数（「姓」の画数合計と「名」の画数合計を加えた数）

〈参照〉「天格・地格・中格・総格」の90ページを参照してください。

次に、実例として織田信長、豊臣秀吉、徳川家康の順に運命鑑定してみます。

【実例Ⅰ-1／1】
織田信長の運命鑑定

●	**織**	18	
			23
○	**田**	5	
			14
○	**信**	⑨	
			17
●	**長**	8	
		40	

◎　先　祖の運数は、23画数→頭領数で大吉数……467ページ23画数を参照
○　少年期の運数は、17画数→積極的努力吉数……464ページ17画数を参照
★　中年期の運数は、14画数→難境《なんきょう》の大凶悪数……462ページ14画数を参照
★　晩年期の運数は、40画数→零《ぜろ》の吉凶分岐《ぶんき》数……476ページ40画数を参照
◆　陰陽構成条件は、圧迫陰陽《あっぱくいんよう》→大凶悪……62ページ圧迫陰陽を参照
▲　性格鑑定条件は、「金火性」……232ページ金火性を参照
◆　名前の頭の「信」は⑨画数で、『衝突因縁《しょうとついんねん》』の条件に該当する。134ページ「衝突因縁」

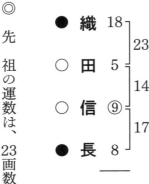

中の①の条件。

◆**鑑定**

信長の幼名《ようみょう》は「織田吉法師《きっほうし》」であり、「織田吉法師」→「織田信長」へと**「改名」**してきました。織田家は代々「頭領数《とうりょうすう》」という、強い指導力の家柄に生まれ、必然として人の頭領となる資質を持ち合わせていました。

少年期は17画数で「意志強固で積極的に努力して進むと開かれる」という運数です。中年期に入ってくると14画数で、「肉親の縁薄く、家庭的にも不和・不幸で病難・災難・金難・剣難《けんなん》・その他難に遭《あ》いやすい」という難境《なんきょう》の大凶悪数です。「災難」とは切っても切っても切り離せない運命条件下であり、天下統一の夢は儚《はかな》く消え、本能寺で自刃《じじん》しなければならない運命（宿命）にあったということになります。

「性格」にしても、「金火性」には「行動型」と「消極型」の二通りの性格があり、信長は「行動型」の短所が本能のまま極端に激しく現れていたのでしょう。

名前の頭の「信」は画数が⑨画数で、**「衝突因縁」**のなかの①の条件に該当し、「衝突因縁」の運命作用と、性格の「金火性」の短所が特に全面に現れたようです。

その金火性の「性格の短所」としては、「短気で頑固で我儘《わがまま》で興奮しやすく、感情に走る傾向があり、独断的で、それを他人に押しつける。自己中心で気性が激しく、機嫌《きげん》が取りにくく闘争的なため、人から嫌《きら》われ、孤独の運気を孕《はら》む」とあります。

信長の野望が現実化できなかった一番の原因は、大凶悪陰陽《だいきょうあくいんよう》のなかの**「圧迫《あっぱく》陰陽」**で、**「衝突因縁」**の条件と中年期の「14画数の大凶悪数」、晩年期の「40画数の零《ぜろ》の吉凶分岐数《ぶんきすう》」の四つの大凶悪条件が一致したためです。そのために天下統一の野望は脆《もろ》くも崩れ去り、織田信長の運命も、時の流れに過ぎませんでした。

〈参考〉難境《なんきょう》……難の多い境遇。

【注記】頭に◎、○、△、▲、★、◆を付しています。それぞれの印の意味は、「大吉」から順に下がって、「大凶悪」までの条件を示します。

◎↓「大吉」条件を表しています。
○↓「中吉」条件を表しています。
△↓「小吉」条件を表しています。
▲↓「小凶」条件を表しています。
★↓「大凶」条件を表しています。
◆↓「大凶悪」条件を表しています。

【実例1-1/2】 織田吉法師の運命鑑定（信長の幼名）

●	織	18	23
○	田	5	11
●	吉	6	24
●	法	8	
●	師	10	
		47	

◎ 先　祖の運数は、23画数→頭領数で大吉数……467ページ23画数を参照

○ 少年期の運数は、24画数→無から有吉凶数……468ページ24画数を参照

◎ 中年期の運数は、11画数→頭領数で大吉数……461ページ11画数を参照

○ 晩年期の運数は、47画数→積極的努力吉数……480ページ47画数を参照

△ 陰陽構成条件は、弱圧迫陰陽→小吉……64ページ弱圧迫陰陽を参照

△ 性格鑑定条件は、「木水金性」ですが「木水性」……208ページ木水性を参照

「衝突因縁」の条件に該当するものはない。

◆鑑定

織田信長と織田吉法師の名前の条件を比較すると、織田信長の箇所には★★▲◆◆印が五個あり、織田吉法師にはありません。

織田信長には頭領数が一個に対し、織田吉法師には頭領数が二個です。

この結果、信長は「吉法師」から「信長」と**「改名」**したことにより、様々な波乱に満ちた大凶悪条件の運命を辿《たど》らなければならず、最終的には自刃《じじん》しなければならない運命（宿命）にあったということが分かります。

信長は「改名」した結果、大凶悪条件の運命を手中《しゅちゅう》に納めてしまったのです。

もし、信長が「改名」しなければ、天下人になり、波乱に満ちた乱世を平定《へいてい》することは十二分に可能であったと思われます。

しかし、大凶悪条件に「改名」したことが、人生道半《みちなか》ばで運命の濁流《だくりゅう》に呑み込まれてしまった所以《ゆえん》です。

【実例Ⅰ－2／1】
豊臣秀吉の運命鑑定

●	豊	18	25
○	臣	7	14
○	秀	7	13
●	吉	6	
		38	

○　先　祖の運数は、25画数→学問の系統吉数……25ページ25画数を参照
○　少年期の運数は、13画数→頭脳明晰で吉数……462ページ13画数を参照
★　中年期の運数は、14画数→難境《なんきょう》の大凶悪数……462ページ14画数を参照
△　晩年期の運数は、38画数→努力忍耐の吉数……475ページ38画数を参照
◆　陰陽構成条件は、圧迫《あっぱく》陰陽→大凶悪……62ページ圧迫陰陽を参照
○　性格鑑定条件は、「金木性」……230ページ金木性を参照

◆鑑定

元来の本名は「木下藤吉郎」で、「木下藤吉郎」→「羽柴秀吉」→「豊臣秀吉」と**「改姓・改名」**してきました。

この流れから鑑定すると、意外な事実が分かってきました。それは「木下」→「羽柴」→「豊臣」と**「改姓」**してきましたが、「木下」は天格が7画数で吉数ですが、「羽柴」は天格が15画数であり頭領数で、大吉数であるということです。

少年期は13画数で「頭脳明晰《ずのうめいせき》で困難・災難を巧《たく》みに切り抜け開かれる」という吉数ですが、中年期に入ってくると14画数で、内容は「肉親の縁薄く、家庭的にも不和・不幸で病難・災難・金難・剣難・その他難に遭《あ》いやすい」。また「新しい物を考え出す才能があるにもかかわらず、好機や金銭に恵まれず、苦労しても身にならず、日影の苦しみを味わい、突然、意外な失敗を招《まね》く。自分の成したることが他人に認められず、不平、不満、不安が付きまとい、努力が徒労《とろう》に終わる大凶数である」と難境《なんきょう》の大凶悪数です。

信長の中年期の14画数の大凶数と同数であり、「災難」と切り離せない運命条件故に、豊臣秀吉は二代で終わってしまう運命の流れに過ぎませんでした。

性格にしても「金木性」には「行動型」と「消極型」の性格があり、秀吉は「行動型」の気質が現れていました。

信長の「金火性」と秀吉の「金木性」とは、性格の現れ方が違ってきます。

〈参考〉現在では「改姓」することは法的にはできませんが、唯一「改姓」することのできる方法は養子になるか、結婚して相手の「姓」になるかの二つの方法しかありません。

【実例Ⅰ－2／2】

木下藤吉郎の運命鑑定

●	**木**	4	7（木4＋下3）
○	**下**	3	22（下3＋藤19）
○	**藤**	19	35（藤19＋吉6＋郎10）
●	**吉**	6	
●	**郎**	10	
		42	

○　先　祖の運数は、7画数→積極的努力吉数……459ページ7画数を参照

○　少年期の運数は、35画数→学問の系統吉数……474ページ35画数を参照

★　中年期の運数は、22画数→難境《なんきょう》の大凶悪数……467ページ22画数を参照

▲　晩年期の運数は、42画数→努力分裂の吉凶数……477ページ42画数を参照

◆ 陰陽構成条件は、圧迫《あっぱく》陰陽→大凶悪……………62ページ圧迫陰陽を参照
△ 性格鑑定条件は、「火木火性」ですが「火木性」………210ページ火木性を参照

【実例Ⅰ-2／3】
羽柴秀吉の運命鑑定

●	**羽**	6	
			15
○	**柴**	9	
			16
○	**秀**	7	
			13
●	**吉**	6	
		28	

◎ 先　祖の運数は、15画数→頭領数で大吉数………463ページ15画数を参照
○ 少年期の運数は、13画数→頭脳明晰で吉数………462ページ13画数を参照
▲ 中年期の運数は、16画数→波瀾万丈《はらんばんじょう》頭領数………464ページ16画数を参照
★ 晩年期の運数は、28画数→浮き沈み大凶数………470ページ28画数を参照
◆ 陰陽構成条件は、圧迫《あっぱく》陰陽→大凶悪……………62ページ圧迫陰陽を参照
○ 性格鑑定条件は、「金木性」……………………230ページ金木性を参照

◆**鑑定**

木下藤吉郎と羽柴秀吉の名前の条件を比較すると、木下藤吉郎の箇所には★▲◆印が三個あり、羽柴秀吉には▲★◆印が三個あります。

木下藤吉郎には頭領数がまったくなく、それに対し羽柴秀吉には頭領数が二個ありますが、16画数は波瀾万丈《はらんばんじょう》の凶数で、生命を脅《おびや》かす危険と常に隣り合わせであり波乱含みの頭領数です。

しかし、豊臣秀吉には頭領数がありません。故に、木下藤吉郎↓羽柴秀吉↓豊臣秀吉と**「改姓・改名」**してきましたが、**「圧迫陰陽」**は持って生まれた致命的な悪業《あくごう》（因縁）であり、この条件から逃れることはできませんでした。

結果として、天下を平定しましたが、その後、秀吉の後を引き継いだ子、二代秀頼《ひでより》は短命に終わり、末代まで続くことはありませんでした。

【実例ー－2／4】

豊臣秀頼の運命鑑定（鑑定参考）

●	豊	18	
			25
○	臣	7	
			14
○	秀	7	
			23
●	頼	16	
		48	

○　先　祖の運数は、25画数→学問の系統吉数……………468ページ25画数を参照

◎　少年期の運数は、23画数→頭領数で大吉数……………467ページ23画数を参照

★　中年期の運数は、14画数→難境《なんきょう》の大凶悪数……………462ページ14画数を参照

△　晩年期の運数は、48画数→努力忍耐の吉数……………480ページ48画数を参照

◆　陰陽構成条件は、圧迫《あっぱく》陰陽→大凶悪……………62ページ圧迫陰陽を参照

△　性格鑑定条件は、「金火性」……………………232ページ金火性を参照

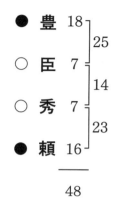

◆鑑定

豊臣秀頼には、★◆印が二個あります。秀吉の後を引き継いだ子、二代秀頼も秀吉の運命条件と同等の大凶悪運命を **「命名」** されたことによって、定まった運命（宿命）を辿《たど》らなければならず、これは運命通りといえます。

このなかの一番の要因は、織田信長と豊臣秀吉とも同じ大凶悪陰陽のなかで **「圧迫陰陽」** と「14画数の大凶悪数」の二つの大凶悪条件が重なったことです。

豊臣秀吉の晩年の運命にもその影を及ぼし、まして我が子の秀頼にも **「圧迫陰陽」** と「14画数の大凶悪数」の二つの大凶悪条件のある名前を **「命名」** したことが、極端な波乱含みの人生を送る結果となりました。やはり持って生まれた致命的な悪業《あくごう》（因縁）の条件から逃れることはできなかったということです。これもまた運命（宿命）です。

【実例Ｉ－３／１】

徳川家康の運命鑑定

○	徳	15	
			18
○	川	3	
			13
●	家	10	
			21
○	康	11	
		39	

○　先　祖の運数は、18画数→困難に耐え吉数……………465ページ18画数を参照
◎　少年期の運数は、21画数→頭領数で大吉数……………466ページ21画数を参照
○　中年期の運数は、13画数→頭脳明晰で吉数……………462ページ13画数を参照
○　晩年期の運数は、39画数→才財権力の吉数……………476ページ39画数を参照
◎　陰陽構成条件は、完全陰陽→大吉……………45ページ完全陰陽を参照
◎　性格鑑定条件は、「木木性」……………200ページ木木性を参照

◆**鑑定**

家康の幼名《ようみょう》は「松平竹千代」であり「松平竹千代」→「松平元信」→「松平元康」→「松平家康」→「徳川家康」へと**「改姓・改名」**してきました。

「徳川家康」と**「改姓・改名」**して天下人になりましたが、「松平竹千代」も「松平元信」も「松平元康」も「徳川家康」も**「完全陰陽」**構成です。性格も「火金火性」から「木木性」に変わり、三字名まで入れて組み合わせると百五十五通りの「性格」条件があり、家康はそのうち上位二〜三番目くらいの良い「性格」条件となります。結果、戦国武将の三名のなかでも、家康は乱世の中、天下を平定し、家門繁栄《かもんはんえい》の礎《いしずえ》を築き、「徳川家」を十五代にわたり繁栄させてきました。

【実例Ｉ-３／２】

松平竹千代の運命鑑定（家康の幼名）

●	松	8	13
○	平	5	11
●	竹	6	14
○	千	3	
○	代	5	
		27	

○　先祖の運数は、　13画数→頭脳明晰で吉数……462ページ13画数を参照

★　少年期の運数は、　14画数→難境《なんきょう》の大凶悪数……462ページ14画数を参照

◎　中年期の運数は、　11画数→頭領数で大吉数……461ページ11画数を参照

○　晩年期の運数は、　27画数→積極的努力吉数……470ページ27画数を参照

◎　陰陽構成条件は、　完全陰陽→大吉……45ページ完全陰陽を参照

△　性格鑑定条件は、「火金火性」ですが「火金性」……216ページ火金性を参照

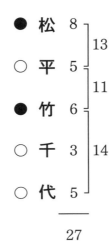

◆鑑定

家康の幼名は「松平竹千代」です。

この流れから鑑定すると、意外な事実が分かってきました。「竹千代」の少年期は14画数で、織田信長の中格の14画数、豊臣秀吉の中格の14画数、そして豊臣秀頼の中格の14画数と偶然《ぐうぜん》にも四名共全く同数の凶数条件であることです。

「竹千代」が歩んできた少年期は、祖父・父と相次いで家臣に殺害され、自身も他家へ人質として送られるなど不遇《ふぐう》の日々を送りました。14画数という大凶悪数を背負い、苦しい道程《どうてい》を辿《たど》ったということになります。

【実例Ⅰ‐3／3】

松平元信の運命鑑定

●	松	8	
			⑬
○	平	5	
			9
●	元	4	
			⑬
○	信	9	
		26	

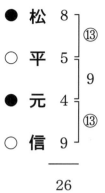

○ 先　祖の運数は、13画数↓頭脳明晰で吉数……………462ページ13画数を参照
◎ 少年期の運数は、13画数↓頭脳明晰で吉数…………462ページ13画数を参照
△ 中年期の運数は、9画数↓欲を捨て吉凶数……………460ページ9画数を参照
▲ 晩年期の運数は、26画数↓波瀾万丈《はらんばんじょう》　凶数…………469ページ26画数を参照
◎ 陰陽構成条件は、完全陰陽↓大吉……………………45ページ完全陰陽を参照
◎ 性格鑑定条件は、「木金性」…………………………206ページ木金性を参照
◆ 姓の合計数⑬と名の合計数⑬が同数で、『衝突因縁《しょうとついんねん》』の条件に該当する。134ページ『衝突因縁』の③の条件。

◆**鑑定**

松平元信には、中年期に△がありますが、これは欲を捨てた吉凶数であり完全陰陽ですので吉です。また、晩年期に▲がありますが完全陰陽ですので、災難は軽減されます。

『衝突因縁』の③の条件に該当し、⑨の「天才と呼ばれる由縁《ゆえん》」の箇所を参照してください。

【実例１－３／４】
松平元康の運命鑑定

●	松	8	
			13
○	平	5	
			9
●	元	4	
			15
○	康	11	
		28	

○　先　祖の運数は、13画数↓頭脳明晰で吉数……………462ページ13画数を参照
◎　少年期の運数は、15画数↓頭領数で大吉数……………463ページ15画数を参照
△　中年期の運数は、9画数↓欲を捨て吉凶数……………460ページ9画数を参照
▲　晩年期の運数は、28画数↓浮沈変動《ふちんへんどう》吉凶数……………470ページ28画数を参照
◎　陰陽構成条件は、完全陰陽↓大吉……………45ページ完全陰陽を参照
◎　性格鑑定条件は、「木木性」……………200ページ木木性を参照

◆**鑑定**
松平元康には▲印が一個ありますが**「完全陰陽」**ですので、災難が軽減されます。

【実例ー３／５】松平家康の運命鑑定

●	松	8	
			13
○	平	5	
			15
●	家	10	
			21
○	康	11	
		34	

○　先　祖の運数は、13画数→頭脳明晰で吉数……462ページ13画数を参照

◎　少年期の運数は、21画数→頭領数で大吉数……466ページ21画数を参照

◎　中年期の運数は、15画数→頭領数で大吉数……463ページ15画数を参照

▲　晩年期の運数は、34画数→波乱衰退《はらんすいたい》で凶数……473ページ34画数を参照

◎　陰陽構成条件は、完全陰陽→大吉……45ページ完全陰陽を参照

◎　性格鑑定条件は、「木木性」……200ページ木木性を参照

◆鑑定

松平家康には▲印が一個ありますが**「完全陰陽」**ですので、災難は軽減されます。故に「松平竹千代」→「松平元信」→「松平元康」→「松平家康」→「徳川家康」と**「改姓・改名」**してきましたが、もともと徳川家康には頭領としての器《うつわ》がありました。

徳川家康の**【実例Ⅰ－3／1～5】**の通り、**「改姓・改名」**を四回してきましたが、すべて**「完全陰陽」**構成から成り立っていることが、お分かりになったと思います。また、松平元信、松平元康、松平家康の晩年期の運命状況は波瀾万丈《はらんばんじょう》・浮沈変動《ふちんへんどう》・波乱衰退《はらんすいたい》の運命下にありましたが、後に徳川家康と**「改姓・改名」**した結果、晩年期の諸々の運命状況を完全に払拭《ふっしょく》することができました。

織田信長のように**「改名」**の結果、運命は大凶悪になっていき、逆に徳川家康は**「改姓・改名」**を繰り返した結果、運命は大吉になり、この二人は正に両極端の運命作用を辿《たど》ったのです。信長は「織田吉法師」→「織田信長」と**「改名」**をしてきました。秀吉は「木下藤吉郎」→「羽柴秀吉」→「豊臣秀吉」と**「改姓・改名」**を二回してきました。家康は「松平竹千代」→「松平元信」→「松平元康」→「松平家康」→「徳川家康」と**「改姓・改名」**を四回してきました。

「織田信長」「豊臣秀吉」「徳川家康」の三名は、戦国時代という激動の時代を歩まなければならない運命下にあり、その激動の時代を生き抜いたのは「徳川家康」でした。

三名の性格は「鳴かないほととぎすの対処法」にたとえられ、昔からの「諺」のように言い伝えられてきましたが、過去の偉人の名前を「正統姓名学」を用いて鑑定するだけで、時代の流れや背景が理解できると思います。

戦国時代の三名の武将を鑑定すると、その時代の流れの「善《よ》し悪《あ》し」に拘《かか》わらず、運命通り顕著に現れてきます。

〈参考〉・織田信長の「金**火**性」と豊臣秀吉の「金**木**性」とでは、性格は「金性」が七五パーセント以上同じ性格であり、残りの「**火**性」と「**木**性」の現れが二五パーセント弱です。それは「金火性」の中にある「火」が烈火《れっか》の如《ごと》く怒り、また直情径行《ちょくじょうけいこう》があり、白黒の決着がハッキリしなければ納得できない性格であり、「金木性」の中にある「木」とは極端に違っています。

・しかし、信長は名前の頭の「信」の画数が⑨画数であり、**「衝突因縁」**の条件に該当《がいとう》する運命作用がありますが、秀吉にはありません。故に、七五パーセント以上同じ性格を持ち合わせているにも拘《かか》わらず、第三者から見ると雲泥《うんでい》の差が生じます。

〈参考〉直情径行《ちょくじょうけいこう》……他人の思惑《おもわく》や周囲の事情など考えないで、自分の思うことをそのままに出したり、行動に現したりすること。

戦国武将、追加鑑定

【追加実例１－４／１】
武田信玄の運命鑑定

●	武	8	
			13
○	田	5	
			14
○	信	⑨	
			14
○	玄	5	
		27	

○　先　祖の運数は、13画数→頭脳明晰で吉数……462ページ13画数を参照
★　少年期の運数は、14画数→難境《なんきょう》の大凶悪数……462ページ14画数を参照
★　中年期の運数は、14画数→難境の大凶悪数……462ページ14画数を参照
△　晩年期の運数は、27画数→積極努力吉凶数……470ページ27画数を参照
▲　陰陽構成条件は、蒔直《まきなおし》陰陽→小凶……58ページ蒔直陰陽を参照
○　性格鑑定条件は、「金木性」……230ページ金木性を参照

◆名前の頭の「信」は⑨画数で、『衝突因縁』の条件に該当する。134ページ『衝突因縁』の①の条件。

◆**鑑定**

武田信玄の本名は「武田晴信」で、「武田晴信」→「武田信玄」と**「改名」**してきました。

武田家は諸々の才能・知恵・人徳に恵まれ、旭日昇天《きょくじつしょうてん》の勢いで、目的を成就《じょうじゅ》し、また学問・技術の道（土木事業・金山の発掘など）に優《すぐ》れていました。またそれを生かし、甲斐《かい》の国（山梨県）から出陣し、信濃《しなの》の国（長野県）の領土の半分以上を手中《しゅちゅう》に入れ、京の都へと上り、天下を取ろうとした戦国武将の一人です。

信玄の野望が現実化できなかった一番の原因は「蒔直陰陽《まきなおし》」であり**『衝突因縁』**と「14画数の大凶悪数」の条件が二つと、併せて★★▲◆印が四つの大凶悪条件が一致したためです。

結果、京に都に上る途中、志《こころざし》も生命も脆《もろ》くも崩れ、武田信玄の運命も、時の流れに過ぎませんでした。

【追加実例Ⅰ-4／2】
武田晴信の運命鑑定

●	武	8	
			13
○	田	5	
			17
●	晴	12	
			21
○	信	9	
		34	

○　先　祖の運数は、13画数→頭脳明晰で吉数……………462ページ13画数を参照
◎　少年期の運数は、21画数→頭領数で大吉数……………466ページ21画数を参照
○　中年期の運数は、17画数→積極的努力吉数……………464ページ17画数を参照
★　晩年期の運数は、34画数→難境《なんきょう》の凶運数……………473ページ34画数を参照
◎　陰陽構成条件は、完全陰陽→大吉……………45ページ完全陰陽を参照
△　性格鑑定条件は、「金金性」……………236ページ金金性を参照

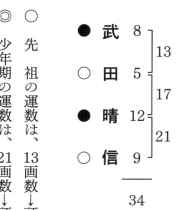

◆鑑定

武田信玄と武田晴信の名前の条件を比較すると、武田信玄の箇所には★★★◆印が四個あります。武田晴信は晩年期の難境《なんきょう》の凶数★印が一個ありますが、**「完全陰陽」**構成ですので、災難が軽減されます。武田信玄には頭領数が全くありませんが、それに対し武田晴信には頭領数が一個あります。

その結果、信玄にとっては「晴信」↓「信玄」と**「改名」**したことにより、様々な波乱に満ちた大凶悪条件の運命を辿《たど》らなければならず、最終的には志《こころざ》し半《なか》ばで目的を成就《じょうじゅ》することはできませんでした。

信玄は「改名」した結果、大凶悪条件の運命を自ら手中《しゅちゅう》に納めてしまったのです。もし「改名」しなければ、波乱に満ちた乱世を生き抜くことができ、歴史も大きく変わっていたのではないでしょうか。

〈参考〉・武田信玄の運命鑑定を**【追加実例】**として挙《あ》げたのは、前述した戦国時代における織田信長、豊臣秀吉、徳川家康の三名の武将の比較の中の織田信長の辿った運命条件と非常に似ているからです。信長も「吉法師」↓「信長」と**「改名」**したことにより、様々な波乱に満ちた大凶悪条件の運命を辿らなければなりませんでした。

・武田信玄も織田信長も幼名は**「完全陰陽」**であるにも拘《かか》わらず、武田信玄は**「蒔直《まきなおし》陰陽」**の小凶であり、織田信長は**「圧迫《あっぱく》陰陽」**の大凶悪条件に**「改名」**したことが二名共、人生の途中で運命の濁流《だくりゅう》に呑み込まれ、大凶悪条件の運命を手中《しゅちゅう》に納めてしまった所以《ゆえん》となります。

・武田信玄と織田信長の二人が歩んできた「道程《みちのり》」や「運命」は、ほとんど同じ道を歩む結果となったということです。

実例集〈II〉

平安・鎌倉武将の運命鑑定

平安時代末期から鎌倉時代初期の武将、源《みなもと》義経《よしつね》の姓名を鑑定させていただきます。

【実例Ⅱ-1／1】

源　義経の運命鑑定

○	木	源	⑬	13
				26
○	木	義	⑬	
				26
○	木	経	13	
			39	

○先　祖の運数は、13画数→頭脳明晰で吉数……462ページ13画数を参照

★少年期の運数は、26画数→波瀾万丈《はらんばんじょう》で凶数……469ページ26画数を参照

★中年期の運数は、26画数→波瀾万丈で凶数……469ページ26画数を参照

○晩年期の運数は、39画数→財力権力の吉数……476ページ39画数を参照

★陰陽の構成は、片寄《かたより》陰陽→大凶……67ページ片寄陰陽を参照

◎性格の条　件は、「木木性」……200ページ木木性を参照

◆姓の「源」の⑬画数と名前の「義」の⑬画数が「天地同数」の『衝突因縁』の条件に該当する。134ページ『衝突因縁』の②の条件。

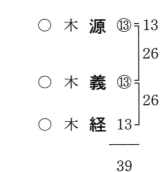

◆鑑定

「正統姓名学」五大条件に法《のっと》り鑑定しましたが、「天地同数」の『衝突因縁』の運命作用のため、頼朝《よりとも》の逆鱗《げきりん》に触れ、義経は追放の身となりました。

源義経は鎌倉幕府を開いた源頼朝の異母弟で、平家打倒に将軍として一の谷（神戸）、屋島《やしま》（高松）、また壇《だん》の浦《うら》（下関）の戦いで勝利し平家軍を全滅させせました。

この勝利の条件は「片寄陰陽《かたよりいんよう》」の意義の69ページ①～⑧の箇所を参照していただければ、破《は》竹《ちく》の勢いで快進撃し、勝利したことの意味がお分かりいただけると思います。

また少年期・中年期の26画数は波瀾万丈《はらんばんじょう》で凶数運命であり、兄の頼朝の逆鱗《げきりん》に触れ、追い詰められ、その結果、奥州（岩手）の藤原氏の裏切り行為にあって、平泉《ひらいずみ》で非業《ひごう》の死を遂げました。

〈参考〉

・逆鱗《げきりん》……天子の怒り。竜の顎《あご》の下のさか鱗《うろこ》に触れると「竜は怒って必ずその人を殺す」という伝説に基づいて、天子を竜になぞらえて言った。
・非業《ひごう》……前世から決まっていなかったこと。思いがけない災難。

【実例Ⅱ-1／2】

源　牛若《うしわか》の運命鑑定（義経の幼名・牛若、通称「牛若丸」）

○	木	源	13	⑬
				17
●	木	牛	4	
				⑬
○	金	若	9	
			26	

○先　祖の運数は、13画数→頭脳明晰で吉数……………462ページ13画数を参照

○少年期の運数は、13画数→頭脳明晰で凶数……………462ページ13画数を参照

○中年期の運数は、17画数→積極的努力凶数……………464ページ17画数を参照

▲晩年期の運数は、26画数→波瀾万丈《はらんばんじょう》で凶数……………469ページ26画数を参照

◎陰陽の構成は、完全陰陽→大吉……………45ページ完全陰陽を参照

◎性格の条件は、「木金性」……………200ページ木木性を参照

◆姓の合計⑬画数と名前の合計⑬画数が、「天地総同数」の『衝突因縁』の条件に該当する。134ページ「衝突因縁」の③の条件。

◆鑑定

「牛若」から「義経」と**「改名」**し、陰陽構成条件は「完全陰陽」構成から「片寄陰陽」↓大凶陰陽になりました。また天地のバランスが良すぎ、**「天地総同数」**から**「天地同数」**の**「衝突因縁」**の強烈な運命作用が、平安時代末期から鎌倉初期の動乱の時代に必要であったと思われます。

牛若、及び義経は26画数という波瀾万丈《はらんばんじょう》の凶数から、また「衝突因縁」の強烈な運命作用からも逃れることはできませんでした。

この結果、義経にとっては「牛若」から「義経」と**「改名」**したことにより、大凶の運命の波に呑《の》まれ翻弄《ほんろう》される結果となりました。

【注記】 文頭に付いている記号◎、○、△、▲、★、◆の意味は、「大吉」から順に「大凶悪」条件を示します。

◎↓大吉条件を表しています。
○↓中吉条件を表しています。
△↓小吉条件を表しています。

▲↓小凶 条件を表しています。
★↓大凶 条件を表しています。
◆↓大凶悪条件を表しています。

幕末の志士《しし》の運命鑑定

幕末期、長州藩を倒幕《とうばく》の方向に決定づけた、高杉晋作の姓名を鑑定させていただきます。

【実例Ⅱ-2／1】
高杉晋作《しんさく》の運命鑑定

●	木	高	⑩
			⑰
○	金	杉	7
			17
●	金	晋	⑩
			⑰
○	金	作	7
			34

○先　祖の運数は、17画数↓積極的努力吉数……………464ページ17画数を参照
○少年期の運数は、17画数↓積極的努力吉数………464ページ17画数を参照
○中年期の運数は、17画数↓積極的努力吉数………464ページ17画数を参照
◆晩年期の運数は、34画数↓難境《なんきょう》の凶数………473ページ34画数を参照
◎陰陽の構成は、完全陰陽↓大吉…………………45ページ完全陰陽を参照
○性格の条件は、「金金性」…………………………236ページ金金性を参照
◆姓の「高」の⑩画数と名前の「晋」の⑩画数が、「天地同数」の**『衝突因縁』**の条件に該当する。134ページ『衝突因縁』の②の条件。
◆姓の合計数の⑰画数と名前の合計数の⑰画数が、「天地総同数」の**『衝突因縁』**の条件に該当する。134ページ『衝突因縁』の③の条件。

◆鑑定

「正統姓名学」五大条件に法《のっと》り鑑定させていただきましたが、天地のバランスが良すぎて、姓名の「高」の⑩画数と、名の「晋」の⑩画数が**「天地同数」**であることに加え、「高杉」の⑰画数と名の「晋作」の⑰画数が**「天地総同数」**で、二つの**『衝突因縁』**の運命作用があるため、凡人とは違って唐突《とうとつ》で飛躍した思想・発想・着眼・着想をし、また文武両道《ぶんぶりょうどう》に秀《ひい》で優《すぐ》れた才能・能力を発揮することで奇兵隊《きへいたい》を創設し、長州藩（山口県）を倒幕《とうばく》の方向に決定づけた伝説

の人物です。

高杉晋作の言動は、「気違いじみて見えるその衝動及び独創性はどこから来たか……」と言い伝えられていますが、それは**「天地同数」「天地総同数」**の二つの**『衝突因縁』**の運命作用が大半を占めていたためと思われます。

姓名の中に**「天地同数」「天地総同数」**の二つの**『衝突因縁』**の条件がありますので、１５２ページ⑨の**「天才と呼ばれる由縁《ゆえん》」**の一部を次に抜粋《ばっすい》します。

▽抜粋

・発想・着眼・着想が唐突《とうとつ》で飛躍《ひやく》している。
・こだわりも強く、こだわりに対し優れた才能・能力を発揮する。
・趣味・嗜好《しこう》は、もともと凡人とは異なることが多く、一芸《いちげい》に秀《ひい》で結果**「天才」**と呼ばれる人が多く、学者・研究家・発明家・芸術家）などに多く見受けられる。
・革命・改革時など、人々の心を掌握《しょうあく》することのできる「天才的」な指導者に多く見受けられる。ただし、国を支配することのできる立場にいた場合、国を転覆《てんぷく》させる危険性があるが、その反対に国を極端に発展に導く原動力となる。
・晩年期の34画数は難境《なんきょう》の凶運数であり、高杉晋作が存在していなければ、維新の幕開けはできなかった……。

高杉晋作は時の革命児とも呼ばれて尊敬され、現在でも多く語り継がれています。

〈参考〉

・唐突……出抜けのさま。不意。突然。

・文武《ぶんぶ》……文事・武事。学芸と武芸。

・独創性……独自の考えで物事をつくり出す能力。また、新しい物事がもつそのような性質。

【実例Ⅱ-2／2】

高杉義助《ぎすけ》の運命鑑定（晋作の幼名）

●	木	**高**	10	
				17
○	金	**杉**	7	
				20
○	木	**義**	13	
				20
○	金	**助**	7	
			37	

○　先　祖の運数は、17画数→積極的努力吉数……………464ページ17画数を参照

★　少年期の運数は、20画数→零数《ぜろすう》で大凶悪数……………466ページ20画数を参照
★　中年期の運数は、20画数→零数《ぜろすう》で大凶悪数……………466ページ20画数を参照
○　晩年期の運数は、37画数→積極的努力吉数……………475ページ37画数を参照
▲　陰陽の構成は、蒔直《まきなおし》陰陽→小凶……………58ページ蒔直陰陽を参照
◎　性格の条件は、「木金性」……………206ページ木金性を参照

◆鑑定

「義助」から「晋作」と**「改名」**し、陰陽構成条件は「完全陰陽」構成になりましたが、「天地同数」「天地総同数」という**『衝突因縁』**の二つの強烈な運命作用こそ、幕末の時代に必要であったと思われます。

「病因」も義助では「木金性」(主因が肝臓と肺臓)ですが、晋作では「金金性」(主因が肺臓の条件になっていきます。晋作は実際、「病因」は肺結核で亡くなりました(257ページ病因→金金性を参照)。

義助の少年期・中年期の運命条件は20画数で、いつ死んでも不思議ではありません。

この結果、晋作にとっては「義助」から「晋作」と**「改名」**したことによって、「高杉晋作」という維新の幕開けの立役者が後世に語り継がれていることになります。

戦中・戦後の政治家の運命鑑定

戦時下の日本を独裁的に統制した元総理大臣・東條英機、戦後の日本復興に尽力した元総理大臣・吉田茂、日米安全保障条約に調印した元総理大臣・岸信介（佐藤信介）、岸信介の実弟で元総理大臣・佐藤栄作、元総理大臣・田中角栄の姓名を鑑定させていただきます。

【実例II-3】
東條英機《ひでき》の運命鑑定

●	火	**東**	8	
				19
○	金	**條**	11	
				20
○	土	**英**	⑨	
				25
●	木	**機**	16	
			44	

△先祖の運数は、19画数↓欲を捨て吉凶数……465ページ19画数を参照

○少年期の運数は、25画数→学問の系統吉数……………468ページ25画数を参照

★中年期の運数は、20画数→零数《ぜろすう》で大凶悪数……466ページ20画数を参照

◆晩年期の運数は、44画数→難境《なんきょう》の凶数………478ページ44画数を参照

◆陰陽の構成は、圧迫陰陽《あっぱく》→大凶悪………62ページ圧迫陰陽を参照

▲性格の条件は、「土木性」…………………220ページ土木性を参照

◆名前の「英」の⑨画数が『衝突因縁』の条件に該当する。134ページ『衝突因縁』の①の条件。

◆鑑定

「正統姓名学」五大条件に法《のっと》り、鑑定させていただきました。

名前の「英」の⑨画数が**『衝突因縁』**の運命作用のため、極東国際軍事裁判でA級戦犯として絞首刑となりました。

昭和十六年、首相に就任《しゅうにん》、陸相と内相を兼任し最高責任者となり、太平洋戦争の開戦を推進しましたが、昭和十九年七月、サイパン島での陥落《かんらく》をきっかけに総辞職しました。

姓名の中に⑨画数の**『衝突因縁』**の条件があります。その中の**No.9「天才と呼ばれる由縁《ゆえん》」**の一部を抜粋・解説します。

▽**抜粋**

・革命・改革時など、人々の心を掌握《しょうあく》することのできる「天才的」な指導者に多く見受けられる。ただし国を支配することのできる立場にいた場合、国を転覆《てんぷく》させる危険性があるが、その反対に国を極端に発展に導く原動力となる。

【実例Ⅱ-4】

吉田　茂の運命鑑定

●	木	**吉**	6	11（6+5）
○	火	**田**	5	14（5+9）
○	水	**茂**	⑨	9
			20	

◎　先　祖の運数は、11画数→頭領数で大吉数……461ページ11画数を参照

▲　少年期の運数は、9画数→欲を捨て吉凶数……460ページ9画数を参照

▲中年期の運数は、14画数→難境の大凶数………………462ページ14画数を参照
★晩年期の運数は、20画数→零数《ぜろすう》で大凶悪数…………466ページ20画数を参照
▲陰陽の構成は、蒔直陰陽→小凶………………………58ページ蒔直陰陽を参照
△性格の条件は、「水性」…………………………………197ページ水性を参照
◆名前の「茂」の⑨画数が『衝突因縁』の条件に該当する。134ページ『衝突因縁』の①の条件。

◆鑑定
名前の「茂」の⑨画数が**『衝突因縁』**の運命作用のため、国会での答弁中、他議員と衝突し「バカヤロー解散」（衆議院解散）を余儀《よぎ》なくされました。

吉田茂氏は終戦直後のワンマン宰相《さいしょう》で、サンフランシスコ講和条約・日米安全保障条約に調印。戦後日本復興の枠組《わくぐ》みをつくった人物です。

姓名の中に⑨画数の**『衝突因縁』**の条件があります。その中の**No.9「天才と呼ばれる由縁《ゆえん》」**の一部を、次に抜粋します。

▽**抜粋**
・革命・改革時など、人々の心を掌握することのできる「天才的」な指導者に多く見受けられ

る。ただし、国を支配することのできる立場にいた場合、国を転覆《てんぷく》させる危険性があるが、その反対に国を極端に発展に導く原動力となる。

【実例Ⅱ-5／1】

岸　信介の運命鑑定

●	木	**岸**	8	8
				17
○	金	**信**	⑨	
				13
●	木	**介**	4	
			21	

○　先　祖の運数は、8画数→困難に耐え吉数……………4 6 0ページ8画数を参照

○　少年期の運数は、13画数→頭脳明晰で吉数……………4 6 2ページ13画数を参

○　中年期の運数は、17画数→積極的努力吉数……………4 6 4ページ17画数を参照

◎　晩年期の運数は、21画数→頭領数で大吉数……………4 6 6ページ21画数を参照

◎　陰陽の構成は、完全陰陽→大吉………………………45ページ完全陰陽を参照

○性格の条件は、「金木性」……………………230ページ金木性を参照

◆名前の「信」の⑨画数が『衝突因縁』の条件に該当する。134ページ『衝突因縁』の①の条件。

◆**鑑定**

「正統姓名学」五大条件に法《のっと》り鑑定させていただきましたが、陰陽構成は「完全陰陽」で大吉です。しかし、名前の「信」の⑨画数が**『衝突《しょうとつ》因縁』**の運命作用のため、安全保障条約承認を衆議院本会議で強行採決、昭和三十五年六月、安全保障条約成立とともに退陣を余儀なくされました。

姓名の中に⑨画数の**『衝突因縁』**の条件があります。その中の**No.9「天才と呼ばれる由縁《ゆえん》」**の箇所の一部を、次に抜粋します。

▽**抜粋**

・革命・改革時など、人々の心を掌握《しょうあく》することのできる「天才的」な指導者に多く見受けられる。ただし、国を支配することのできる立場にいた場合、国を転覆《てんぷく》させる危険性があるが、その反対に国を極端に発展に導く原動力となる。

【実例Ⅱ－5／2】

佐藤信介の運命鑑定

○	金	**佐**	7	
				26
○	火	**藤**	19	
				28
○	金	**信**	⑨	
				13
●	木	**介**	4	
			39	

▲先　祖の運数は、26画数→波瀾万丈で凶数……469ページ26画数を参照

○少年期の運数は、13画数→頭脳明晰で吉数……462ページ13画数を参照

▲中年期の運数は、28画数→浮沈み変動凶数……470ページ28画数を参照

○晩年期の運数は、39画数→権力財力大吉数……476ページ39画数を参照

▲陰陽の構成は、蒔直《まきなおし》陰陽→小凶……58ページ蒔直陰陽を参照

△性格の条　件は、「金木性」……230ページ金木性を参照

◆名前の「信」の⑨画数が『衝突因縁』の条件に該当する。134ページ『衝突因縁』の①の条件。

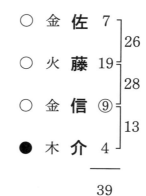

◆鑑定

佐藤信介↓岸信介氏を簡単に説明します。「佐藤家」から「岸家」の養子となり「改姓」し、陰陽構成条件も「蒔直陰陽《まきなおし》」の小凶陰陽構成から**「完全陰陽」**になりました。岸家に養子になり**「改姓」**したことで、**『衝突因縁』**を除き、完璧な運命条件になりました。

佐藤信介の運命条件であったなら、総理大臣まで到達することはなかったはずです。

余談ですが、岸信介氏が養子（岸家）にならなかったら、一家から二人の総理大臣を輩出《はいしゅつ》することはなかったと思います。

では、岸信介の弟で、やはり総理大臣になった佐藤栄作の姓名を、次に鑑定してみることにしましょう。いったい、どんな運命がみえてくることでしょうか。

【実例Ⅱ-6】
佐藤栄作の運命鑑定

○	金	佐	7	26
○	火	藤	19	33
●	土	榮	14	21
○	金	作	7	
			47	

▲　先祖の運数は、26画数→波瀾万丈で凶数……469ページ26画数を参照
◎　少年期の運数は、21画数→頭領数で大吉数……466ページ21画数を参照
○　中年期の運数は、33画数→頭脳明晰で吉数……472ページ33画数を参照
○　晩年期の運数は、47画数→積極的努力吉数……480ページ47画数を参照
◎　陰陽の構成は、完全陰陽→大吉……45ページ完全陰陽を参照
△　性格の条件は、「土金性」……226ページ土金性を参照

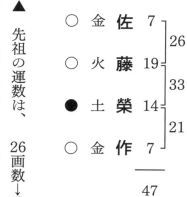

◆鑑定

「正統姓名学」五大条件に法《のっと》り鑑定させていただきましたが、五大条件は完璧であり、姓名学上では一〇〇パーセントに近く、元総理大臣・田中角栄と同様、一万人中の一人～二人ほどの良い姓名であり、このような良い条件の姓名を持っている方はほとんど見受けられません。

余談ですが、佐藤栄作氏が逆に養子（岸家）にいっていたら、一家から二人も総理大臣を輩出することはなかったと思います。

【実例Ⅱ-7】

田中角栄の運命鑑定

○	火	**田**	5	
				9
●	火	**中**	4	
				11
○	木	**角**	7	
				21
●	土	**榮**	14	
			30	

▲先祖の運数は、9画数→欲を捨て吉凶数……460ページ9画数を参照

◎　少年期の運数は、21画数↓頭領数で大吉数……………466ページ21画数を参照
◎　中年期の運数は、11画数↓頭領数で大吉数……………461ページ11画数を参照
△　晩年期の運数は、30画数↓零の分裂吉凶数《ぶんれつきっきょう》……………471ページ30画数を参照
◎　陰陽の構成は、完全陰陽↓大吉……………45ページ完全陰陽を参照
○　性格の条件は、「木土性」……………204ページ木土性を参照

◇**陰陽**……○●○●の完全陰陽構成です（45ページを参照）。
◇**五行**……火・火・木・土の場合は、二行以上異なった行が入っていますので「吉」です（80ページを参照）。
◇**画数**……⑪・㉑画数は頭領数で「大吉」、30画数は完全陰陽で「吉」の条件です。なお、頭領数が一つでも十分ですが頭領数が二つある故に、総理大臣までに昇進できた経緯《けいい》があります。
◇**意義**……田の中の作物が隅々《すみずみ》まで育ち栄《さか》えるようにという意味の流れがあります。

〈意味〉
・田↓田、畑、耕す
・中↓なか、うち
・角↓かど、すみ、つの

・榮→栄える、盛んに茂る

◇**天地**……天小地大であり、宇宙の真理に副《そ》わなく、天地がアンバランスであるため、運命的にも不安定で、不遜《ふそん》な心を強く抱く傾向があります。

◆**鑑定**

「正統姓名学」五大条件に法《のっと》り鑑定させていただきましたが、天地のバランスが悪いだけで、後の四条件は完璧であり、姓名学上では一〇〇パーセントに近く、一万人中の一人～二人くらいの良い姓名です。

また、このような良い条件の姓名を持っている方はほとんど見受けられません。

過去、私自身が約四十八年にわたり全国のデパート及びスーパーなどで数十万人にのぼる人を鑑定してきましたが、完璧な姓名の方は三名だけでした。もちろん、一光堂で「命名・改名」していただいた方々を除きます。

【実例Ⅱ-6～7】の鑑定結果については、姓名学上では一〇〇パーセント近く、「一万人中一人～二人くらいの良い姓名です」と記述しましたが、元総理大臣佐藤栄作と田中角栄の姓名は、完璧です。

重要・実践

特に**【実例II-7】**は鑑定方法を詳細に明記してありますが、実際——

①陰陽
②五行
③画数
④意義
⑤天地

——の「五大条件」の鑑定方法で行います。

なお、遠い昔の戦国武将や歴史上の人物の名前を挙げましたが、【例題II-1〜5】の実例には共通する重大項目があり、それは『衝突因縁』を持っていたということです。

ここで特に重要な問題は、この**『衝突因縁』**は非常に恐ろしく、周囲の人々まで災《わざわ》いを及ぼす結果となっていく傾向があるということです。

152ページ**『衝突因縁』**の⑨**「天才」と呼ばれる由縁《ゆえん》**の一部を次に抜粋《ばっすい》しますので、参照してください。

▽**抜粋**

・発想・着眼・着想が唐突《とうとつ》で飛躍《ひやく》している。
・こだわりも強く、こだわりに対し優《すぐ》れた才能・能力を発揮する。
・趣味、嗜好《しこう》は、もともと凡人とは異なることが多く、一芸《いちげい》に秀《ひい》で、結果**「天才」**と呼ばれる人が多く、学者、研究家、発明家、芸術家、音楽家（演奏者）などに多く見受けられる。
・弁護士、検事など人と争う（論争）ことが日常茶飯事であり、それは正に**「天職」**であり、その発言は迫力があり、他を圧倒し寄せ付けることがない。
・その他職業では、政治家、評論家が多く、これもまた「天職」であり、この場合は議論などでやはり衝突する傾向がある。
・革命・改革時など、人々の心を掌握《しょうあく》することのできる「天才的」な指導者に多く見受けられる。ただし、国を支配することのできる立場にいた場合、国を転覆《てんぷく》させる危険性があるが、その反対に国を極端に発展に導く原動力となる。

実践(鑑定)をすれば普遍《ふへんてき》的な答えが

平安時代末期から現在まで、動乱の時代（時代の変わり目）には、強烈な**『衝突因縁』**の運命作用が必要であったと思われます。この時代に起きた事件だけを当て嵌《は》めたと感じられるかも知れませんが、昨今、頻発《ひんぱつ》している事件・事故・その他、新聞や報道などで取り上げられている人々に対し、**「実践」**（鑑定）していただきければ結果は同じです。

この**【実例集〈Ⅰ〉〈Ⅱ〉】**の条件等は机上《きじょう》の空論《くうろん》ではなく、過去から現在における事実であることを踏まえ**「実践」**に**「実践」**を重ねていただくことで、**『秘傳』**の真価が分かるはずです。

〈参考〉・実践……………実際の状況の下でそれを行うこと。
・机上の空論……理屈だけで実際には役立たない議論。
・真価《しんか》……………本当の値うち。

朱《しゅ》に交われば赤くなる

「朱に交われば赤くなる」という諺《ことわざ》があります。

朱の中に混ざっていると、朱に染《そ》まってしまい赤くなるように、人間も交わる友によって、善悪いずれにも感化されるということです。

悪い条件を持っている人と交際していると自然に品格を失い、悪い方向に引き込まれ、運命も悪い結果に見舞われてしまいます。

反対に良い友達など人間関係に恵まれることで、自分自身も向上していき、人生においても大きくプラスになり、すべての良いチャンスに恵まれ幸福を掴《つか》むことができます。

「善」と「悪」では人生の歩みが全く違い、「天」と「地」のような雲泥《うんでい》の差が生じます。

やはり、良い人間関係、良い環境を自らの心掛けによって築いていくことが望ましいのです。

死は偶発的か？

テレビや新聞で毎日報道されている「死」は、偶発的に起きているのではありません。

「あの人は短命だった！」とか「運が悪かった！」と簡単に解釈していますが、「運」が悪いのではなく運命の基礎ともいうべき「姓名」が悪いということなのです。

悪い姓名 ＝ 悪い思想・悪い環境・悪い条件 ＝ 凶悪運命の一致↓（死亡・刑罰）

右記のように、すべてイコール関係になります。

姓名が凶悪の人は、常に死の条件が漂っており、交通事故・遭難・殺人・その他、すべての災難で死亡した人々、また事件を犯す人は、やはり最凶悪の姓名を持っています。

災難に遭う場合も、わずか一～二秒ほどの差で生と死が決まります。

災難に遭遇《そうぐう》する確率は「万分の一」と低く、その低い確率の条件が一致するということは「運命（姓名）」が悪いためといえます。

死亡した人の運命を鑑定してみれば、やはり姓名が悪く九五パーセント以上は何らかの形で悪い運命に支配され死亡しています。

本人はもちろん、その人を取り巻く家族などに、すべての運命の一致がみられます。偶発《ぐうはつ》で死亡した人は一人もいません。

なかには姓名が完全陰陽の条件で死亡している人もわずか一パーセント弱います。この条件に対して「完全な姓名なのに？」「どうして？」と疑問が湧《わ》いてきますが、このような場合、その人を取り巻く人々・家族及び環境下には必ず、最凶悪な条件があり、そのため、巻《ま》き添《ぞ》えを受ける羽目になったのです。

３３４ページ『究極の運命鑑定』の「一蓮托生《いちれんたくしょう》とは何か」の欄を参照してください。

前述した「朱に交われば赤くなる」という諺《ことわざ》がそれを証明しております。故に姓名がたとえ完全であっても、「悪い思想・環境・条件」など悪い条件は絶対に避《さ》けるべきです。

また家族の中に一人でも凶悪な姓名の人がいると、その凶悪作用により家族の誰かにその作用が働き、姓名の良い人でも巻き添えを食います。

このような条件の悪い姓名の人が家族の中にいるならば、一日も早く**「改名」**してください。読者の皆様方が、テレビや新聞で毎日報道されている事件・事故・その他などの「死」が偶発的《ぐうはつてき》に起きているのかどうかは、この「正統姓名学」五大条件（陰陽・五行・画数・意義・天地）に照らし合わせ鑑定して頂ければ、よくご理解して頂くことができます。

日々、起きている事件・事故・その他を鑑《かんが》みて「正統姓名学」を**「実践」**していくと、「正統姓名学」の本当の恐ろしさが分かり、自分の「姓名が吉」であるならば自信を持ち、自分の運命を見据《みす》え将来に向かい始動しなければなりません。

逆に「姓名が凶」であるならば、一日も早く**「改名」**し、やはり、将来に向かい始動し、幸せな人生を謳歌《おうか》しなければなりません。

「正統姓名学」は**「実践」**に**「実践」**を重ね、現実を直視し「人生（運命）」を良くなるよう導く道標《みちしるべ》であると自負しております。

巻末資料

正統姓名学画数運命表

【利用上の注意】

・画数条件は**1画数～60画数**までありますが、基本は**1画数～10画数**の繰り返しの画数条件です。ただし、画数によっては雲泥の差が生じる場合もありますので注意が必要です。

・「陰陽構成の条件が吉ならば……」というのは『**完全陰陽**』構成をいいます。

・「陰陽構成の条件が凶ならば……」というのは『**不完全陰陽**』構成をいいます。

・『**不完全陰陽**』には「蒔直陰陽」「圧迫陰陽」「弱圧迫陰陽」「片寄陰陽」「中断陰陽」の五つの条件の『不完全陰陽』がありますが、特に「片寄陰陽」は**極端から極端に支配される運命作用が生じ、画数条件に関係なく顕著に現れます**ので、57ページ『**不完全陰陽**』と『**画数条件**』を併用すると、よく理解していただくことができます。

◆**重要**：「正統姓名学」では、画数条件だけで判断・鑑定するのではありません。したがって、画数条件はあくまでも**三番目の条件**なので留意してください。

〈**注意**〉同じ単語の意味の解説が重複しますが、これは読者の皆様が1画数～60画数の中の、必要な画数条件だけで検索できるようにするためです。ご了承ください。

画数	鑑定結果
1	**〈権力・財力の大吉数〉** ・万物の根源を意味し、また物ごとの始まりを現し、すべてのことが苦労なく順調に進みます。目的を達成し、権力・財力を得て大成功を成《な》し遂《と》げ、幸福を得る大吉数である。
2	**〈繰り返しの大凶数〉** ・実力に乏《とぼ》しく、目先の欲望に走り、大きい希望を抱《いだ》いて無理に伸びようと努力しても、思い通りにならず、支障《ししょう》が多く次第に衰退《すいたい》します。家庭的に不和、不幸で、肉親に縁薄く、金難・病難・災難に遭《あ》いやすく、破滅・滅亡に終わる大凶数である。またすべてのことに対し失敗を繰《く》り返《かえ》し、常に不安定な大凶数である。
3	**〈旭日昇天の吉数〉** ・諸々《もろもろ》の才能・知恵に恵まれ、先見力《せんけんりょく》があり、旭日昇天《きょくじつしょうてん》の勢《いきお》いで大業を成《な》し遂《と》げる吉数である。特に学問の道に進むと大成し、また目上や同僚の助けを受け大成功し名誉・財産等を築き、すべてが順調に進む吉数である。 **〈意味の解説〉** ・旭日昇天……朝日が天高く上がること。 ・大業…………大きな事業。偉大《いだい》な事業。
4	**〈艱難辛苦・困窮の大凶悪数〉**

4

・初めは順調に物事が進むが、なかなか思い通りにはならず困窮《こんきゅう》し失敗を招《まね》きます。肉親の縁薄く、家庭的にも不幸で不平・不満が付きまとい、病難・災難・剣難その他難に遭《あ》いやすく、精神・肉体的に苦労があり艱難辛苦《かんなんしんく》は免《まぬが》れない。結婚運が弱く、離婚しやすい。
・陰陽構成の条件により極端な波乱含《はらんぶく》みの人生を送る大凶悪数である。

〈意味の解説〉

・艱難辛苦……苦しみ。辛《つら》いこと。困難に合って苦しみ悩むこと。
・困窮………困りきってしまうこと。特に、貧乏で苦しむこと。

5

〈才能・知恵の吉数〉

・心身共に健康で和《なご》やかで社交性に富み、人望厚く、諸々《もろもろ》の才能・知恵を生かし、綿密《めんみつ》な計画性を持って大業を成就《じょうじゅ》し、幸福に恵まれ大成功する吉数である。特に学問（学者、研究者、技術者、芸術家、その他）を志す人には最適。

〈意味の解説〉

・大業………大きな事業。偉大《いだい》な事業。
・成就………望みなどが叶《な》うこと。成し遂《と》げること。

6

〈波瀾万丈の中凶数〉

・運命が上昇期にある時ば物心《ぶっしん》両面に恵まれ、頭領《とうりょう》となるが波乱《はらん》含の「頭領数《とうりょうすう》」である。
・陰陽構成の条件が凶ならば、一代で財産を築くチャンスもあるが、努力した甲斐《かい》がなく、物質・精神的に不安定な運命を辿《たど》る凶数である。また人生の流れを一瞬で奈落《ならく》の底《そこ》に落としめる艱難辛苦《かんなんしんく》が常に孕《はら》んでおり危険と隣り合わせである。事件・事故などに巻き込

6	7
まれ不慮《ふりょ》の「災難」を被《こうむ》ることが多く、生死に拘《かか》わる強烈な運命作用がある。この画数条件は「災難の巣」＝剣難・病難・金難・遭難・困難・苦難・犯罪・刑罰・独・自殺・短命など極端な運命支配を受け、常に不安定な衰退《すいたい》する凶数である。 〈意味の解説〉 ・波瀾万丈……事件・問題などが、激しい変化に富むこと。 ・物心………物質と精神。 ・頭領………かしら。現在では社長。上司。 ・奈落の底……これ以上どうにもならない、どん詰まりの所。ドン底。 ・艱難辛苦……苦しみ。つらいこと。困難に合って苦しみ悩むこと。 ・不慮………思いがけないこと。	**〈初志貫徹の吉数〉** ・意志強固で強い信念を持ち、積極的に努力し、困難に打ち勝ち初志を貫徹《かんてつ》し、財産・名誉を掴《つか》むことのできる吉数である。 ・陰陽構成の条件が凶ならば、猪突猛進《ちょとつもうしん》の傾向が強いため、対人関係において摩擦《まさつ》を生じる。また自己中心で円満性を欠く恐れがあるので自重《じちょう》を要《よう》すが、強い信念を持ち続けることが必須条件である。 〈意味の解説〉 ・初志貫徹……はじめに思った考えを、貫き通すこと。 ・猪突猛進……猪が真っすぐ突っ走るゆえに向こう見ずに進むこと。 ・必須………どうしても必要であること。

8

〔努力・忍耐の吉数〕

・先見《せんけん》の明《めい》に優《すぐ》れ、忍耐・包容力《ほうようりょく》を兼備《けんび》し、人から尊敬され幸福を掴《つか》む。意志が強くどんなことにも挫《くじ》けず、積極的に努力し、言行を慎《つつし》み事に当たれば、すべてのことが苦労することなく順調に進み成功する吉数である。

・陰陽構成の条件が凶ならば、努力がなかなか身にならない。独断的で、やり過ぎ、言い過ぎが多いため、人の意見を良く受け入れて事に当らなければ失敗する恐れがある。

〈意味の解説〉

・忍耐……辛さ・苦しさ・怒りを、じっと我慢すること。耐え忍ぶこと。

・先見の明……将来を見抜く優れた知恵のこと。前もって見通す知恵のこと。

・兼備……両方が一緒に備わっていること。

9

〔艱難辛苦の大凶数〕

・陰陽構成の条件が吉ならば、私利私欲を捨て人のために尽《つ》くせば精神、福祉事業（公務員・教員・医師・福祉・宗教家・政治家・その他）は成功するが、艱難辛苦《かんなんしんく》は避《さ》けられない。

・陰陽構成の条件が凶ならば、努力に対して報われず、終始苦境《くきょう》に立たされ、病難・金難・火難・剣難・その他難を受けやすく、肉親に縁薄く結婚運が弱く、生死別などがあり、家庭・肉体・精神的に圧迫を受ける。特に相続人で苦労がある。

〈意味の解説〉

・艱難辛苦……苦しみ。つらいこと。困難に合って苦しみ悩なやむこと。

・苦境……苦しい境遇。

・生死別……互いに会うこともなく暮らしていること。生き別れ。死に別れ。

10

〔零の大凶悪数〕

・零数《ぜろすう》といい、一生懸命努力しても報《むく》われず、分裂を繰《く》り返《かえ》し零になる。不遜《ふそん》な心を抱《いだ》き志《こころざし》も中断し、すべての努力が水の泡《あわ》となる大凶悪数である。

・陰陽構成の条件が凶ならば、家庭も不和・不幸で肉親の縁薄く、結婚運が弱く、生死別などがあり、金難・病難・災難・剣難・その他難絶えず、財産のある家に生まれても、1代でその財産を失う。また悪い事が繰《く》り返《かえ》し起こる大凶悪数である。

〈意味の解説〉

・不遜……………思い上がった態度。
・努力が水の泡……努力などが無駄になること。
・生死別……………互いに会うこともなく暮らしていること。生き別れ。死に別れ。

11

〔頭領の大吉数〕

・成功運が強く、すべて順調な発展に恵まれ、破竹《はちく》の勢いで大業《たいぎょう》を成就《じょうじゅ》し、成功する大吉数である。衆望《しゅうぼう》を担《にな》って人の頭領・指導者・経営者となり、一代で地位と財産を築き、権力・財力を得て名誉をあげ、家運を盛り上げ、幸福を掴《つか》む大吉数である。

〈意味の解説〉

・破竹の勢い……勢いが盛んで敵するもののないこと。
・大業……………大きな事業。偉大な事業。
・衆望……………多くの人々から寄せられる期待。人望。
・頭領……………かしら。社長。上司。

12

〈繰り返しの大凶数〉

・大きい希望を抱いて無理に伸びようとするが、目先が効かず、新しい物事に心が移り焦《あせ》り過ぎて思い通りに行かず失敗を繰り返し、諸事万端《しょじばんたん》ままならない。肉親の縁薄く、家庭的に不和・不幸で、金難・災難・病難・その他難に会いやすく、特に転職・移転が多くあり、常に不安定な大凶数である。

〈意味の解説〉

・諸事万端……色々なこと。あらゆる事柄。

13

〈進取・旭日昇天の吉数〉

・進取《しんしゅ》の気象《きしょう》に富み、先見力《せんけんりょく》があり、諸々の才能・知恵に恵まれ、目上や同僚の助けを受け、旭日昇天《きょくじつしょうてん》の勢いで大成功し、目的成就《じょうじゅ》の大吉数である。特に、学問の道に進むと大成し、名誉や財産等を築き、すべてが順調に進む吉数である。ただし、過信・過言になる傾向があるので注意。

〈意味の解説〉

・進取の気象……自分から進んで物事をする性質のこと。

・先見力……将来を見抜くこと。前もって見通すこと。

・旭日昇天……朝日が天高く上がること。

・成就……望みが叶うこと。成し遂げること。

14

〈難境の大凶数〉

・才能・知恵があるにもかかわらず、好機や金銭に恵まれず、また思い通りにはならず困《こん》

14

窮《きゅう》し失敗を招き日影の苦しみを味わい、不平・不満・不安・不和・不徳が付きまとい、努力が徒労《とろう》に終わる大凶数である。

・陰陽構成の条件が凶ならば、家庭的にも不和・不幸で病難・災難・金難・剣難・その他難に遭いやすい。肉親の縁薄く、結婚運が弱く、離婚しやすい。また精神・肉体的に苦労がある大凶数である。

・陰陽構成の条件により極端な波乱《はらんぶく》含みの人生を送る。

〈意味の解説〉

・難境……………難の多い境遇のこと。

・困窮……………困りきってしまうこと。特に、貧乏で苦しむこと。

・徒労……………無駄な骨折損。

15

〈才能・知恵・人徳・頭領の大吉数〉

・緻密《ちみつ》な計画性をもって才能・知恵・人徳を生かし、すべて順調な発展に恵まれ、成功運が強く、また人望厚く、人の頭領・指導者・経営者となり、権力・財力を得て名誉をあげ、立身出世し大業《たいぎょう》を成《な》し遂《と》げ、最高の幸福を掴《つか》み、大成功する大吉数である。物心両面に恵まれ、家庭も円満である。

〈意味の解説〉

・頭領……………かしら。社長。上司。

・立身出世………社会的によい地位を得ること。

・大業……………大きな事業。偉大な事業。

・物心……………物質と精神。

16

〈波瀾万丈の中凶数〉

・運命が上昇期にあるならば物心両面に恵まれ、頭領となるが常に波乱含みの「頭領数」である。一代で財産を築くチャンスもあるが、一時的な運である。

・陰陽構成の条件が凶ならば、極端な運命支配を受け、波瀾万丈《はらんばんじょう》で浮き沈み多く、一瞬で奈落《ならく》の底《そこ》に落ち、生命を脅《おびや》かす危険と常に隣《とな》り合わせであり、突発的な「災難」に遭遇しやすい。また事件・事故などに巻き込まれ、生命を失う傾向があり、この画数条件は「災難の巣」＝病難・金難・剣難・遭難・困難・苦難・犯罪・刑罰・孤独・自殺・短命など、不慮《ふりょ》の「災難」を被《こうむ》ることが多く、常に不安定な衰退する凶数である。

〈意味の解説〉

・波瀾万丈……事件・問題などが、激しい変化に富むこと。

・物心…………物質と精神。

・頭領…………かしら。社長。上司。

・奈落の底……これ以上どうにもならない、どん詰まりの所。ドン底。

・不慮…………思いがけないこと。

17

〈初志貫徹の吉数〉

・意志強固で初志を貫徹《かんてつ》し積極的に努力し、艱難辛苦《かんなんしんく》に打ち勝ち成功する吉数である。

・陰陽構成の条件が凶ならば、猪突猛進《ちょとつもうしん》が強いため、対人関係において摩擦《まさつ》を生じ、自己中心で円満性を欠く恐れがあるので自重を要すが、この画数条件は、強い信念を持ち続けることが必須条件である。

〈意味の解説〉

17

・初志貫徹……初めに思った考えを、貫き通すこと。
・艱難辛苦……苦しみ。つらいこと。困難に合って苦しみ悩むこと。
・猪突猛進……猪が真っすぐ突っ走るゆえに向こう見ずに進むこと。

18

〈努力・忍耐の吉数〉
・意志を強く持ち、どんな事にも挫《くじ》けず努力を重ね、万難《ばんなん》を排《はい》しすべてのことが順調に進む。先見の明に優れ、新しい物事を始める才能を有し、努力・忍耐及び、志を貫《つらぬ》く精神力があれば、どんなことにも成功する吉数である。
・陰陽構成の条件が凶ならば、努力がなかなか身になりません。また無理をすると失敗する恐れがある。災難に注意。

〈意味の解説〉
・忍耐……辛さ・苦しさ・怒りを、じっと我慢すること。耐え忍ぶこと。
・万難を排……え多くの様々な困難・障害を排除すること。
・先見の明……将来を見抜く優れた知恵のこと。前もって見通す知恵のこと。

19

〈艱難辛苦の大凶数〉
・陰陽構成の条件が吉ならば、私利私欲を捨て人のために尽《つ》くせば、精神・福祉事業（公務員・教員・医師・福祉・宗教家・政治家・その他）は成功するが艱難辛苦《かんなんしんく》は避《さ》けられない。
・陰陽構成の条件が凶ならば、苦難・苦境のため、努力が報《むく》われず、目的を達成できず困《こん》窮《きゅう》に立たされ、家庭・肉体・精神的に圧迫を受け、病難・金難・剣難・その他難を受けやすく、肉親に縁薄く、結婚運が弱く、生死別などがあり、特に相続人で苦労がある。

19	20	21
〈意味の解説〉 ・艱難辛苦……苦しみ。つらいこと。困難に合って苦しみ悩むこと。 ・苦難・苦境……身に降りかかる苦しみ。苦しい境遇。 ・困窮……困りきってしまうこと。特に、貧乏で苦しむこと。 ・生死別……互いに会うこともなく暮らしていること。生き別れ。死に別れ。	**〈零の大凶悪数〉** ・零数《ぜろすう》といい、一生懸命努力しても報《むく》われず志《こころざし》も中断します。一時的には良い運命の波に乗るが、途中で土台が崩《くず》れ失敗し零になり、それを繰《く》り返《かえ》します。 ・陰陽構成の条件が凶ならば、肉親の縁薄く、結婚運も弱く、家庭も不和・不幸で離婚・生死別などがあり、金難・病難・災難・剣難・その他、難絶えず、また財産のある家に生まれても一代でその財産を失う傾向があり、失敗を繰り返し、すべての努力が水の泡となる大凶悪数である。 〈意味の解説〉 ・生死別……互いに会うこともなく暮らしていること。生き別れ。死に別れ。 ・努力が水の泡……努力などが無駄《むだ》になること。	**〈頭領の大吉数〉** ・すべて順調な発展に恵まれ、成功運が強く、果断《かだん》な行動力をもって旭日昇天《きょくじつしょうてん》の勢《いきお》いで成功する大吉数である。衆望《しゅうぼう》を担《にな》って人の頭領・指導者・経営者となり、権力・財力を得て名誉をあげ、家運を盛り上げ幸福を掴《つか》む、最高の大吉数である。

23	22	21
〈頭領の大吉数〉 ・旭日が昇るが如《ごと》く順調に伸びる。貧しい境遇《きょうぐう》からチャンスを掴《つか》み、破竹《はちく》の勢《いきお》いで大業を成し遂げ、一代で地位と財産を築く。また進取《しんしゅ》の気象《きしょう》に富み、先見力《せんけんりょく》があり諸々の才能・知恵・人徳に恵まれ、目上や同僚の助けを受け、権力・財力を得て名誉をあげ、衆望《しゅうぼう》を担《にな》って人の頭領・指導者・経営者となり繁栄する最高の大吉数である。特に学問の道に進むと大成し、すべてが順調に進み、目的成就《じょうじゅ》の大吉数である。	〈繰り返しの大凶数〉 ・初めは人に羨《うらや》まれる程の幸福であるが次第に衰退《すいたい》する。大きい希望を抱《いだ》いて無理に伸びようと努力しても目先が効かず、新しい物事に心が移り、焦《あせ》り過ぎて思い通りにならず失敗を繰《く》り返《かえ》し、支障の多い大凶数である。肉親の縁薄く、結婚運が弱く生死別、家庭的の恵薄く、金難・災難・病難その他、難に会いやすく、様々な艱難辛苦《かんなんしんく》があり、また転職・移転が多くあり常に不安定な大凶数である。 〈意味の解説〉 ・艱難辛苦……苦しみ。つらいこと。困難に遭って苦しみ悩むこと。	〈意味の解説〉 ・果断な行動……ためらわずに思い切って行動するさま。 ・旭日昇天……朝日が天高く上がること。 ・衆望……多くの人々から寄せられる期待。人望。 ・頭領……かしら。社長。上司。

23	24	25
〈意味の解説〉 ・旭日昇天………朝日が天高く上がること。 ・破竹の勢い……勢いが盛んで敵するもののないこと。 ・大業…………大きな事業。偉大な事業。 ・進取の気象……自分から進んで物事をする性質のこと。 ・先見力………将来を見抜くこと。前もって見通すこと。 ・衆望…………多くの人々から寄せられる期待。人望。 ・成就…………望みが叶うこと。成し遂げること。	**〈難境の吉凶分岐数〉** ・陰陽構成の条件が吉ならば、目上や同僚の援助や好機に恵まれ、目的を達成する吉数である。 ・陰陽構成の条件が凶ならば、才能・知恵・人徳があるにも拘《かか》わらず、好機や金銭に恵まれず、苦労しても身にならず、不平・不満・不安・不和・不徳が付きまとい、努力が無駄《むだ》に終わる。 ・陰陽構成の条件により吉凶分岐《ぶんき》（波乱含み）の極端な差が生じる。 **〈意味の解説〉** ・難境……難の多い境遇のこと。	**〈才能・知恵の吉数〉** ・才能・知恵に恵まれ、心身共に健康で和やかで人望厚く、希望発展の吉数である。特に学問を志す人には最適で、緻密《ちみつ》な計画性を持って才能を生かし、努力すると成功し名誉

25

をあげます。また技術・芸術関係は天職であるため、大業を成《な》し遂《と》げ、幸福に恵まれ大成功する吉数である。

・陰陽構成の条件が凶ならば、他人との協調性を欠くために爪弾《つまはじ》きにされる傾向がある。

〈意味の解説〉

・大業………大きな事業。偉大な事業。

・協調性……互いに譲り合って調和していこうとすること。

・爪弾き……排斥し、押し退け退けること。

26

〈波瀾万丈の大凶数〉

・極端な運命支配を受け、波乱《はらん》浮《う》き沈《しず》み多く、病難・金難・剣難・遭難・困難・苦難・犯罪・刑罰・孤独・自殺・短命など、不慮《ふりょ》の「災難」を被《こうむ》ることが多く、生命を脅《おびや》かす傾向があり、また事件・事故などに巻き込まれ、危険と隣り合わせであり、常に不安定な大凶数であり、極端な運命支配を受ける。

・陰陽構成の条件が吉ならば、貧しい境遇《きょうぐう》から一代で財産を築くチャンスもあるが、一時的で四苦八苦し末路は悪い。

〈意味の解説〉

・波瀾万丈……事件・問題などが、激しい変化に富むこと。

・不慮…………思いがけないこと。

・境遇…………社会の中で、ある人を取り巻く一切の関係、巡めぐり合せ。

・四苦八苦……非常な苦しみ。また、あらゆる苦しみ。

27

〔初志貫徹の吉凶数〕

・意志強固で初志貫徹《しょしかんてつ》し、積極的に努力・行動し、艱難辛苦《かんなんしんく》に打ち勝ち成功する吉数である。ただし、成功するには、強い信念を持ち続けることが条件である。

・陰陽構成の条件が凶ならば、すべての物事が中断する。また不平・不満・不安・不和になり、猪突猛進《ちょとつもうしん》の傾向が強いため、対人関係において摩擦《まさつ》を生じ、自己中心で円満性を欠く恐れがあるので離婚・別離の難がある。

〈意味の解説〉

・初志貫徹……初めに思った考えを、貫き通すこと。

・艱難辛苦……苦しみ。つらいこと。困難に合って苦しみ悩むこと。

・猪突猛進……猪が真っすぐ突っ走るゆえに向こう見ずに進むこと。

28

〔努力・忍耐の吉凶数〕

・陰陽構成の条件が吉ならば、新しい物事を始める才能を有し、努力・忍耐及び、志《こころざし》を貫《つらぬ》く精神力があれば、発展・成功のチャンスに恵まれる。

・陰陽構成の条件が凶ならば、一時は良い運勢の波に乗るが、浮き沈み変動があり、不遜《ふそん》な心を抱き、大きい希望を有しても、努力・忍耐がなかなか身につかない。また無理をすると失敗する恐れがあり、不慮《ふりょ》の難を受けやすい。

〈意味の解説〉

・忍耐…………辛さ・苦しさ・怒りを、じっと我慢すること。耐え忍ぶこと。

・不遜…………思い上がった態度

・不慮…………思いがけないこと。

29

〔難の吉凶数〕

・陰陽構成の条件が吉ならば、艱難辛苦《かんなんしんく》に耐《た》え、これに打ち勝ち、また才能・知恵を生かし、大業を成就《じょうじゅ》し、財産・名誉を得る吉数である。

・陰陽構成の条件が凶ならば、不平・不満が多く、自己中心となり協調性に欠けるため、努力が無になり、また難《なん》の恐れがある。

〈意味の解説〉

・艱難辛苦……苦しみ。つらいこと。困難に合って苦しみ悩むこと。

・大業…………大きな事業。偉大な事業。

・成就…………望みが叶うこと。成し遂げること。

・協調性………互いに譲り合って調和していこうとすること。

30

〔零の吉凶分岐数〕

・陰陽構成の条件が吉ならば、先の見通しに優《すぐ》れ勤勉・努力し、大業を成《な》し遂《と》げる吉数である。

・陰陽構成の条件が凶ならば零数《ぜろすう》といい、一生懸命努力しても報《むく》われず志《こころざし》も中断する。一時的には良い運命の波に乗るが、途中で土台が崩れ失敗し、すべての努力が水の泡《あわ》となり、悪い事が繰《く》り返《かえ》し起きる凶数である。

〈意味の解説〉

・大業…………大きな事業。偉大な事業。

・努力が水の泡…努力などが無駄になること。

31

〈頭領の大吉数〉

・成功運が強く、果断《かだん》な行動力をもって破竹《はちく》の勢《いきお》いで大業を成就《じょうじゅ》し、一代で地位と財産を築く。また進取《しんしゅ》の気象《きしょう》に富み、諸々の才能・知恵・人徳に恵まれ人望厚く人から信頼され、衆望《しゅうぼう》を担《にな》って人の頭領・指導者・経営者となり、権力・財力を得て名誉をあげ、家運を盛り上げ幸福を掴《つか》む、最高の大吉数である。

〈意味の解説〉

・果断な行動……ためらわずに思い切って行動するさま。

・破竹の勢い……勢いが盛んで敵するもののないこと。

・大業……大きな事業。偉大な事業。

・進取の気象……自分から進んで物事をする性質のこと。

・衆望……多くの人々から寄せられる期待。人望。

・頭領……かしら。社長。上司。

32

〈繰り返しの吉凶分岐数〉

・陰陽構成の条件が吉ならば、才能・知恵を生かし、思いがけない幸運に恵まれ大成功する大吉数。

・陰陽構成の条件が凶ならば、才能と知恵があるにも拘《かか》わらず、新しい物事に心が移り無理に伸びようと努力しても思い通りにならず、それを繰《くり》り返《かえ》し、また目先《めさき》が効かず転職・移転が多くある。外面は幸福そうに見えるが支障が多く、次第に衰退《すいたい》します。

33

〈進取の吉数〉

34	33
〈難境の大凶数〉 ・諸々の才能・知恵及び実行力に富むにも拘《かか》わらず、好機や金銭に恵まれず、苦労が身にならず、日影の苦しみを味わい、突然、意外な失敗を招《まね》き、社会の荒波に押し流される。 ・陰陽構成の条件が吉ならば、一時的には成功するが、諸事万端《しょじばんたん》思い通りにならず、不平・不満が多く、また肉親の縁薄く、結婚運が弱く離婚しやすい。家庭も不和・不幸で病難・災難・金難・剣難・その他、衰退《すいたい》する条件がある。また精神・肉体的に苦労がある大凶数。 ・陰陽構成の条件により極端な波乱含みの人生を送る。 〈意味の解説〉 ・難境……………難の多い境遇のこと。 ・諸事万端……色々なこと。あらゆる事柄・手段。	・陰陽構成の条件が吉ならば、進取《しんしゅ》の気象《きしょう》に富み、先見《せんけん》の明《めい》に優《すぐ》れ、諸々の才能・知恵・人徳に恵まれ進運が強く、急激に発展し財産や名誉を築き、大業を成《な》し遂《と》げる吉数である。特に、学問・芸術の道に進むと大成し、すべてが順調に進む。 ・陰陽構成の条件が凶ならば自信過剰《かじょう》のため、やり過ぎ、言い過ぎが多く、人間関係の円滑を欠く傾向があるので注意。 〈意味の解説〉 ・進取の気象……自分から進んで物事をする性質のこと。 ・先見の明………将来を見抜く優れた知恵のこと。前もって見通す知恵のこと。 ・大業……………大きな事業。偉大な事業。 ・進運……………進歩・向上の方向にある成り行き。

35

〔才能・知恵の吉数〕

・緻密な計画性をもって才能、知恵を生かし積極的に努力すると、成功し名誉をあげます。特に学問（教育者・文学者・芸術家・その他）を志す人は天職であるため、大業を成《な》し遂《と》げ、物心両面に恵まれ、大成功する希望発展の吉数である。

・陰陽構成の条件が凶ならば、他人との協調性を欠くために、爪弾《つまはじ》きされ、また分不相応《ぶんふそうおう》の野望を持ち、無理をすると失敗する。

〈意味の解説〉

・大業…………大きな事業。偉大な事業。
・協調性………互いに譲り合って調和していこうとすること。
・物心…………物質と精神。
・爪弾き………排斥＝押し退け退けること。
・分不相応……あるものに対し釣り合いを失っていること。相応しくないこと。

36

〔波瀾万丈の大凶数〕

・波乱浮き沈み多く病難・金難・剣難・遭難・困難・苦難・犯罪・刑罰・孤独・自殺・短命など、生命を脅《おびや》かす傾向があり、事件・事故などに巻き込まれ、危険と隣り合わせであり、不《ふ》慮《りょ》の「災難」を被《こうむ》ることが多く、常に不安定な大凶数で極端な運命支配を受け末路は悪い。

・陰陽構成が完全ならば、諸々の才能・知恵や行動力に富み、一代で財産を築くチャンスもあるが、一時的な運である。

〈意味の解説〉

・波瀾万丈……事件・問題などが、激しい変化に富むこと。

36

・不慮…………思いがけないこと。

37

〈初志貫徹の吉凶数〉

・意志強固で初志貫徹《しょしかんてつ》し、正義を貫《つらぬ》き、積極的に努力、行動し、幸福を掴《つか》み、名誉と利益を得る吉数である。ただし、成功するには強い信念を持ち続けることが必須条件。

・陰陽構成の条件が凶ならば、不平・不満・不安・不和から協調性・円満性を欠き、また自己中心で対人関係において摩擦《まさつ》を生じる傾向が強いため、離婚・別離の難がある。

〈意味の解説〉

・初志貫徹……初めに思った考えを、貫き通すこと。

・協調性………互いに譲り合って調和していこうとすること。

38

〈努力・忍耐の吉凶数〉

・先見《せんけん》の明《めい》に優《すぐ》れ、堅実に一歩一歩努力し、志《こころざし》を貫徹《かんてつ》する精神力があれば、成功する吉数である。意志を強く持ち、どんな事にも挫けず、言行を慎《つつし》み積極的に努力・忍耐し、ことに当たれば名誉と利益共に得る。

・陰陽構成の条件が凶ならば、努力がなかなか身になりません。また無理をすると失敗する恐れがある。災難に注意。

〈意味の解説〉

・忍耐…………辛さ・苦しさ・怒りを、じっと我慢すること。耐え忍ぶこと。

・先見の明……将来を見抜く優れた知恵のこと。前もって見通す知恵のこと。

39

〔難の吉凶数〕

・陰陽構成の条件が吉ならば、諸々の才能・知恵・人徳と財力・権力に恵まれ、大業を成就《じょうじゅ》し、幸福を掴《つか》む吉数である。

・陰陽構成の条件が凶ならば、独断、自尊心が強いため、人の和を欠き、人と争い、努力が無になり、また難の恐れがある。

〈意味の解説〉

・大業……遠大な志望。大きな事業。偉大な事業。

・成就……望みが叶うこと。成し遂げること。

40

〔零の吉凶分岐数〕

・陰陽構成の条件が吉ならば、勤勉・努力し、大業を成《な》し遂《と》げる吉数である。

・陰陽構成の条件が凶ならば零数《ぜろすう》といい、一時的には良い運命の波に乗るが、一生懸命努力しても報《むく》われず、途中で土台が崩《くず》れ失敗し零になり志も中断する。すべての努力が水《すい》泡《ほう》と帰し、繰《く》り返《かえ》しの多い凶数である。

〈意味の解説〉

・大業……大きな事業。偉大な事業。

・水泡と帰し……水の泡が消えやすいように、努力の甲斐もなく効果が残らない。

41

〔頭領の大吉数〕

・成功運が強く、諸々の才能・知恵・人徳に富み、健康・円満・長寿など物心両面に恵まれて、すべて順調な幸運の波に乗り、破竹《はちく》の勢《いきお》いで新事業など成功させ、一代で地位と財産を

41	42	43
築きます。人望・人情厚く人から信頼され、衆望《しゅうぼう》を担《にな》い人の頭領、指導者、経営者となり、立身出世し、権力・財力を得て名誉をあげ、家運を盛り上げ幸福を掴《つか》む、最高の大吉数である。 〈意味の解説〉 ・破竹の勢い……勢いが盛んで敵するもののないこと ・衆望……多くの人々から寄せられる期待。人望。 ・頭領……かしら。社長。上司。	**〈繰り返しの吉凶分岐数〉** ・陰陽構成の条件が吉ならば、創意《そうい》に富み、実行力もあり、他人の言葉にとらわれず、慎重に努力すると成功する吉数である。 ・陰陽構成の条件が凶ならば、他人の言葉に左右されやすく、失敗の繰《く》り返《かえ》しが多く努力が無になる。また目先が効かず、転職・移転が多くある。 〈意味の解説〉 ・創意に富み……物事を新しく考えだす心。	**〈進取の吉数〉** ・陰陽構成の条件が吉ならば、進取《しんしゅ》の気象《きしょう》に富み、諸々の才能・知恵に恵まれ、人望厚く、事業など成功し幸福になる大吉数である。特に学問の道に進むと大成し、すべてが順調に進む。 ・陰陽構成の条件が凶ならば、自信過剰《かじょう》のため不平・不満の塊《かたま》りで、人と協調せず、人間

43

関係の円滑を欠く傾向があるので注意。

〈意味の解説〉

・進取の気象……自分から進んで物事をする性質のこと。

・大成……優れた人物になること。

・自信過剰……自分の価値・能力を過信すること。

44

〔困窮・艱難辛苦の大凶悪数〕

・不平・不満・不和・不幸・不徳が付きまとい、努力が徒労《とろう》に終わる大凶悪数である。好機や金銭に恵まれず、苦労しても身にならず、日影の苦しみを味わい、突然、意外な失敗を招《まね》き自らの方向を失い、身を滅ぼし他人まで迷惑《めいわく》を及《およ》ぼす。肉親の縁薄く、家庭も病難・災難・金難・剣難・その他の厄《やく》を被《こうむ》る。離婚・別離の難、特に相続人で苦労がある。

・陰陽構成の条件が吉ならば、大きな難は免《まぬが》れるが、やはり相続人で苦労がある。また精神・肉体的に苦労がある大凶悪数である。

・陰陽構成の条件により極端な波乱含みの人生を送り、末路は悪い。

〈意味の解説〉

・困窮……困りきってしまうこと。特に、貧乏で苦しむこと。

・艱難辛苦……苦しみ。つらいこと。困難に合って苦しみ悩むこと。

・徒労……無駄な骨折り損。

45

〔才能・知恵の吉数〕

・精神旺盛で緻密な計画性をもって、諸々の才能・知恵を生かし、目的を貫徹《かんてつ》し名誉と財

45

産を得る吉数である。なお、学問（学者・教育者・文学者・芸術家・その他）を志す人には最適であるため、その分野で大業を成《な》し遂《と》げ、幸福に恵まれ大成功する吉数である。

・陰陽構成の条件が凶ならば、他人との協調性を欠き、分不相応《ぶんふそうおう》の野望を持ち、物事を焦《あせ》り、無理をすると失敗する。

〈意味の解説〉

・大業…………大きな事業。偉大な事業。

・協調性…………互いに譲り合って調和していこうとすること。

・分不相応………あるものに対し釣り合いを失っていること。相応しくないこと。

46

〈波瀾万丈の大凶数〉

・極端な運命支配を受け、波瀾万丈《はらんばんじょう》で浮き沈み多く常に不安定で、病難・金難・剣難・遭難・苦難・犯罪・刑罰・孤独・自殺・短命など、生命を脅《おびや》かす傾向があり、また事件事などに巻き込まれ、危険と隣り合わせであり、不慮《ふりょ》の「災難」を被《こうむ》ることが多く、に不安定な大凶数であり、極端な運命支配を受ける。

・陰陽構成が完全ならば、諸々の才能・知恵や行動力に富み、一代で財産を築くチャンスもあるが一時的な運勢である。反対に裕福な家に生まれた人は、一代で財産を失いやすく、やはり末路《まつろ》は悪い。

〈意味の解説〉

・波瀾万丈……事件・問題などが、激しい変化に富むこと。

・不慮…………思いがけないこと。

48	47
〈努力・忍耐の吉数〉 ・円満性があり、先《さき》の見通《みとお》しに優《すぐ》れ、諸々の才能・知恵あり、また忍耐・包容力《ほうようりょく》を兼備《けんび》、人から尊敬され、幸福を掴《つか》む吉数である。意志を強く持ち、どんな事にも挫けず、言行を慎み、積極的に努力し、ことにあたれば名誉・利益共に得る。 ・陰陽構成の条件が凶ならば、努力がなかなか身になりません。また無理をすると失敗する恐れがある。災難に注意。 〈意味の解説〉 ・忍耐……………辛さ・苦しさ・怒りを、じっと我慢すること。耐え忍ぶこと。 ・兼備……………両方が一緒に備そなわっていること。	〈初志貫徹の吉数〉 ・強い信念を持ち目的を貫徹《かんてつ》します。決断力・行動力をもって大業を成就《じょうじゅ》し、名誉・利益共に得る吉数である。ただし、成功するには強い信念を持ち続けることが条件である。 ・陰陽構成の条件が凶ならば不平・不満・不安・不和から協調性・円満性を欠くと失敗する。自己中心で対人関係において摩擦《まさつ》を生じる傾向があり、離婚・別離の難がある。 〈意味の解説〉 ・初志貫徹……初めに思った考えを、貫き通すこと。 ・大業…………大きな事業。偉大な事業。 ・成就…………望みが叶うこと。成し遂げること。 ・協調性………互いに譲り合って調和していこうとすること。

49

〈困窮・艱難辛苦の大凶悪数〉

・この画数は希に見る大凶悪条件である。突発的に凶悪な運命支配を受け、生涯苦労が多く金難・病難・災難・剣難・その他難にあいやすく、艱難辛苦《かんなんしんく》は免《まぬが》れない。また家庭も不和・不幸で肉親に縁薄く、結婚運が弱く、生死別などがあり末路も悪く大凶悪数である。苦難《くなん》・苦境のため、努力に対して報《むく》われず、目的を達成できず、困窮《こんきゅう》に立たされ、家庭・肉体・精神的に圧迫を受け、波乱が多く、特に相続人で苦労がある。

・陰陽構成の条件が吉ならば、私利私欲を捨てて、人のために尽《つ》くせば難だけは免《まぬが》れるが、やはり相続人の苦労がある。

〈意味の解説〉

・困窮…………困りきってしまうこと。特に、貧乏で苦しむこと。

・艱難辛苦……苦しみ。つらいこと。困難に合って苦しみ悩むこと。

50

〈零の吉凶分岐数〉

・陰陽構成の条件が吉ならば、親切で人の面倒見《めんどうみ》が良く、人から信頼され、周囲からの助力を得て成功する吉数である。

・陰陽構成の条件が凶ならば、零数《ぜろすう》といい、一生懸命努力しても報《むく》われず、不遜《ふそん》な心を抱《いだ》き志も中断します。途中で土台が崩れ失敗し零《ぜろ》となる凶数である。すべてを繰《く》り返《かえ》す傾向がある。

〈意味の解説〉

・不遜…………思い上がった態度。

51

〈頭領の大吉数〉

・困難に打ち勝ち、果断《かだん》な行動力をもって、チャンスを掴《つか》み、破竹《はちく》の勢《いきお》いで大業を成《な》し遂《と》げ、一代で地位と財産を築き、権力・財力を得て名誉を上げ、家運を盛り上げ幸福を掴《つか》む最高の大吉数である。諸々の才能・知恵・人徳があり、人から信頼され、衆望《しゅうぼう》を担《にな》って人の頭領・指導者・経営者となり、すべてが順調に進み、目的成就《じょうじゅ》の最高の大吉数である。

〈意味の解説〉

・果断な行動……ためらわずに思い切って行動するさま。
・破竹の勢い……勢いが盛んで敵するもののないこと。
・大業……大きな事業。偉大な事業。
・衆望……多くの人々から寄せられる期待。人望。
・頭領……かしら。社長。上司。
・成就……望みが叶うこと。成し遂げること。

52

〈繰り返しの吉凶分岐数〉

・陰陽構成の条件が吉ならば、先の見通しが良く、人のできない事を成《な》し遂《と》げて、財産等を築く吉数である。
・陰陽構成の条件が凶ならば、諸々の才能・知恵があるにも拘《かか》わらず、大きい希望を抱《いだ》いて無理に伸びようとするが諸事《しょじ》万端《ばんたん》侭《まま》ならない。また目先が効かず、転職・移転が多くあり、新しい物事に心が移り、焦《あせ》り過ぎて思い通りにならず空想に終わり、失敗の繰《く》り返《かえ》し、常に不安定な凶数である。

〈意味の解説〉

52

・諸事万端……色々なこと。あらゆる事柄。

53

〈進取の吉数〉

・陰陽構成の条件が吉ならば、進取《しんしゅ》の気象《きしょう》に富み、諸々の才能・知恵に恵まれ、旭日昇天《きょくじつしょうてん》の勢いで大成功し、目的を成《な》し遂《と》げ、幸福を得る吉数である。特に学問の道に進むと大成し、名誉や財産等を築き、すべてが順調に進む吉数である。

・陰陽構成の条件が凶ならば、不平・不満が多く、過信・過言になり信頼を失い、人と衝突しやすく、無理をすると失敗する。

〈意味の解説〉

・進取の気象……自分から進んで物事をする性質のこと。

・旭日昇天……朝日が天高く上がること。

・大成……優れた人物になること。

54

〈難境の大凶数〉

・才能・知恵・人徳に乏しく、好機や金銭に恵まれず苦労の連続で、いかなる努力も身にならず、日影の苦しみを味わい、不平・不満・不足で努力が徒労《とろう》に終わる大凶数である。また肉親の縁薄く、家庭も不和・不幸になりがちで、病難・金難・災難・剣難などの難多く相続人で苦労ある。また精神・肉体的に苦労がある大凶数である。

・陰陽構成の条件により極端な波乱《はらん》含みの人生を送る。

〈意味の解説〉

・難境……難の多い境遇のこと。

54

・徒労……無駄な骨折り損。

55

〈才能・知恵の吉数〉

・陰陽構成の条件が吉ならば、意志強固で艱難辛苦《かんなんしんく》に打ち勝ち、諸々の才能・知恵を生かし、緻密な計画性を持って大業を成《な》し遂《と》げ、幸福に恵まれ、大成功する吉数である。特に、学問（研究者・学者・技術者・芸術家・その他）を志す人には最適。

・陰陽構成の条件が凶ならば、協調性に欠け信義・信頼を失う結果となる。

〈意味の解説〉

・艱難辛苦……苦しみ。つらいこと。困難に合って苦しみ悩むこと。

・大業…………大きな事業。偉大な事業。

・協調性………互いに譲り合って調和していこうとすること。

56

〈波瀾万丈の大凶数〉

・大きな希望を持って努力しても甲斐《かい》なく衰退《すいたい》する大凶数である。貧しい境遇《きょうぐう》から一代で財産を築くチャンスもあるが一時的で、末路は悪く病難・金難・剣難・遭難・困難苦難・犯罪・刑罰・孤独・自殺・短命など、不慮《ふりょ》の「災難」を被《こうむ》ることが多く、生命を脅《おびや》かす傾向がある。また事件・事故などに巻き込まれ、危険と隣り合わせであり、波瀾万丈《はらんばんじょう》で浮き沈み多く、常に不安定な大凶数であり極端な運命支配を受ける。

〈意味の解説〉

・衰退…………衰えて退歩すること。

・不慮…………思いがけないこと。

56	57	58
・波瀾万丈……事件・問題などが、激しい変化に富むこと。	**〈初志貫徹の吉数〉** ・意志強固で、正義心強く、人の反対を押し切り積極的に努力して目的を貫徹《かんてつ》し、財産・名誉を掴《つか》むことのできる吉数である。 ・陰陽構成の条件が凶ならば、猪突猛進《ちょとつもうしん》の傾向があり、人の反対を押し切る為、対人関係において摩擦《まさつ》を生じ、自己中心的で円満性を欠く恐れがあるので自重《じちょう》を要《よう》すが、この画数条件は、強い信念を持ち続けることが必須条件である。 **〈意味の解説〉** ・初志貫徹……初めに思った考えを、貫き通すこと。 ・猪突猛進……猪が真っすぐ突っ走る上に向こう見ずに進むこと。	**〈努力・忍耐の吉数〉** ・諸々の才能・知恵あり、先見《せんけん》の明《めい》に優《すぐ》れ、意志を強く持ち、すべてのことが順調に進みます。努力と忍耐があれば、どんなことにも成功する吉数である。 ・陰陽構成の条件が凶ならば、独断的《どくだんてき》で、やり過ぎ、言い過ぎが多いため無理をすると失敗する恐れがある。また、人の意見を良く受け入れてことに当らなければ大失敗する。 **〈意味の解説〉** ・忍耐……辛さ・苦しさ・怒りを、じっと我慢すること。耐え忍ぶこと。 ・先見の明……将来を見抜く優れた知恵のこと。前もって見通す知恵のこと。 ・独断的……自分勝手な一人決めの考えで決めること。

59

〈艱難辛苦の大凶数〉

・忍耐力・思考力・行動力などに欠け、生涯苦労の連続で、また苦渋《くじゅう》・苦境《くきょう》のため、努力に対して報《むく》われず、金難・病難・災難・剣難・その他、難を受けやすく、家庭も不和不幸で肉親の縁薄く、生死別などがあり、家庭・肉体・精神的に圧迫を受ける。

・陰陽構成の条件が吉ならば、私利私欲を捨て人のために尽《つ》くせば精神・福祉事業は成功するが、艱難辛苦《かんなんしんく》は免《まぬが》れない。やはり難は多少避《さ》ける事ができるが、相続人に関しては苦しみ悩む。

〈意味の解説〉

・苦渋…………苦しみ悩むこと。

・苦境…………苦しい境遇・立場。

・艱難辛苦……苦しみ。つらいこと。困難に合って苦しみ悩むこと。

60

〈零の吉凶分岐数〉

・陰陽構成の条件が吉ならば、意志を強く持ち、積極的に努力すると道が開ける。

・陰陽構成の条件が凶ならば零数《ぜろすう》といい、一生懸命努力しても報《むく》われず、すべての志も中断する。一時的には良い運命の波に乗るが土台が安定せず、常に不安があり、分裂《ぶんれつ》・離《り》反《はん》を繰り返し、すべての努力が水泡《すいほう》と帰し、出世も侭《まま》ならない。悪い事が繰《く》り返《かえ》し起きる凶数である。

〈意味の解説〉

・水泡と帰し……水の泡が消えやすいように、努力の甲斐もない。

〈注意〉60以降の画数はほとんど見受けられませんので省略しています。ただし、60以降の画数があったなら、次の例を参照し、50画数以上の条件を引用してください。
・総画運数が62画数であったならば、52画数の箇所を参照すること。
・総画運数が75画数であったならば、55画数の箇所を参照すること。

ひらがな・カタカナ五行早見表

ひらがなの**五行**の鑑定（見分け方）方法です。
木・火・土・金・水性の五種類に分け、鑑定します

五行	
木性 ↓	**カ行……カキクケコ／ガギグゲゴ**
火性 ↓	**タ行……タチツテト／ダヂヅデド**
火性 ↓	**ナ行……ナニヌネノ**
火性 ↓	**ラ行……ラリルレロ**
土性 ↓	**ア行……アイウエオ**
土性 ↓	**ヤ行……ヤ　ユ　ヨ**
土性 ↓	**ワ行……ワ　ヲ　ン**
金性 ↓	**サ行……サシスセソ／ザジズゼゾ**
水性 ↓	**ハ行……ハヒフヘホ／バビブベボ**
水性 ↓	**マ行……マミムメモ**

正統姓名学辞典

1画～3画

1画

土性

乙《オツ》 くに・たか　つぎ・お　き・と

一《イチ》 はじめ　かず　もと

2画

木性

九《キュウ》 く　ここ

火性

乃《ダイ》 の　おさむ

土性

丁《チョウ》 ひのと　のり　つよし

刀《トウ》 かたな

入《ニュウ》 いる　なり　しお

力《リキ》 お・いさむ　いさお・つとむ　ちか

又《ユウ》 また　すけ　やす

金性

七《シチ》 な　なな

3画

水性

二《ジ》 に・とぐ　つぎ・かず　すすむ・ふた

十《ジュウ》 とう・みつ　そ・かず　しげ・ひさし

人《ジン》 ひと・と　きよ・たみ　ひとし

八《ハチ》 や・やつ　よう・かず　わかつ・わ

木性

下《カ》 した　しも　もと

丸《ガン》 まる・たま　まろ

己《キ》 み　な　おと

久《キュウ》 ひさし・ひさ　なが・ひこ　つね

弓《キュウ》 ゆみ　ゆ

口《コウ》 くち　あき　ひろ

工《コウ》 く・のり　よし・ただ　つとむ

火性

大《ダイ》 まさる・ひろし　お・とも　ひろ・まさ

土《ト》 つち・はに　ただ・ひじ　のり・は

土性

已《イ》 のみ

也《ヤ》 なり　ただ　あり

与 ↓ 14画

金性

三《サン》 み・ただ　かず・ぞう　みつ

山《サン》 やま・のぶ　たか　たかし

士《シ》 お・こと　と・ひと　あき・のり

子《シ》 こ・みる　ただ・ちか　しげ・たか

漢字	音	読み
巳	シ	み
小	ショウ	こ・お
女	ジョ	め・おんな・たか・よし・こ
上	ジョウ	うえ・かみ・たか・ひさ・まさ・すすむ
丈	ジョウ	たけ・とも・ます・ひろ
夕	セキ	ゆう・ゆ
千	セン	ち・ゆき
川	セン	かわ
之		↓ 4画

水性

漢字	音	読み
万		↓ 13画

4画

木性

漢字	音	読み
火	カ	ひ・ほ
介	カイ	すけ・ゆき・よし・たすく・あき
及	キュウ	たか・ちか・いたる・しき
牛	ギュウ	うし・とし
犬	ケン	いぬ
月	ゲツ	つき・つぎ
元	ゲン	もと・なが・ゆき・はる・まさ・よし
戸	コ	と・へ・かど・べ・もり
公	コウ	きみ・ひろ・たか・まさ・のぶ・とよ

漢字	音	読み
今	コン	いま
五	ゴ	ゆき・いつ・かず・い・いず
午	ゴ	うま・ま

火性

漢字	音	読み
丹	タン	に・あか・あきら・まこと
太	ダイ	ふと・たか・もと・ひろ・ます・み
中	チュウ	なか・うち・のり・ただ・ひとし・よし
天	テン	かみ・あま・あめ・そら・たか・たかし
内	ナイ	うち・はる・ただ・まさ・のぶ・みつ
六	ロク	む・むつ

土性

漢字	音	読み
允	イン	みつ・まこと
王	オウ	み・わ・たか・わか・きみ
円		↓ 13画
予		↓ 16画

金性

漢字	音	読み
刈	カイ	かる
之	シ	ゆき・のぶ・ひで・くに・これ・の
手	シュ	て・た
升	ショウ	ます・のり
少	ショウ	お・まれ・すく・まさ

漢字	音	読み
心	シン	こころ・むね・なか・もと・み・きよ
日	ジツ	ひ・か・ひる・はる・あき
仁	ジン	ひと・きみ・ひとし・よし・まさ・と
水	スイ	み・みず・なか・ゆ・たいら・ゆく
井	セイ	い・きよ
切	セツ	
収		↓ 6画
双		↓ 18画

水性

漢字	音	読み
巴	ハ	ともえ

4画～5画

- 反《ハン》　たん　そる
- 比《ヒ》　これ・とも　たか・なみ　つね・ひさ
- 不《フ》　ず　ぶ
- 夫《フ》　お・あき　すけ
- 父《フ》　ちち　ち　のり
- 分《フン》　ちか　わか
- 文《ブン》　ふみ・とも　あや・のり　いと・ひさ
- 片《ヘン》　かた
- 方《ホウ》　かた・すけ　のり・まさ　みち・やす
- 木《ボク》　き　しげ　こ

- 毛《モウ》　け　あつ

5画

木性

- 加《カ》　くわ　ます
- 可《カ》　べし・よし　あり・とき　よく・より
- 甘《カン》　あま　よし　かい
- 丘《キュウ》　おか・たか　お　たかし
- 巨《キョ》　お・み　おお　なお
- 玉《ギョク》　たま　きよ
- 穴《ケツ》　あな　これ

- 玄《ゲン》　はる・くろ　つね・とお　しず・ひろ
- 古《コ》　ふる　ひさ　たか
- 功《コウ》　いさお・かつ　あつ・のり　かた
- 巧《コウ》　たくみ　よし　たえ
- 弘《コウ》　ひろ・ひろし　お・みつ　ひろむ
- 甲《コウ》　か・き　かつ　まさる
- 尻《コウ》　しり
- 旧　↓　18画
- 広　↓　15画

火性

- 代《ダイ》　よ・より　とし・しろ　のり

- 田《デン》　た
- 冬《トウ》　ふゆ　かず　とし
- 立《リツ》　たつ・はる　たち・たかし　たか
- 令《レイ》　のり・よし　なり　はる
- 台　↓　14画
- 礼　↓　18画

土性

- 以《イ》　しげ　のり　ゆき
- 永《エイ》　なが・のり　つね・ひさ　のぶ・はるか
- 央《オウ》　ひさ・てる　なか・ちか　ひろ・ひさし

- 右《ユウ》　みぎ・すけ　う・たか　あき・あきら
- 由《ユウ》　よし・ゆき　より　ただ
- 用《ヨウ》　ちか　もち
- 圧　↓　17画

金性

- 左《サ》　ひだり　すけ　たすく
- 司《シ》　つかさ・もり　かず・もと　つとむ・おさむ
- 史《シ》　ふみ・ひと　ちか　み
- 四《シ》　よ・よつ　もち　ひろ
- 只《シ》　ただ

漢字	音	読み
矢	シ	や・ただ・なお
主	シュ	ぬし・おも・つかさ・もり・かず・ゆき
出	シュウ	すい・でる・だす
申	シン	のび・もち・さる・のぶ・しげる
充	ジュウ	み・あつ・たかし・みち・まこと・みつ
世	セイ	よ・つぐ・つぎ・とき・とし
正	セイ	ただ・まさ・ただし・まさし・あきら・のぶ
生	セイ	お・あり・ふゆ・たか・なり・よ
石	セキ	こく・かた・いし・あつ
仙	セン	のり・ひと・ひさ・たかし

水性

漢字	音	読み
白	ハク	しろ・きよ・あき・あきら・しら・きよし
半	ハン	なか
布	フ	ぬの・しく・のぶ・たえ・よし・しき
平	ヘイ	たいら・とし・たか・なり・よし・ひら
包	ホウ	つつむ・かね
北	ホク	きた
本	ホン	もと・なり・はじめ
母	ボ	はは
卯	ボウ	う・しげる・あきら・しげ
末	マツ	すえ・とも・とめ・ひろし
未	ミ	いま・ひで
民	ミン	たみ・み・ひと・もと
矛	ム	ほこ
目	モク	め・ま・み・より
辺		↓ 19画

6画

木性

漢字	音	読み
吉	キツ	きち・よし・とみ・き・はじめ
共	キョウ	とも・たか
匡	キョウ	まさ・まさし・ただ・ただし・たすく
旭	キョク	あさひ
曲	キョク	くま・くせ
仰	ギョウ	あお・おお
刑	ケイ	ぎょう・しおき
圭	ケイ	け・かど
光	コウ	みつ・てる・あき・ひろ・あきら・ひろし
向	コウ	むく・むき・ひさ・むか
好	コウ	よし・すき・たか・み・よしみ・この
江	コウ	え・きみ
考	コウ	たか・ただ・ちか・とし・なり・よし・やす
行	コウ	ゆき・ひら・やす・つら・たか・みち
伍	ゴ	いつつ・くみ
冱	ゴ	さえ
合	ゴウ	あう・あい・はる・よし
仮		↓ 11画
会		↓ 13画
気		↓ 10画

火性

漢字	音	読み
多	タ	な・まさる・おお・かず・まさ・とみ
宅	タク	いえ
地	チ	つち・くに・ただ

6画

- 池《チ》　いけ
- 竹《チク》　たけ　たか
- 仲《チュウ》　なか
- 冲《チュウ》　おき
- 同《ドウ》　おなじ
- 年《ネン》　とし・みのる　ちか・かず　と・ね
- 伝　→13画
- 当　→13画
- 両　→8画

土性

- 安《アン》　あ・さだ　やす・やすし

- 伊《イ》　よし・これ　いさ　ただ
- 夷《イ》　えびす　つね
- 衣《イ》　ころも・きる　きぬ・そ　え
- 宇《ウ》　いえ・たか　うま　のき
- 羽《ウ》　は　はね
- 有《ユウ》　あり・なり　すみ・なお　とも・みち
- 羊《ヨウ》　ひつじ

金性

- 糸《シ》　いと・より　たえ　ため
- 至《シ》　いたる・むね　のり・ゆき　みち・よし

- 守《シュ》　まもる・もり　さね・え　ま
- 朱《シュ》　あか・あや　あけ　あけみ
- 州《シュウ》　くに
- 舟《シュウ》　ふね　ふな　のり
- 收《シュウ》　おさむ・すすむ　かず・なお　のぶ
- 旬《シュン》　ただ・とき　まさ　ひとし
- 匠《ショウ》　たくみ　なる
- 庄《ショウ》　そう　まさ
- 色《ショク》　いろ
- 任《シン》　ただ　とう　たね

- 寺《ジ》　てら
- 次《ジ》　つぎ・つぐ　ひで　ちか
- 如《ジョ》　ゆき　すけ　なお
- 丞《ジョウ》　すけ
- 西《セイ》　にし　あき　し
- 先《セン》　さき　ひろ　ゆき
- 亘《セン》　わたる
- 全《ゼン》　まさ・たけ　みつ・あきら　やす・たもつ
- 早《ソウ》　はや　さき
- 芝　→8
- 充　→5

- 成　→7画
- 壮　→7画
- 弐　→12画

水性

- 臼《キュウ》　うす
- 妃《ヒ》　ひめ　き
- 百《ヒャク》　もも・も　お
- 伏《フク》　ふ　ふせる
- 米《ベイ》　こめ　よね　みつ
- 牟《ム》　ます　もと

名《メイ》 みょう・かた　な・もり　あきら

毎 → 7画

7画

木性

何《カ》 なに　なん

伽《カ》 とぎ

角《カク》 すみ・かど　つの・ふさ　み

完《カン》 さだ　また　ひろし

串《カン》 く　くし

我《ガ》 わ　われ

希《キ》 まれ

求《キュウ》 もとむ・もと　ひで・まさ　き

亨《キョウ》 とおる・あきら　ゆき・なが　みち

均《キン》 ひとし・まさ　ただ・お　なり

君《クン》 きみ・きん　よし・こ　すえ・なお

形《ケイ》 かた・み　すえ・より　なり

見《ケン》 み・みる　あきら・あき　ちか

言《ゲン》 あき・のぶ　あや・のり　こと・ゆき

孝《コウ》 たか・のり　あつ・ゆき　なり・もと

宏《コウ》 ひろ　ひろし　あつ

更《コウ》 さら・とお　とく　のぶ

克《コク》 かつ・よし　たえ・かつみ　まさる・すぐる

谷《コク》 たに　ひろ　や

呉《ゴ》 くれ　くに

吾《ゴ》 われ　わが　みち

花 → 8画

近 → 8画

芸 → 19画

火性

男《ダン》 お　おとこ　おと

沖《チュウ》 おき　なか　ふかし

町《チョウ》 まち

弟《テイ》 くに・おとうと　ちか　つぎ

佃《デン》 つくだ

努《ド》 つとむ

那《ナ》 だ

利《リ》 とし・かず　よし・まさ　のり・さと

里《リ》 さと　のり　さとし

呂《リョ》 ろ　なが　とも

良《リョウ》 よし・つぎ　たか・なか　すけ・ふみ

励《レイ》 つとむ

体 → 23画

対 → 14画

沢 → 16画

来 → 8画

土性

位《イ》 くらい

育《イク》 すけ・やす　なり　なる

延《エン》 のぶ・とお　なが　すけ

佑《ユウ》 すけ

邑《ユウ》 むら　くさ　さと

亜 → 8画

壱 → 12画

7画～8画

応 → 17画

余 → 16画

金性

佐《サ》 すけ　よし　たすく

沙《サ》 すな

作《サク》 あり・なり　とも　なお

杉《サン》 すぎ

志《シ》 ゆき　むね

秀《シュウ》 ひで・すえ

初《ショ》 はつ　もと　はじめ

伸《シン》 のぶ・ただ　のぼる

臣《シン》 お・たか　おみ・とみ　しげ・みつ

辰《シン》 たつ・よし　とき　のぶ

宍《ジク》 しし

住《ジュウ》 すみ　もち　よし

助《ジョ》 すけ・ひろ　ます　たすく

忍《ジン》 しの　しのぶ

吹《スイ》 ふく

成《セイ》 なり・のり　ひら・まさ　しげ・よし

赤《セキ》 あか　か

折《セツ》 おり

壮《ソウ》 さかん　もり　たけ

村《ソン》 むら　つね　すえ

児 → 8画

寿 → 14画

条 → 11画

図 → 14画

水性

伯《ハク》 おさ・のり　たか・たけ　みち・お

坂《ハン》 さか

伴《ハン》 とも　すけ

貝《バイ》 かい

尾《ビ》 すえ　お

扶《フ》 すけ　もと　たもつ

兵《ヘイ》 ひょう・たけ　ひと　むね

別《ベツ》 のぶ　わけ　わく

甫《ホ》 かみ・まさ　とし・もと　なみ

歩《ホ》 あゆみ　あゆむ

邦《ホウ》 くに

毎《マイ》 かず　つね

妙《ミョウ》 ただ　たえ

免《メン》 ゆるす

芳 → 8画

8画

木性

佳《カ》 よし

果《カ》 はて　はたす

河《カ》 かわ

和《カ》 わ・まさ　かず・たか　やす・よし

花《カ》 はな　はる

巻《カン》 けん　まき　まる

函《カン》 はこ

芽《ガ》 め

8画

岸《ガン》 きし
岩《ガン》 いわ・せき・いわお・たか・かた
季《キ》 すえ・とし・ひで・とき・みのる
居《キョ》 すえ・やす・さや・おき
享《キョウ》 たか・あきら・ゆき・みち・すすむ・つら
京《キョウ》 みやこ・あつ・ちか・たかし・ひろし
供《キョウ》 とも・そな
欣《キン》 よし・やすし
金《キン》 こん・かね・かな
近《キン》 ちか・ちかい

芹《キン》 せり
宜《ギ》 き・なり・よし・のり・たか・のぶ
具《グ》 とも
弦《ゲン》 お・ゆずる・いと・ふさ
股《コ》 もも・また
虎《コ》 とら・たけ
岡《コウ》 おか
幸《コウ》 さち・とみ・ゆき・ひで・たか・よし
学 ↓ 16画
岳 ↓ 17画

国 ↓ 11画

火性

卓《タク》 つく・たか・すぐる・まさる・たかし
拓《タク》 ひらく・ひろ・ひろし
治《チ》 おさむ・はる
知《チ》 とも・とし・ちか・かず・さと・のり
忠《チュウ》 ただ・きよし・ただし・なり・あつし・のり
長《チョウ》 なが・ひさ・つね・みち・のぶ・ます
直《チョク》 ただ・なお・なが・すぐ・まさ・ただし
定《テイ》 さだ・やす・さだむ

典《テン》 のり・よし・おき・より・すけ・つね
東《トウ》 ひがし・もと・あずま・あきら・はる・ひで
到《トウ》 いたる・ゆき・よし
奈《ナ》 だい
念《ネン》 むね
來《ライ》 くる・き・な・こ・ゆき・きたる
兩《リョウ》 ふる・もろ
林《リン》 はやし・しげ・き・ふき・ふさ・きみ・よし

土性

阿《ア》 くま

亞《ア》 つぐ・つぎ
依《イ》 よ・え・より
委《イ》 くつ・とも・もろ・つく
易《イ》 やすし
雨《ウ》 あめ・あま・ふる・さめ
往《オウ》 ゆく・なり・ゆき・よし・ひさ
押《オウ》 おし
旺《オウ》 さかん
夜《ヤ》 よる・よ・やす
育 ↓ 7

8画

英 ↓ 9画
延 ↓ 7画

金性

妻《サイ》 つま
使《シ》 つか しむ
始《シ》 はじめ・もと はる とも
姉《シ》 あね
枝《シ》 え・しげ き・しな えだ
芝《シ》 しば・ふさ しげ しく
取《シュ》 とる・とり

周《シュウ》 かね・ちか のり・ひろし まこと
宗《シュウ》 むね・のり とき・ひろ とし・かず
叔《シュク》 よし はじめ
所《ショ》 ところ のぶ
尚《ショウ》 まさ・すけ あき・よし あつ・たかし
昇《ショウ》 のぼる・かみ のり すすむ
昌《ショウ》 まさ・あき よし・あつ
松《ショウ》 まつ ます ときわ
沼《ショウ》 ぬま
事《ジ》 こと

侍《ジ》 さむらい はべる
児《ジ》 こ・る のり はじめ
征《セイ》 ゆく・ゆき もと・まさ さち・ただし
青《セイ》 あお はる
政《セイ》 まさ・かず のり・ただ のぶ・ゆき
参 ↓ 11画
実 ↓ 14画
若 ↓ 9画
斉 ↓ 14画

水性

波《ハ》 なみ

板《ハン》 いた
肥《ヒ》 もと とみ こやす
表《ヒョウ》 おも・と あきら・よし すず
芙《フ》 ふ
服《フク》 よ こと ゆき
武《ブ》 たけ・たける たけし・ふか いさ・いさむ
奉《ホウ》 とも うけ な
朋《ホウ》 とも
法《ホウ》 のり・かず つね はかる
芳《ホウ》 よし・みち か・もと はな・ふさ

房《ボウ》 ふさ のぶ
牧《ボク》 まき
妹《マイ》 いもうと
枚《マイ》 かず ひら ふむ
味《ミ》 あじ
明《メイ》 あき・ひろ てる・みつ はる・よし
孟《モウ》 はじめ
門《モン》 かど・ゆき ひろ・かな と
追 ↓ 9画
苗 ↓ 9画

並→10画
歩→7画
宝→20画
免→7画
茂→9画
弥→17画

9画

木性

科《カ》 しな　とが
皆《カイ》 み・とも　みな　みち

紀《キ》 のり・ただ　もと・すみ　とし・こと
軌《キ》 のり
姫《キ》 ひめ
計《ケイ》 かず　かずえ　はかる
建《ケン》 たけ・たて　たけし・たつ　たける
彦《ゲン》 お・ひろ　ひこ・やす　さと・よし
厚《コウ》 あつ　あつし
恒《コウ》 つね・ひさし　のぶ・ひとし　ひさ・ちか
紅《コウ》 くれ　もみ
降《コウ》 ふる

香《コウ》 か・よし　かおり　たか
圀《コク》 くに
後《ゴ》 のち・あと　もち・のり　ちか
海→10画
巻→8画
研→11画
県→16画
荒→10画

火性

持《チ》 もつ

重《ヂュウ》 え・のぶ　かず・あつ　しげ
貞《テイ》 さだ・つら　ただ・ただし　みさお・ただす
洞《ドウ》 ほら
南《ナン》 みなみ・なみ　よし・みな　あけ
律《リツ》 のり　ただし　ただす
柳《リュウ》 やなぎ
亮《リョウ》 あき・まこと　あきら・すけ　ふさ・よし
玲《レイ》 あきら　たま　ひろ
退→10
勅→11

追→10画
郎→10画

土性

威《イ》 たけ・たけし　つよ・のり　とし・なり
郁《イク》 あや・ふみ　かおる・たかし　か
胤《イン》 たね・つぎ　つぐ・かず　み
映《エイ》 あき・てる　みつ・あきら
英《エイ》 ひで・つね　ふさ・てる　はなぶさ　あや
垣《エン》 かき
屋《オク》 や

９画

- 音《オン》　ね・おと・なり
- 耶《ヤ》　か
- 勇《ユウ》　お・いさむ・いさみ・たけ
- 宥《ユウ》　すけ・ひろ
- 洋《ヨウ》　ひろ・ひろし・なみ・きよ・み
- 要《ヨウ》　かなめ・め・しの・やす・とし・みとむ
- 為　↓　12画
- 栄　↓　14画
- 祐　↓　10画

金性

- 砂《サ》　すな・いさご

- 哉《サイ》　や・とし・はじめ・かな・ちか
- 柴《サイ》　し・しば
- 削《サク》　けず
- 指《シ》　ゆび
- 施《シ》　せ・とし・のぶ・はる・ます・もち
- 甚《ジン》　しげ・たね・ふか・やす・とう
- 室《シツ》　や・むろ・いえ
- 狩《シュ》　かり・もり
- 秋《シュウ》　あき・とし・あきら・とき・みのる・おさむ
- 俊《シュン》　とし・すぐる・まさる・よし・たかし

- 春《シュン》　はる・あつ・かす・かず・あずま・はじめ
- 咲《ショウ》　さき・さく
- 昭《ショウ》　あき・あきら・てる
- 省《ショウ》　み・よし
- 相《ショウ》　あい・はる・あう・み・すけ
- 信《シン》　まこと・あきら・のぶ・とし・あき・さだ
- 津《シン》　つ
- 若《ジャク》　なお・わか・まさ・よし・より
- 星《セイ》　ほし
- 染《セイ》　そめ

- 宣《セン》　のり・よし・むら・のぶ・ふさ・すみ
- 泉《セン》　いずみ・い・み・もと・きよし
- 洗《セン》　よし・きよ
- 是《ゼ》　これ・よし・つな・ゆき
- 前《ゼン》　まえ・さき・ちか・すすむ
- 奏《ソウ》　かな
- 則《ソク》　のり・みつ・つね・とき
- 祝　↓　10画
- 乗　↓　10画
- 城　↓　10画

- 神　↓　10画
- 政　↓　8画
- 浅　↓　11画
- 草　↓　10画
- 荘　↓　11画

水性

- 柏《ハク》　かしわ
- 迫《ハク》　せまる
- 飛《ヒ》　とぶ・たか
- 品《ヒン》　しな・かず・ただ・かつ・のり・ひで

美《ビ》 み・とみ　よし・はる　よしみ・みつる

苗《ビョウ》 なえ・たね　みつ・なり　え

赴《フ》 わく　はや　おもむく

風《フウ》 かざ　かぜ

勉《ベン》 つとむ・ます　かつ　まさる

保《ホ》 やす・たもつ　もり・より　お・まもる

茅《ボウ》 かや

茂《モ》 し　しげ・もと　あり・たか

発 → 12画

10画

木性

夏《カ》 なつ

記《キ》 のり　ふさ　しるす

氣《キ》 け

脇《キョウ》 わき

桂《ケイ》 かつら　かつ　よし

兼《ケン》 かず　とも　かね

原《ゲン》 はら・おか　もと　はじめ

倖《コウ》 さいわい

晃《コウ》 あきら・てる　あき　みつ

浩《コウ》 ひろ・ひろし　きよし・いさむ　ゆたか

紘《コウ》 ひろ

耕《コウ》 たがやす・おさむ　やす　つとむ

貢《コウ》 みつぐ　みつ　すすむ

高《コウ》 たか・すけ　たけ・うえ　たかし・あきら

荒《コウ》 あら

根《コン》 ね　もと

悟《ゴ》 さとる・のり　さとし　さと

剛《ゴウ》 つよし・たけし　たかし・まさし　かた・よし

家《カ》 や・え　いえ　やか

海《カイ》 み　うみ　ある

起《キ》 たつ・おき　ゆき　かず

恭《キョウ》 やす・ゆき　たか・よし　すみ・のり

矩《ク》 かど　つね

訓《クン》 くに・のり　みち　とき

倶《グ》 ひろ　とも　たか

宮《グウ》 きゅう　みや

華 → 12画

拳 → 18画

恵 → 12画

剣 → 15画

降 → 9画

姫 → 9画

火性

泰《タイ》 やす・やすし　ひろ・よし　あきら・ゆたか

退《タイ》 しりぞ

追《ツイ》 おう　おい

庭《テイ》 にわ　なお　ば

悌《テイ》 だい　とも　よし

哲《テツ》 さとる・さとし　あきら・のり　あき・よし

展《テン》 のぶ

唐《トウ》 から

10画

島《トウ》 しま
桃《トウ》 もも
桐《ドウ》 きり ひさ
納《ノウ》 のり おさむ とも
能《ノウ》 たか・やす とう・よし むね・のり みち
栗《リツ》 くり
留《リュウ》 とめ たね ひさ
倫《リン》 しな・のり つぐ・とも みち・おさむ
浪《ロウ》 なみ
郎《ロウ》 お・とき あき あきら

帯 → 11画
通 → 11画
透 → 11画
恋 → 23画
朗 → 11画

土性

員《イン》 かず
院《イン》 いん
益《エキ》 ます・みつ やす・よし のり・み
悦《エツ》 のぶ よし

宴《エン》 うたげ よし やす
恩《オン》 おん
祐《ユウ》 さち・むら すけ・ます よし・ち
容《ヨウ》 かた・やす まさ・おさ よし・ひろ
倭《ワ》 かず しず まさ
桜 → 21画

金性

師《シ》 かず・のり みつ もろ
茨《シ》 いばら
珠《シュ》 たま
酒《シュ》 さけ

修《シュウ》 おさむ・なが さね・のぶ なお・もろ
祝《シュク》 ときい・のり よし・いわい はじめ
笑《ショウ》 えみ え
渉《ショウ》 わたる
晋《シン》 くに・すすむ あき ゆき
秦《シン》 はた
眞《シン》 まこと・ま ます・まさ まき・み
神《シン》 かみ・こう かん・しの きよ
時《ジ》 とき・よし はる ゆき
純《ジュン》 すみ・あつし きよし・よし あや・まこと

隼《ジュン》 はやぶさ
城《ジョウ》 せい・しろ くに・き しげ・なり
乗《ジョウ》 のり あき しげ
扇《セン》 おうぎ
茜《セン》 あかね
桑《ソウ》 くわ
倉《ソウ》 くら
草《ソウ》 くさ しげ かや
孫《ソン》 まご
柴 → 9画

水性

将 → 11画
祥 → 11画
造 → 11画
速 → 11画

馬《バ》　うま　ま　たけし
倍《バイ》　ます　そむく
釜《フ》　ほ　かま
竝《ヘイ》　なみ　みつ　み
浦《ホ》　うら　ら
畝《ホウ》　うね　せ

11画

木性

峰《ホウ》　みね・たか　お・ね　たかし
紋《モン》　あや
梅 → 11画
浜 → 17画
敏 → 11画
勉 → 9画

勘《カン》　さだ
假《カ》　かり　かく
掛《カイ》　かけ

乾《カン》　いぬい・たけし　つとむ・すすむ　ふ
貫《カン》　つら　ぬき　とおる
基《キ》　もと・もとい　はじめ　のり
規《キ》　み・のり　もと・ちか　ただ・なり
崎《キ》　さき
教《キョウ》　のり・みち　たか・ゆき　なり・かず
魚《ギョ》　うお　さかな
御《ギョ》　おや　のり　みつ
堀《クツ》　ほり　ほる
啓《ケイ》　ひろ・あきら　よし・のり　たか・さとし

健《ケン》　たけ・きよ　とし・かつ　つよ・やす
研《ケン》　きし　きよ　あき
絃《ゲン》　お　いと　ふさ
袴《コ》　はかま
康《コウ》　やす　やすし　みち
國《コク》　くに　とき
亀 → 16画
菊 → 12画
強 → 12画
郷 → 13画

経 → 13画
黒 → 12画

火性

袋《タイ》　ふくろ
帯《タイ》　おび　よ
淡《タン》　あわ
張《チョウ》　はる　つよ　とも
鳥《チョウ》　とり
勅《チョク》　て　とき
通《ツウ》　みち・とお　ゆき・みつ　とおる
淀《テイ》　よど

11画

漢字	音	名乗り
荻	テキ	おぎ
添	テン	そえ
透	トウ	とおる・ゆき・ゆく
動	ドウ	うごく
堂	ドウ	たか
梨	リ	なし
理	リ	よし・まさ・ただ・あや・みち・のり
莉	リ	り
陸	リク	みち・たか
笠	リツ	かさ
涼	リョウ	すずし・すけ
陵	リョウ	たか・おか
朗	ロウ	あき・あきら・とき・お
鹿	ロク	しか・しかし
猪		↓12画
都		↓12画
隆		↓12画

土性

漢字	音	名乗り
唯	イ	ただ
寅	イン	とら
淵	エン	ふち
野	ヤ	の
悠	ユウ	はるか
庸	ヨウ	つね・もち・やす・のぶ
逸		↓12画
裕		↓12画

金性

漢字	音	名乗り
細	サイ	ほそ・くわし
參	サン	みつ・ちか・ほし・なか・かず・みち
梓	シ	あずさ
紫	シ	むらさき・むら
執	シツ	とる・もり
脩	シュウ	おさむ
宿	シュク	おる・すく・すみ
淑	シュク	よし・ひで・すみ・きよし・よ
唱	ショウ	うたう
章	ショウ	あき・き・あや・たか・ゆき・のり・ふみ
將	ショウ	まさ・のぶ・ゆき・すすむ・たかし・たもつ
祥	ショウ	さち・よし・なが・やす・さか・ただ
深	シン	ふか・とお・ふかし・み
紳	シン	しん
淳	ジュン	あつ・あつし・きよし
常	ジョウ	つね・つら・のぶ・とこ・ときわ・ひさ
條	ジョウ	なが・えだ・え
崇	スウ	たか・たけ
清	セイ	きよし・きよ・すえ・すが・すむ
雪	セツ	ゆき・きよ・きよみ・きよむ
船	セン	ふね・ふな
淺	セン	あさ
荘	ソウ	たか・まさ・たかし・ただし
側	ソク	かわ
速	ソク	はやい

造《ゾウ》 なり いたる
斎 → 17画
菜 → 12画
渋 → 15画
渉 → 10画
進 → 12画
盛 → 12画

水性

梅《バイ》 うめ め
彬《ヒン》 あきら
梶《ビ》 かじ

12画

木性

敏《ビン》 さとし・とし はる・よし すすむ・つとむ
婦《フ》 おんな よめ
副《フク》 ぞえ・え す・すけ つぎ・ます
部《ブ》 べ ほ もと
望《ボウ》 み もち のぞむ
麻《マ》 あさ
務《ム》 つとむ・みち つよ・なか ちか・かね
猛《モウ》 たけ・たか たけし・たけお たける

華《カ》 はな はる は
階《カイ》 とも はし より
間《カン》 ま はざま・はし ちか
賀《ガ》 しげ・より のり・ます よし
雅《ガ》 まさ・ただ のり・もと つね・ひとし
喜《キ》 よし・はる ゆき・ひさ のぶ・たのし
幾《キ》 いく・ふさ ちか のり
貴《キ》 たか・よし あつ・たけ たかし
菊《キク》 あき ひ
喬《キョウ》 たかし

強《キョウ》 つよし・つよ つとむ・あつ たけ・かつ
欽《キン》 ひとし・まこと よし ただ
琴《キン》 こと
堯《ギョウ》 たかし たかい
景《ケイ》 かげ・ひかり ひろ あきら
恵《ケイ》 めぐむ・さと よし・あや しげ・やす
結《ケツ》 ゆい かた ひとし
絢《ケン》 あや
堅《ケン》 かた・たか よし・つよし み
湖《コ》 みずうみ

港《コウ》 みなと
黒《コク》 くろ
絵 → 19画
勤 → 13画
敬 → 13画
軽 → 14画
御 → 11画
暁 → 16画

火性

琢《タク》 みがく あや たか

12画

漢字	音	読み
智	チ	さと・とも のり・とし とみ・もと
朝	チョウ	あさ・とも のり・とき つと・はじめ
猪	チョウ	い しし
堤	テイ	つつみ
渡	ト	わたる わたり ただ
登	ト	のぼる・なり のり・たか とみ・ちか
都	ト	みやこ・くに さと ひろ
湯	トウ	ゆ のり
等	トウ	ひとし・とも とし・たか しな
統	トウ	のり・つね むね・もと すみ・おさむ
敦	トン	あつ・あつし のぶ・おさむ つとむ
隆	リョウ	たか・なが たかし・とき しげ・おき
量	リョウ	かず
貯	チョ	ため・なり これ すけ
達		↓ 13画
塔		↓ 13画
道		↓ 13画
落		↓ 13画
土性		
渥	アク	あつし
爲	イ	ため・なり これ すけ
壹	イチ	かず さね もろ
逸	イツ	はつ・まさ やす・とし すぐる
雲	ウン	くも
詠	エイ	かね なが うた
越	エツ	こえ こし お
裕	ユウ	ひろ・やす みち・すけ まさ・ひろし
雄	ユウ	お・たけ かつ・かず のり・よし
陽	ヨウ	あきら・ひ きよ・はる や・たか
隈	ワイ	くま
楊		↓ 13画
運		↓ 13画
温		↓ 13画
葉		↓ 13画
金性		
最	サイ	よし・も たかし・まさる かなる・ゆたか
菜	サイ	な
策	サク	かず もり
詞	シ	こと なり のり
須	シュ	もち・す まつ もとむ
就	シュウ	なり
渚	ショ	なぎさ
勝	ショウ	まさる・よし かつ・ます すぐる・のり
晶	ショウ	あき・てる まさ あきら
翔	ショウ	かける
植	ショク	うえ たね
森	シン	もり しげる
進	シン	すすむ・のぶ ゆき みち
貳	ジ	に すけ
順	ジュン	まさ・ゆき あり・より かず・あや
場	ジョウ	ば

尋《ジン》　ひろ・のり　ちか・みつ　つね・ひろし

晴《セイ》　はる・なり　てる・はれ　きよし

盛《セイ》　もり・しげ　たけ　しげる

善《ゼン》　よし・たる　さ　ただし

湊《ソウ》　みなと

尊《ソン》　たか　たかし

滋　↓　13画

水性

博《ハク》　ひろ・ひろし　ひろむ　とおる

發《ハッ》　あきら・のり　おき・なり　ちか・しげ

斐《ヒ》　あや

備《ビ》　そなえる

猫《ビョウ》　ねこ

富《フ》　とみ・とよ　よし・ゆたか　ひさ・あつ

普《フ》　ひろ　ゆき　ひろし

報《ホウ》　むく

飯　↓　13画

満　↓　14画

13画

木性

會《カイ》　あい・さだ　あう・はる　かず・もち

塙《カク》　はなわ　ばん

葛《カツ》　くず

幹《カン》　みき・よし　つね・より　まさ

鳩《キュウ》　はと

郷《キョウ》　さと・あきら　のり　あき

勤《キン》　とし・いそ　のり・つとむ　いそし

義《ギ》　よし・のり　いさ・とも　あき・みち

經《ケイ》　つね・のぶ　のり　おさむ

敬《ケイ》　たか・ゆき　のり・よし　ひろ・あき

絹《ケン》　きぬ　まさ

源《ゲン》　みなもと・よし　もと　はじめ

溝《コウ》　みぞ

雅　↓　12画

楽　↓　15画

寛　↓　15画

継　↓　20画

火性

達《タツ》　たち・みち　よし・ひろ　しげ・かつ　ただ

稚《チ》　のり　わか

塚《チョウ》　つか

椿《チン》　つばき

殿《デン》　との・あと　すえ

傳《デン》　つたえ・ただ　つとむ・つぐ　よし・のぶ

當《トウ》　たえ　まさ　まつ

塔《トウ》　とう

道《ドウ》　みち・のり　まさ・ゆき　つね・わたる

楠《ナン》　くす

稔《ネン》　みのる・とし　なる　なり

落《ラク》　おち

鈴《レイ》　すず

路《ロ》　みち

滝　↓　19画

13画～14画

- 禎 → 14画
- 鉄 → 21画
- 楼 → 15画

土性

- 愛《アイ》　ちか・よし・なる・やす・あき・ひで
- 運《ウン》　はこぶ
- 園《エン》　その
- 猿《エン》　さる
- 圓《エン》　まる・まどか
- 奥《オウ》　おく・すみ・むら・うち・おき
- 温《オン》　あつ・あつし

- 群《グン》　もと・とも
- 腰《ヨウ》　こし
- 葉《ヨウ》　は・よ・のぶ・ふさ
- 楊　あき・たか・のぶ
- 遠 → 14画
- 塩 → 24画
- 誉《ヨウ》 → 21画

金性

- 嗣《シ》　つぐ・つぎ・ひで
- 詩《シ》　うた
- 萩《シュウ》　はぎ

- 照《ショウ》　てる・みつ・あき・あきら・とし・のぶ
- 慎《シン》　みつ・ちか・よし・まこと・のり
- 新《シン》　にい・あら・よし・あきら・すすむ・はじめ
- 滋《ジ》　しげ・しげる・ふさ・ます・みさ
- 瑞《ズイ》　みず・たま
- 勢《セイ》　せ・なり
- 聖《セイ》　きよ・ひじり・さと・まさ・あきら・さとし
- 靖《セイ》　やす・のぶ・しず・おさむ・きよし・やすし
- 節 → 15画
- 数 → 15画

- 誠 → 14画
- 摂 → 21画

水性

- 鉢《ハチ》　はち
- 飯《ハン》　めし・いい
- 睦《ボク》　むつ・のぶ・あつし・ちか・よし・とも
- 萬《マン》　かず・かつ・たか・つむ・よろず・すすむ
- 福 → 14画
- 豊 → 18画
- 夢 → 14画

14画

木性

- 嘉《カ》　よし・ひろ・よしみ
- 歌《カ》　うた
- 銀《ギン》　しろがね
- 境《ケイ》　さかい
- 輕《ケイ》　かる
- 綱《コウ》　つな・つね
- 豪《ゴウ》　ひで・かつ・とし・たか・つよし・たけし
- 関 → 19画

火性

對《タイ》　つい　むかう
端《タン》　ただ・はし　ただし・まさ　はじめ・もと
誕《タン》　のぶ
臺《ダイ》　うてな
暢《チョウ》　のぶ・なが　まさ・みつ　とおる・いたる
肇《チョウ》　はじめ・ただ　ただし・とし　はつ
禎《テイ》　さだ・ただ　よし・とも　つぐ・さち
瑠《リュウ》　る
綾《リョウ》　あや
緑《リョク》　みどり・つか　のり　つな

稲 → 15画
徳 → 15画

土性

維《イ》　しげ・ゆき　すけ・まさ　のり・のぶ
榮《エイ》　さかえ・てる　しげ・はる　たか・ひで
遠《エン》　とお　とおし
熊《ユウ》　くま
與《ヨ》　とも・よし　もと・のぶ　ひとし

金性

誌《シ》　しるし
漆《シツ》　うるし

種《シュ》　たね・やす　かず　ふさ
彰《ショウ》　あき・てる　あきら　ただ
實《ジツ》　みのる・まこと　ちか・みつ　つね・さね
壽《ジュ》　ことぶき　ひさ・とし　なが・かず　ひろ
翠《スイ》　みどり
圖《ズ》　と
精《セイ》　あきら・まこと　きよし・まさし　すぐる
誠《セイ》　まこと・みつ　のぶ・のり　しげ・よし
齊《セイ》　まさ・とき　ひとし・とし　なり
碩《セキ》　ひろ

緒 → 15画
静 → 16画
総 → 17画
聡 → 17画
増 → 15画

水性

福《フク》　とし　とみ　よし
舞《ブ》　まう
碧《ヘキ》　みどり　たま
輔《ホ》　すけ　たすく

滿《マン》　みち・ます　みつ　みつる
夢《ム》　ゆめ
鳴《メイ》　なく
綿《メン》　わた・ます　まさ　やす
網《モウ》　あみ
墨 → 15画

15画

木性

寛《カン》　お・よし　ひろし・とも　のり・のぶ
樂《ガク》　たのし

15画～16画

- 毅《キ》 つよし・つよ　たか・たけ　たけし・のり
- 輝《キ》 てる　あきら　ひかる
- 槻《キ》 つき
- 儀《ギ》 よし　のり　ただし
- 駒《ク》 こま
- 慶《ケイ》 よし・やす　のり・ちか　みち
- 慧《ケイ》 さとし　さと　あきら
- 潔《ケツ》 きよし・きよ　よし　ゆき
- 劍《ケン》 つるぎ
- 廣《コウ》 お・ひろ　ひろし・みつ　たけ

- 勳 → 16画
- 權 → 22画

火性

- 澄《チョウ》 すみ・きよし　きよ　とおる
- 潮《チョウ》 うしお
- 調《チョウ》 しらべ
- 徹《テツ》 とおる・あきら　ひとし・いたる　みち
- 稻《トウ》 いね　ね　いな
- 德《トク》 のり・あつ　さと・よし　とみ・やす
- 熱《ネツ》 あつ
- 璃《リ》 あき

- 寮《リョウ》 まつ　とも
- 凜《リン》 りん
- 蓮《レン》 はす
- 樓《ロウ》 いえ　たか　つぎ

土性

- 影《エイ》 かげ
- 憂《ユウ》 うい　うれい
- 横 → 16画

金性

- 緒《ショ》 お　つぐ
- 澁《ジュウ》 しぶ

- 潤《ジュン》 うる・ます　ひろ・ひろし　さかえ・みつ
- 數《スウ》 かず・のり　ひら　や
- 潟《セキ》 かた
- 節《セツ》 さだ・よし　とも・とき　お・のり
- 箱《ソウ》 はこ
- 增《ゾウ》 ます・ま　なが
- 諸 → 16画
- 藏 → 18画
- 穗 → 17画

水性

- 範《ハン》 のり　すすむ

- 磐《ハン》 いわ
- 敷《フ》 しく　のぶ　ひら
- 墨《ボク》 すみ
- 摩《マ》 する
- 舞 → 14画

16画

木性

- 學《ガク》 まなぶ・みち　のり・ひさ　たか・さと
- 龜《キ》 かめ・あま　ひさ・すすむ　ひさし
- 橘《キツ》 たちばな
- 橋《キョウ》 はし　たか

錦《キン》　にしき

暁《ギョウ》　あき・とし・あきら・とき・あけ・さとし

勲《クン》　いさ・いさお・いそ・ひろ・こと・つとむ

憲《ケン》　のり・かず・とし・さだ・あきら・たかし

賢《ケン》　ただ・よし・まさ・より・やす・すぐる

縣《ケン》　さと・むら・あがた

興《コウ》　き・ふか・さき・おき・ふさ・とも

館　→17画

薫　→18画

火性

澤《タク》　さわ・ます

鮎《デン》　あゆ

頭《トウ》　あたま

篤《トク》　あつ・しげ・あつし・すみ

濃《ノウ》　こい・あつ

頼《ライ》　よし・より・のり

龍《リュウ》　たつ

土性

衛《エイ》　え・もり・まもる・ひろ・よし・まもり

鴨《オウ》　かも

横《オウ》　よこ

諭《ユ》　さと・つぐ

豫《ヨ》　われ・あたえる・まさ・やす・たかし

餘《ヨ》　あま

薬　→19画

金性

篠《ショウ》　しの

諸《ショ》　もろ・もり・これ

親《シン》　み・より・みる・ちか

樹《ジュ》　き・むら・しげ・みき・たつ・な

整《セイ》　なり・よし・ひとし

静《セイ》　しず・きよ・しずか・よし・ちか・やす

積《セキ》　つみ・もり・つむ・もち

操《ソウ》　みさお・あや

水性

磨《マ》　きよ

薄　→17画

繁　→17画

17画

木性

霞《カ》　かすみ

鍋《カ》　なべ

環《カン》　たまき・たま

館《カン》　やかた・たて

嶽《ガク》　たけ・たかし・おか・たか

磯《キ》　いそ・し

謙《ケン》　かね・よし・しず・のり・あき・ゆずる

謹　→18画

火性

黛《タイ》　まゆずみ

瞳《ドウ》　ひとみ

嶺《レイ》　みね

土性

壓《アツ》　おす

17画～20画

應《オウ》　かず・まさ　たか・のぶ　のり
優《ユウ》　まさ　まさる

金性

齋《サイ》　よし・きよ　ただ・とき　ひとし・いつ
駿《シュン》　すぐる
薪《シン》　たきぎ
穂《スイ》　ほ　お　みのる
總《ソウ》　みち　のぶ　ふさ
聰《ソウ》　さとし・とき　あき・あきら　とし・とみ

水性

薄《ハク》　うすい

繁《ハン》　えだ・しげ　しげる　とし
濱《ヒン》　はま
彌《ビ》　や・ひろ　みつ・よし　やす・ひさ

18画

木性

舊《キュウ》　ひさ・ふさ　もと　ふる
擧《キョ》　たか　たつ　しげ
謹《キン》　ちか　なり　のり
薫《クン》　かお・かおる　ふさ・まさ　しげ・のぶ
顕　↓　23画

火性

鎮《チン》　しげ　つね　やす
鵜《テイ》　う
禮《レイ》　あや・ひろ　ゆき・まさ　みち・よし
鎌《レン》　かま　かね　かた
藤　↓　19画

土性

曜《ヨウ》　てる　ひかり　あきら

金性

織《ショク》　お・おる　おり　り
雙《ソウ》　ふたつ　ならぶ　ふ
藏《ゾウ》　くら・ただ　まさ・とし　よし・おさむ

水性

豊《ホウ》　ゆたか・あつ　とよ・のぼる　ひろし

19画

木性

繪《カイ》　え
關《カン》　せき・み　とおる　もり
鏡《キョウ》　かがみ・かね　あき・とし　あきら
藝《ゲイ》　き・まさ　すけ　のり

火性

藤《トウ》　ふじ・ひさ　かつら　つ
羅《ラ》　あみ

瀬《ライ》　せ　わた　い
麗《レイ》　つぐ・あきら　よし　より
瀧《ロウ》　たき　よし　たけし

土性

薬《ヤク》　くすり
艶　↓　24画

金性

櫛《シツ》　くし
藪《ソウ》　やぶ

水性

邊《ヘン》　べ　ほとり

20画

木性

馨《ケイ》　かおる

繼《ケイ》　つぎ・ひで　つぐ　つね

嚴《ゲン》　おごそ　きび

護 → 21画

火性

露《ロ》　つゆ　あきら

蘆《ロ》　あし

金性

讓 → 24画

水性

寶《ホウ》　たから・とみ　たけ・みち　よし・たかし

21画

木性

鶴《カク》　つる・つ　ず　たず

護《ゴ》　まもる　さね　もり

火性

鐵《テツ》　くろがね

土性

櫻《オウ》　さくら

譽《ヨ》　しげ・やす　たか・もと　のり・よし

金性

攝《セツ》　おさむ　かね

22画

木性

響《キョウ》　ひびき　おと

權《ケン》　のり　よし

火性

灘《ダン》　なだ

金性

穰《ジョウ》　みのる・おさむ　しげ　ゆたか

23画

木性

巖《ガン》　いわお・いわ　みち・みね　よし・お

顯《ケン》　あき・あきら　たか　てる

火性

體《タイ》　からだ

戀《レン》　こい

金性

鷲《シュウ》　わし

24画

火性

鷺《ロ》　さぎ

土性

艶《エン》　つや　もろ　よし

鹽《エン》　しお

鷹《ヨウ》　たか

金性

讓《ジョウ》　ゆずる・のり　よし　まさ

漢字画数早見表

【本表の使い方】

この表は、巻末資料の「正統姓名学辞典」（456ページ）の内容を引用しやすいようにまとめものです。

漢字はすべて「音読み」で、画数はすべて「旧漢字」で表し、その画数のまま引用できるよう作成しました。

(例) ア土性→五行のなかの土性の意味。アは音読みしたもの。

ア「亜」→8は旧漢字で8画数の意味。

なお、詳しくは巻末489ページ「正統姓名学辞典」の8画土性の「亜」を参照。

ア土性

ア	亜	8
	阿	8
アイ	愛	13
アク	渥	12
アツ	圧	17
アン	安	6
	庵	11

イ土性

イ	已	3
	以	5
	伊	6
	衣	6
	委	8
	易	8
	威	9
	偉	11
	唯	11
	為	12
	維	14
イク	育	7
	郁	9
イチ	一	1
	壱	12
イツ	逸	12
イン	允	4

胤 → 9
院 → 10
員 → 10
寅 → 11

ウ土性

ウ
右 → 5
羽 → 6
宇 → 6
有 → 6
雨 → 8

ウン
雲 → 12
運 → 13

エ土性

エイ
永 → 5
英 → 9
映 → 9
詠 → 12
栄 → 14
影 → 15
衛 → 16
叡 → 16

エキ
役 → 7
益 → 10

エツ
悦 → 10
越 → 12

エン
延 → 7
宛 → 8
垣 → 9
宴 → 10
渕 → 11
円 → 13
園 → 13
遠 → 14
艶 → 24
塩 → 24

オ土性

オウ
王 → 4
央 → 5
押 → 8
往 → 8
奥 → 13
横 → 16
応 → 17
桜 → 21

オク
屋 → 9

オツ
乙 → 1

オン
音 → 9
恩 → 10
温 → 13

カ木性

カ
下 → 3

火↓4
加↓5
可↓5
花↓8
佳↓8
河↓8
果↓8
和↓8
科↓9
香↓9
夏↓10
家↓10
仮↓11
華↓12
暇↓13
嘉↓14
歌↓14
稼↓15
霞↓17

ガ

我↓7
芽↓8

峨↓10
賀↓12
雅↓12

カイ

介↓4
皆↓9
界↓9
海↓10
階↓12
開↓12
堺↓12
会↓13
絵↓19

カク

各↓6
角↓7
格↓10
画↓12
覚↓20
鶴↓21

ガク

楽↓15
学↓16
岳↓17

カン

甘↓5
完↓7
巻↓8
函↓8
栞↓10
勘↓11
貫↓11
乾↓11
閑↓12
寒↓12
間↓12
幹↓13
管↓14
寛↓15
館↓17
環↓17
関↓19

ガン

丸↓3
岩↓8
岸↓8
願↓19

巌 → 23

キ木性

キ

己 → 3
希 → 7
季 → 8
紀 → 9
姫 → 9
記 → 10
矩 → 10
鬼 → 10
規 → 11
基 → 11
崎 → 11
貴 → 12
幾 → 12
喜 → 12
旗 → 14
輝 → 15
槻 → 15
毅 → 15
亀 → 16
磯 → 17

ギ

伎 → 6
宜 → 8
義 → 13
儀 → 15

キク

菊 → 12

キッ

吉 → 6
橘 → 16

キュウ

九 → 2
弓 → 3
久 → 3
及 → 4
丘 → 5
臼 → 6
求 → 7
球 → 11
旧 → 18

ギュウ

牛 → 4

キョ

居 → 8
巨 → 5
挙 → 18

ギョ

魚 → 11
御 → 11

キョウ

匡 → 6
共 → 6
杏 → 7
亨 → 7
享 → 8
協 → 8
京 → 8
脇 → 10
恭 → 10
教 → 11
強 → 12
喬 → 12
郷 → 13
経 → 13
境 → 14
橋 → 16

ク木性

- 鏡 → 19
- 響 → 22
- 行《ギョウ》 → 6
- 尭 → 12
- 暁 → 16
- 曲《キョク》 → 6
- 旭 → 6
- 極 → 13
- 玉《ギョク》 → 5
- 均《キン》 → 7
- 近 → 8
- 欣 → 8
- 金 → 8
- 芹 → 8
- 欽 → 12
- 琴 → 12
- 勤 → 13
- 銀《ギン》 → 14

- 九《ク》 → 2
- 久 → 3
- 貢 → 10
- 倶 → 10
- 具《グ》 → 8
- 駒 → 15
- 宮《グウ》 → 10
- 堀《クツ》 → 11
- 君《クン》 → 7
- 訓 → 10
- 勲 → 16
- 薫 → 18

ケ木性

- 圭《ケイ》 → 6
- 形 → 7
- 計 → 9
- 桂 → 10

- 啓 → 11
- 恵 → 12
- 景 → 12
- 経 → 13
- 敬 → 13
- 境 → 14
- 軽 → 14
- 慶 → 15
- 慧 → 15
- 継 → 20
- 芸《ゲイ》 → 19
- 穴《ケツ》 → 5
- 結 → 12
- 潔 → 15
- 月《ゲツ》 → 4
- 犬《ケン》 → 4
- 見 → 7
- 建 → 9
- 兼 → 10
- 研 → 11
- 健 → 11

堅 → 12
間 → 12
硯 → 12
絢 → 12
絹 → 13
剣 → 15
賢 → 16
憲 → 16
県 → 16
謙 → 17
権 → 22
顕 → 23

ゲン

元 → 4
玄 → 5
言 → 7
弦 → 8
彦 → 9
原 → 10
現 → 11
絃 → 11
源 → 13

厳 → 20

コ木性

コ

子 → 3
戸 → 4
古 → 5
冴 → 6
股 → 8
虎 → 8
袴 → 11
湖 → 12

ゴ

五 → 4
午 → 4
冴 → 6
伍 → 6
吾 → 7
呉 → 7
後 → 9
悟 → 10

御 → 11
護 → 21

コウ

工 → 3
口 → 3
公 → 4
甲 → 5
功 → 5
巧 → 5
弘 → 5
尻 → 5
光 → 6
好 → 6
江 → 6
行 → 6
向 → 6
宏 → 7
孝 → 7
幸 → 8
岡 → 8
香 → 9
紅 → 9

恒→9
降→9
厚→9
浩→10
晃→10
高→10
紘→10
貢→10
耕→10
倖→10
荒→10
康→11
塙→13
溝→13
綱→14
広→15
興→16

ゴウ

合→6
剛→10
郷→13
豪→14

コク

克→7
谷→7
圀→9
国→11
黒→12

コン

今→4
昆→8
坤→8
根→10

サ金性

サ

左→5
佐→7
沙→7
砂→9
紗→10
嵯→13

サイ

切→4
哉→9
細→11
彩→11
崔→11
菜→12
最→12
歳→13
才→歳の略字
斉→14
斎→17

サク

作→7
咲→9
策→12

サン

山→3
三→3
杉→7
参→11
讃→26

シ金性

シ

二→2
士→3
子→3
巳→3
之→4
氏→4
四→5
司→5
史→5
市→5
矢→5
只→5
寺→6
次→6
糸→6
至→6
志→7
芝→8
枝→8
児→8
姉→8
事→8
使→8
始→8
柿→9
指→9
施→9
思→9
柴→9
時→10
師→10
茨→10
紫→11
梓→11
視→12
弐→12
詞→12
詩→13
滋→13
資→13
嗣→13
誌→14

シチ

七→2

シツ

室→9
執→11
漆→14
櫛→19

ジツ

日→4
実→14

ジャク

若→9

シュ

手→4
主→5
守→6
朱→6
取→8
珠→10
酒→10
須→12
種→14

ジュ

寿→14
樹→16

シュウ

収→6
州→6

舟 → 6
秀 → 7
宗 → 8
周 → 8
洲 → 9
秋 → 9
修 → 10
脩 → 11
崇 → 11
集 → 12
萩 → 13
龝 → 21

ジュウ
十 → 2
充 → 5
住 → 7
柔 → 9
渋 → 15

シュク
叔 → 8
祝 → 10
淑 → 11

シュツ
出 → 5

シュン
春 → 9
俊 → 9
峻 → 10
舜 → 12
駿 → 17
瞬 → 17

ジュン
旬 → 6
純 → 10
隼 → 10
准 → 10
淳 → 11
順 → 12
潤 → 15

ショ
初 → 7
所 → 8
渚 → 12
緒 → 15
諸 → 16

ジョ
女 → 3
如 → 6
助 → 7

ショウ
小 → 3
少 → 4
升 → 4
生 → 5
丞 → 6
匠 → 6
庄 → 6
昇 → 8
昌 → 8
尚 → 8
松 → 8
沼 → 8
咲 → 9
昭 → 9
相 → 9
省 → 9
笑 → 9
渉 → 10
祥 → 11
唱 → 11
将 → 11

章↓11
勝↓12
晶↓12
照↓13
彰↓14
箱↓15
篠↓16
鷲↓23

ジョウ
上↓3
丈↓3
丞↓6
乗↓10
城↓10
条↓11
浄↓11
常↓11
場↓12
瀞↓19
穣↓22
譲↓24

ショク
色↓6

埴↓11
殖↓12
植↓12
織↓18

シン
心↓4
申↓5
臣↓7
伸↓7
信↓9
津↓9
晋↓10
真↓10
神↓10
針↓10
秦↓10
深↓11
進↓12
森↓12
新↓13
慎↓13
親↓16

薪↓17

ジン
人↓2
仁↓4
壬↓4
忍↓7
甚↓9
神↓10
尋↓12

ス金性

スイ
水↓4
吹↓7
翠↓14
穂↓17

ズ
図↓14

ズイ
瑞↓13

スウ
崇↓11
数↓15

セ金性

ゼ
- 是 → 9

セイ
- 井 → 4
- 生 → 5
- 正 → 5
- 世 → 5
- 西 → 6
- 成 → 7
- 政 → 8
- 征 → 8
- 青 → 8
- 星 → 9
- 栖 → 10
- 清 → 11
- 盛 → 12
- 晴 → 12
- 聖 → 13
- 勢 → 13
- 靖 → 13
- 斉 → 14
- 誠 → 14
- 精 → 14
- 静 → 16
- 整 → 16

セキ
- 夕 → 3
- 石 → 5
- 赤 → 7
- 寂 → 11
- 碩 → 14
- 積 → 16
- 関 → 19

セツ
- 切 → 4
- 折 → 7
- 雪 → 11
- 節 → 15
- 摂 → 21

セン
- 千 → 3
- 仙 → 5
- 先 → 6
- 泉 → 9
- 宣 → 9
- 染 → 9
- 洗 → 9
- 扇 → 10
- 茜 → 10
- 船 → 11
- 浅 → 11
- 銭 → 16

ゼン
- 全 → 6
- 前 → 9
- 善 → 12

ソ金性

ソ
- 素 → 10
- 組 → 11

ソウ
- 早 → 6
- 壮 → 7
- 相 → 9
- 奏 → 9

草→10
桑→10
倉→10
荘→11
漱→14
箱→15
操→16
総→17
聡→17
双→18
藪→19
造《ゾウ》→11
増→15
蔵→18
則→9
束《ソク》→7
側→11
速→11
村《ソン》→7
孫→10
尊→12

巽→12

タ火性

太《タ》→4
多→6
岱《タイ》→8
待→9
退→10
泰→10
帯→11
袋→11
対→14
乃《ダイ》→2
大→3
内→4
代→5
弟→7
台→14
宅《タク》→6

卓→8
拓→8
琢→12
沢→16
立《タツ》→5
達→13
沢→16
竜→16
丹《タン》→4
淡→11
単→12
端→14
誕→14

チ火性

地《チ》→6
池→6
治→8
知→8

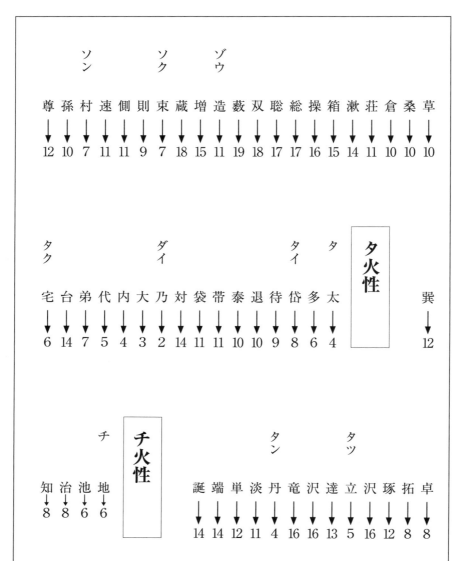

持 → 9
智 → 12
稚 → 13
置 → 13
竹《チク》 → 6
筑 → 12
築 → 16
中《チュウ》 → 4
丑 → 4
仲 → 6
沖 → 7
忠 → 8
重《ヂュウ》 → 9
猪《チョ》 → 12
丁《チョウ》 → 2
兆 → 6
町 → 7
長 → 8
張 → 11
鳥 → 11
朝 → 12

塚 → 13
肇 → 14
暢 → 14
澄 → 15
調 → 15
潮 → 15
直《チョク》 → 8
勅 → 11
椿《チン》 → 13
鎮 → 18

ツ火性

追《ツイ》 → 10
対 → 14
通《ツウ》 → 11

テ火性

丁《テイ》 → 2
弟 → 7
定 → 8
貞 → 9
悌 → 10
庭 → 10
堤 → 12
禎 → 14
鵜 → 18
哲《テツ》 → 10
徹 → 15
鉄 → 21
天《テン》 → 4
典 → 8
展 → 10
添 → 11
田《デン》 → 5
佃 → 7
伝 → 13

ト火性

ト
土→3 杜→7 都→12 渡→12 登→12 図→14

ド
努→7 度→9

トウ
刀→2 斗→4 冬→5 豆→7 東→8 到→8 桐→10 唐→10 桃→10 島→10
透→11 桶→11 筒→12 湯→12 統→12 等→12 塔→13 当→13 踏→15 樋→15 稲→15 藤→19

ドウ
同→6 洞→9 桐→10 堂→11 童→12 道→13 瞳→17

トク
特→10 徳→15
篤→16

ナ火性

ナ
那→7 奈→8

ナイ
内→4

ナン
南→9 楠→13

ニ火性

ニユウ
入→2

ネ火性

ネン
年→6 念→8

稔 → 13

ノ火性

納《ノウ》 → 10
能 → 10
農 → 13
濃 → 16

ハ水性

巴《ハ》 → 4
波 → 8
馬《バ》 → 10
貝《バイ》 → 7
倍 → 10
梅 → 11
白《ハク》 → 5
伯 → 7
泊 → 8
迫 → 9
博 → 12
薄 → 17
八《ハチ》 → 2
蜂 → 13
鉢 → 13
発《ハツ》 → 12
反《ハン》 → 4
半 → 5
伴 → 7
阪 → 7
坂 → 7
板 → 8
斑 → 12
飯 → 13
幡 → 15
範 → 15
繁 → 17
藩 → 19

ヒ水性

比《ヒ》 → 4
妃 → 6
肥 → 8
飛 → 9
斐 → 12
琵 → 12
緋 → 14
尾《ビ》 → 7
美 → 9
梶 → 11
備 → 12
彌 → 17
百《ヒャク》 → 6
氷《ヒョウ》 → 5
表 → 8
標 → 15
苗《ビョウ》 → 9
猫 → 12

品《ヒン》 ↓ 9
浜 ↓ 17
敏《ビン》 ↓ 11
彬 ↓ 11

フ水性

夫《フ》 ↓ 4
父 ↓ 4
不 ↓ 4
布 ↓ 5
付 ↓ 5
扶 ↓ 7
阜 ↓ 8
府 ↓ 8
芙 ↓ 8
赴 ↓ 9
釜 ↓ 10
婦 ↓ 11
富 ↓ 12
普 ↓ 12
敷 ↓ 15
武《ブ》 ↓ 8
歩 ↓ 7
部 ↓ 11
風《フウ》 ↓ 9
封 ↓ 9
伏《フク》 ↓ 6
服 ↓ 8
副 ↓ 11
幅 ↓ 12
福 ↓ 14
分《フン》 ↓ 4
文《ブン》 ↓ 4
聞 ↓ 14

へ水性

平《ヘイ》 ↓ 5
瓶 ↓ 11
兵 ↓ 7
並 ↓ 10
米《ベイ》 ↓ 6
碧《ヘキ》 ↓ 14
壁 ↓ 16
別《ベツ》 ↓ 7
片《ヘン》 ↓ 4
辺 ↓ 19
勉《ベン》 ↓ 9

ホ水性

帆《ホ》 ↓ 6
歩 ↓ 7
甫 ↓ 7
保 ↓ 9
浦 ↓ 10
輔 ↓ 14
蒲 ↓ 14
母《ボ》 ↓ 5

模 → 15
方《ホウ》 → 4
包 → 5
邦 → 7
芳 → 8
法 → 8
朋 → 8
峰 → 10
逢 → 11
棚 → 12
萌 → 12
鳳 → 14
豊 → 18
鵬 → 19
宝 → 20
卯《ボウ》 → 5
戊 → 5
牟 → 6
坊 → 7
房 → 8
望 → 11

北《ホク》 → 5
木《ボク》 → 4
朴 → 6
牧 → 8
睦 → 13
墨 → 15
本《ホン》 → 5

マ水性

麻《マ》 → 11
摩 → 15
磨 → 16
毎《マイ》 → 7
妹 → 8
枚 → 8
舞 → 14
末《マツ》 → 5
万《マン》 → 13
満 → 14

ミ水性

未《ミ》 → 5
味 → 8
弥 → 17
妙《ミョウ》 → 7
民《ミン》 → 5

ム水性

矛《ム》 → 5
務 → 11
無 → 12
夢 → 14
霧 → 19

メ水性

メイ
名→6
明→8
鳴→14

メン
免→7
面→9
綿→14

モ水性

モ
茂→9

モウ
毛→4
孟→8
猛→11
網→14

モク
木→4
目→5

モン
門→8

紋→10

ヤ土性

ヤ
也→3
夜→8
屋→9
耶→9
野→11

ヤク
役→7
薬→19

ユ土性

ユ
諭→16

ユウ
又→2
友→4
由→5
右→5

有→6
佑→7
邑→7
勇→9
宥→9
祐→10
悠→11
裕→12
雄→12
熊→14
憂→15
優→17

ヨ土性

ヨ
与→14
予→16
輿→17
誉→21

ヨウ
用→5

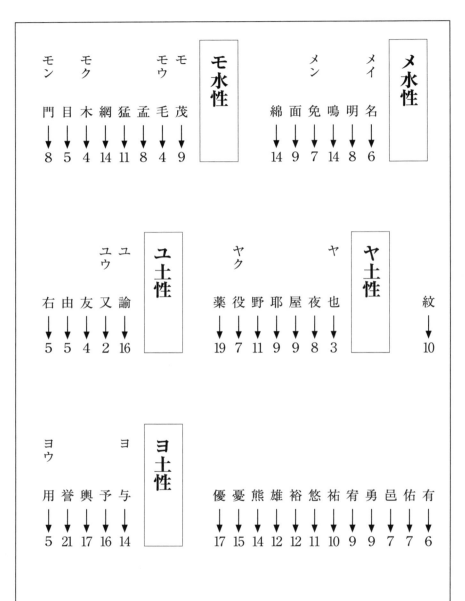

鷹	曜	養	遥	蓉	葉	陽	庸	容	要	洋	羊	幼
↓	↓	↓	↓	↓	↓	↓	↓	↓	↓	↓	↓	↓
24	18	15	14	14	13	12	11	10	9	9	6	5

ひらがな・カタカナ画数早見表

ひらがなはすべて**カタカナ**に変換し、**画数**の鑑定を行います。
例えば、アの下に「2」とありますが、これは2画数という意味です。

ア 2	イ 2	ウ 3	エ 3	オ 3
カ 2	キ 3	ク 2	ケ 3	コ 2
サ 3	シ 3	ス 2	セ 2	ソ 2
タ 3	チ 3	ツ 3	テ 3	ト 2
ナ 2	ニ 2	ヌ 2	ネ 4	ノ 1
ハ 2	ヒ 2	フ 1	ヘ 1	ホ 4
マ 2	ミ 3	ム 2	メ 2	モ 3
ヤ 2		ユ 2		ヨ 3
ラ 2	リ 2	ル 2	レ 1	ロ 3
ワ 2		ヲ 2		ン 2

ガ 4	ギ 5	グ 4	ゲ 5	ゴ 4
ザ 5	ジ 5	ズ 4	ゼ 4	ゾ 4
ダ 5	ヂ 5	ヅ 5	デ 5	ド 4
バ 4	ビ 4	ブ 3	ベ 3	ボ 6

●重要……ひらがなで画数計算をすると間違いが生じます。画数はすべてカタカナに変換し、鑑定します。

旧漢字画数早見表

3画

【金性】
之 → 之（4）

【水性】
万 → 萬（13）

4画

【土性】
円 → 圓（13）
予 → 豫（16）

【金性】
収 → 收（6）
双 → 雙（18）

5画

【木性】
広 → 廣（15）
旧 → 舊（18）

【火性】
台 → 臺（14）
礼 → 禮（18）

【土性】
圧 → 壓（17）

【水性】
辺 → 邊（19）

6画

【水性】
会 → 會（13）

【火性】
両 → 兩（8）
伝 → 傳（13）
当 → 當（13）

【金性】
充 → 充（5）
壮 → 壯（7）
成 → 成（7）
芝 → 芝（8）
弐 → 貳（12）

【水性】
毎 → 每（7）

7画

【木性】
冴 → 冱（6）
花 → 花（8）
近 → 近（8）
芸 → 藝（19）

【火性】
来 → 來（8）
沢 → 澤（16）
対 → 對（14）
芦 → 蘆（20）

【土性】
亜 → 亞（8）
壱 → 壹（12）

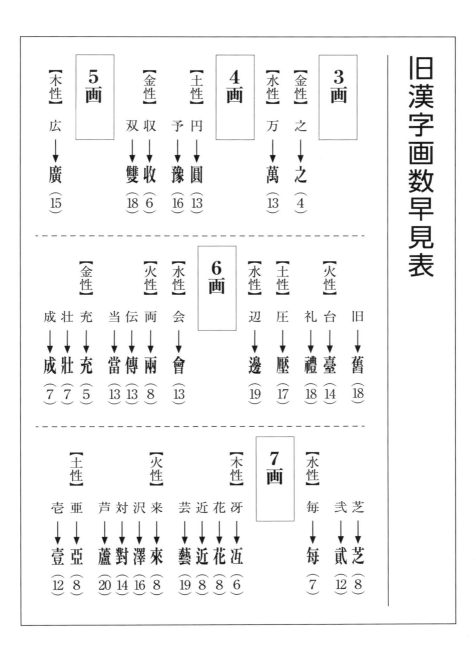

応 → 應 ⑰

【金性】
児 → 兒 ⑧
条 → 條 ⑪
寿 → 壽 ⑭

【水性】
芳 → 芳 ⑧

8画

【木性】
国 → 國 ⑪
学 → 學 ⑯
岳 → 嶽 ⑰

【土性】
育 → 育 ⑦
英 → 英 ⑨

【金性】
若 → 若 ⑨
参 → 參 ⑪
実 → 實 ⑭
斉 → 齊 ⑭

【水性】
歩 → 步 ⑦
苗 → 苗 ⑨

茂 → 茂 ⑨
茅 → 茅 ⑨
並 → 竝 ⑩
弥 → 彌 ⑰
宝 → 寶 ⑳

9画

【木性】
巻 → 卷 ⑧
海 → 海 ⑩
荒 → 荒 ⑩
研 → 硏 ⑪
県 → 縣 ⑯

【火性】
追 → 追 ⑩
郎 → 郞 ⑩

【土性】
祐 → 祐 ⑩
為 → 爲 ⑫
栄 → 榮 ⑭

【金性】
政 → 政 ⑧
城 → 城 ⑩

乗 → 乘 ⑩
祝 → 祝 ⑩
神 → 神 ⑩
草 → 草 ⑩
浅 → 淺 ⑪
荘 → 莊 ⑪

【水性】
発 → 發 ⑫

10画

【木性】
華 → 華 ⑫
恵 → 惠 ⑫

【火性】
通 → 通 ⑪
透 → 透 ⑪
朗 → 朗 ⑪
荻 → 荻 ⑪
帯 → 帶 ⑪
恋 → 戀 ㉓

【土性】
桜 → 櫻 ㉑

【金性】
祥 → 祥 ⑪

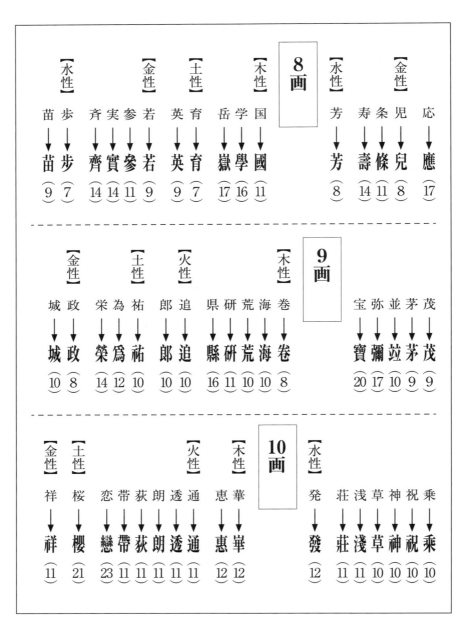

将 → 將 (11)
造 → 造 (11)

【水性】
勉 → 勉 (9)
梅 → 梅 (11)
敏 → 敏 (11)
浜 → 濱 (17)

11画

【木性】
菊 → 菊 (12)
強 → 强 (12)
黒 → 黑 (12)
郷 → 鄕 (13)
経 → 經 (13)
亀 → 龜 (16)

【火性】
猪 → 豬 (12)
都 → 都 (12)
隆 → 隆 (12)

【土性】
逸 → 逸 (12)
裕 → 裕 (12)

【金性】
渉 → 涉 (10)
進 → 進 (12)
盛 → 盛 (12)
菜 → 菜 (12)
渋 → 澁 (15)
斎 → 齋 (17)

12画

【木性】
勤 → 勤 (13)
敬 → 敬 (13)
葛 → 葛 (13)
軽 → 輕 (14)
暁 → 曉 (16)
絵 → 繪 (19)

【火性】
達 → 達 (13)
道 → 道 (13)
落 → 落 (13)

【土性】
葉 → 葉 (13)
奥 → 奧 (13)
温 → 溫 (13)

【金性】
滋 → 滋 (13)
萩 → 萩 (13)

【水性】
飯 → 飯 (13)
満 → 滿 (14)

13画

【木性】
雅 → 雅 (12)
楽 → 樂 (15)

【火性】
禎 → 禎 (14)
滝 → 瀧 (19)
鉄 → 鐵 (21)

【土性】
遠 → 遠 (14)
誉 → 譽 (21)
塩 → 鹽 (24)

【金性】
誠 → 誠 (14)
数 → 數 (15)
節 → 節 (15)

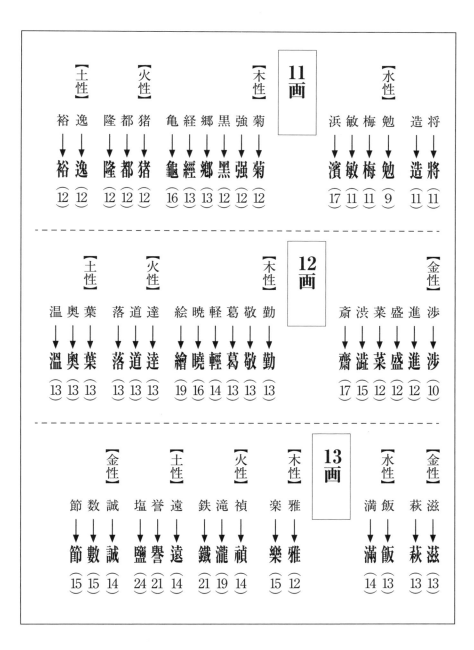

【水性】
福→福⑭
豊→豐⑱

14画

【木性】
関→關⑲

【火性】
稲→稻⑮
徳→德⑮

【金性】
緒→緖⑮
増→增⑮
静→靜⑯
総→總⑰
聡→聰⑰

15画

【木性】
勲→勳⑯
権→權㉒

【土性】
横→橫⑯

【金性】
諸→諸⑯

穂→穗⑰
蔵→藏⑱

16画

【木性】
館→館⑰
薫→薰⑱

【土性】
薬→藥⑲

【水性】
繁→繁⑰
薄→薄⑰

17画

【木性】
謹→謹⑱

18画

【木性】
顕→顯㉓

【火性】
藤→藤⑲

【金性】
穣→穰㉒

19画

【土性】
艶→艷㉔

20画

【水性】
護→護㉑

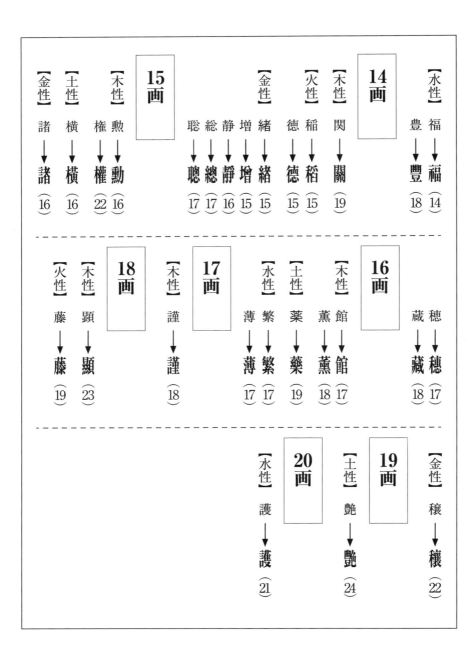

間違い易い字

【火性】郎《ロウ》⑽
【火性】朗《ロウ》⑾
【火性】通《ツウ》⑾
【火性】道《ドウ》⒀
【金性】聰《ソウ》⒄
【金性】聰《ソウ》⒄
【金性】
斉↓齊《セイ》⒁
斎↓齋《サイ》⒄
修《シュウ》⑽

脩《シュウ》⑾
叔《シュク》⑻
淑《シュク》⑾
讓《ジョウ》(24)
穰《ジョウ》(22)
【水性】
坂《ハン》⑺
阪《ハン》⑺
【金性】庄《ショウ》⑹
【土性】圧《アツ》⒄

俗字《ぞくじ》

俗字とは、世間で普通に使われる「字画・字形」の正しくない漢字のこと。また、本来はそう書くべきでないと考えられている漢字のことをいう。

〈例〉

俗字		正字	
・圡	↓	土	(3)
・𠀋	↓	丈	(3)
・冴	↓	冱	(6)
・冝	↓	宜	(8)
・崗	↓	岡	(8)
・卆	↓	卒	(8)
・暎	↓	映	(9)
・嶋	↓	島	(10)
・㠀	↓	島	(10)
・嶌	↓	島	(10)
・髙	↓	高	(10)
・桒	↓	桑	(10)
・﨑	↓	崎	(11)
・嵜	↓	崎	(11)
・渕	↓	淵	(11)
・渊	↓	淵	(11)
・埜	↓	野	(11)
・冨	↓	富	(12)
・凖	↓	準	(13)
・梦	↓	夢	(14)
・噐	↓	器	(16)
・舘	↓	館	(10)
・皈	↓	帰	(18)
・邉	↓	邊	(19)

〈注意〉「俗字」を鑑定するときは、「正字」の画数計算で鑑定する。ただし、旧漢字がある場合は「旧漢字」を使用し「画数」計算して鑑定する。

同字《どうじ》

同字とは、同じ意味に使用されることがあるもの。

〈例〉
沖（6）＝沖（7）同字
嶋（14）＝嶌（14）同字 → 島（10）正字
㠀（14）同字 → 島（10）正字
京（9）＝京（8）同字
堺（12）＝界（9）同字

〈注意〉・「同字」の場合、鑑定する時は戸籍の字を使うが、あくまでも「正字」で鑑定し、なおかつ旧漢字がある場合は「旧漢字」を使用し「画数」を計算し、鑑定する。
・ただし「同字」に関しては、例えば「嶋」「嶌」「㠀」は同画数で、しかも「正字」ではないので、「島」の「正字」の10画数で鑑定を行うが、それ以外の「同字」は画数条件が全く違うので、特に注意が必要。

あとがき

世の中には手相、人相、観相、気学、四柱推命、筮竹《ぜいちく》、算木、血液など、様々な占いがあふれています。そんな中で、本書は姓名学、とりわけ門外不出とされてきた**「正統姓名学」**の奥義を伝えるものですが、同時に**「姓名」の大切さ**を皆様に知っていただきたいという思いを込めて出版しました。

では、なぜ「姓名」は大切なのでしょうか？

「姓＝先祖、名＝本人」で分かるように、「姓」と「名」は先祖・本人という繋《つな》がりがあり、先祖なくして現在の自分はあり得ないということです。その人の運命は、目に見えない先祖の力が大きく影響しています。

さらに、陰陽構成で述べていますが、宇宙の法則は全て「陰・陽」「プラス・マイナス」「男・女」「牡・牝」などで成り立っています。地球でいえば、北極「プラス」・南極「マイナス」で、この間を磁力線が北極から南極に流れています。我々人間も大自然界からの恵みを受けて生きています。「陰」と「陽」を交互に繰り返すのが自然界の掟《おきて》です。これを「姓」「名」に当てはめたものが「陰陽構成」となります。

自然界と不調和の場合、必ずなんらかの異常が発生してきます。人の運命では、病気、家庭不和、不出世、対人問題、災難、犯罪、死亡など様々な異常が発生してきます。「正統姓名学」

では、この陰陽構成が一番重要だと訴えているのです。「姓・名」の陰陽構成が完全でなければ、自然界（宇宙）や先祖からの目に見えない恵みを受けることができません。

「正統姓名学」こそが、自分の意志で運命を創造できる唯一の手段なのです。赤ちゃんが誕生するとき、自然に名前は付いてはいません。必ず人間が付けます。運命学の中で唯一、運命創造を自分の意志で、できるのです。「命名」の大切さが、お分かりいただけたでしょうか。

現在付いている名前が大凶悪・大凶・凶の場合であっても、自らの意志でそれを変えていくことができるのです。それが「改名」です。

「正統姓名学」では、五つの条件**「陰陽」「五行」「画数」「意義」「天地」**で鑑定します。この五つの条件を「姓」に全て調和させ、自然界・人間界・先祖からの目に見えない恵みを「本人」（名前）に順調に流れるように「名前」を付けていきます。

・陰陽……自然界の理
・五行……自然界の理
・画数……数霊の力
・意義……文字の持つ意味の流れ（文字も自然界からでたもの）
・天地……天が大きく、地は小さい・自然界の理

五大条件は全て自然界からできたものです。この自然界の法則に法《のっと》って、「姓」に対し調和する「名前」を付けることこそが、自らの意志で運命を創造するということです。五大条件が

「姓」に対して完全に調和した場合、健康、家庭円満、出世、信頼を得、災難から逃れられ、安定した生活を送ることができます。

「正統姓名学」で理想とするものは――、

健康＝家庭の和＝出世

――で、「健康」と家庭の「和」があれば、必ず富は出てくるものです。

どれが一つ欠けても、幸福とはいえません。「姓」に対して完全に調和した名前の方は、運命の流れを自然に感じ取ることができます。運命の流れには周期があり、上昇する時期、下降する時期、安定する時期があります。

姓名の良い人は、直感で感じ取り、必ず上昇期に転職、結婚、新築、事業を始めます。上昇期に始めた事業は成功し、転職などは周囲の人間関係や仕事内容に恵まれ、結婚も良縁に恵まれます。逆に、「姓」と調和していない名前の方は、運命の流れが分からず、下降期に色々なことを始めます。結果は失敗に終わる確率が非常に高くなります。なぜそうなるかというと、先が見えないため、迷いや焦《あせ》りが生じ、間違った判断をしてしまいます。他人の意見に耳を傾ける「心」のゆとりを持ちましょう。

運命を切り替えることができるチャンスです。「長所」とは、その人が持っている最高の才能です。「他人を中心とした考え」――それを生かしきれば、誰も真似することができない本当の自分を形成することができます。天才と呼ばれる方々は、自分の長所を最大限発揮しているのです。長所の中に最高の才能が潜在しています。誰でも持っている才能ですから、大いに発揮してください。「短所」とは、その人が持っている最悪の才能です。「自分を中心とした考え」――それが多く出てくれば、我が身を滅《ほろ》ぼしてしまうほど強烈な悪作用があり、他人まで巻き込み、不幸にしてしまいます。「短所」が出れば出るほど、自分の才能をことごとく潰してしまいます。

「長所」にも「短所」にも顕在している部分（自分でも知っている）と潜在している部分（自分でもまったく知らない）があります。姓名の良い人は、「長所」が多く顕在しています（人生がある程度思い通りになるため、短所が出にくくなる）。逆に、姓名の悪い人は「短所」が多く顕在してしまいます（悪いことが頻繁《ひんぱん》に起こるため、長所が顕在してくる隙間《すきま》がなくなる）。本書の特徴は、性格の「長所」「短所」の顕在している部分、潜在している部分全て記載してありますので、よく自分の性格を把握《はあく》して、より良い人生を歩んでください。

本書には、初版時以降、さらに会得《えとく》した「姓名鑑定の奥義」も加筆されています。本書が「より良き人生」を求める皆様のお役に立ちますことを、心から願っています。

合掌

平成二十八年十月吉日

正統姓名学　土屋光正

著者プロフィール

土屋光正 つちや・こうせい

1948年山梨県生まれ。1966年山梨県立巨摩高等学校卒業。同年農業共済組合入社。1967年7月、同組合退社、空手を学び黒帯取得。同年8月株式会社サニー山梨入社。1968年1月姓名学に入門する。1969年9月同社退社後、自営業(美術、古物商、鑑定)を営む。1976年有限会社一光堂を設立。1979年6月『秘傳』(初版本)出版。全国各地のデパート、スーパー等で数十万人の運命鑑定を行なう。鑑定、浄霊の専門家として、「プレステージ」(テレビ朝日)、「ズームイン!!朝!」(日本テレビ)、YBS山梨放送などに出演。その他、雑誌「女性自身」、「女性セブン」にも取り上げられる。最新のテレビ出演は「土曜はダメよ!」(読売テレビ、KRY山口放送)。鑑定の世界に身を置き初代より約70年、姓名学の研究に取り組み、究極の鑑定法「正統姓名学」を編み出す。

秘傳《ひでん》

2016年 12月15日 初版第1刷

著　者 ——— 土屋光正《つちやこうせい》
(執筆協力　土屋光石)
発行者 ——— 坂本桂一
発行所 ——— 現代書林
〒162-0053　東京都新宿区原町3-61　桂ビル
TEL/代表　03(3205)8384
振替00140-7-42905
http://www.gendaishorin.co.jp/

デザイン ——— 吉崎広明(ベルソグラフィック)

印刷·製本　㈱シナノパブリッシングプレス
乱丁·落丁本はお取り替えいたします

定価はカバーに
表示してあります。

ISBN978-4-7745-1596-0 C0011